编辑如是

BIANJIRUSHI

孙琇 著

山西出版传媒集团
山西人民出版社

图书在版编目（CIP）数据

编辑如是 / 孙琇著. —太原：山西人民出版社，2012.11

ISBN 978 - 7 - 203 - 07581 - 3

Ⅰ.①编… Ⅱ.①孙… Ⅲ.①编辑工作 - 文集
Ⅳ.①G 232 - 53

中国版本图书馆 CIP 数据核字（2012）第 250893 号

编辑如是

著　　者：孙　琇
责任编辑：莫晓东
装帧设计：陈　婷

出 版 者：山西出版传媒集团·山西人民出版社
地　　址：太原市建设南路 21 号
邮　　编：030012
发行营销：0351 - 4922220　4955996　4956039
0351 - 4922127（传真）　4956038（邮购）
E - mail：sxskcb@163.com　发行部
sxskcb@126.com　总编室
网　　址：www.sxskcb.com

经 销 者：山西出版传媒集团·山西人民出版社
承 印 者：山西出版传媒集团·山西新华印业有限公司

开　　本：720mm × 1020mm　1/16
印　　张：19.75
字　　数：300 千字
印　　数：1 - 2 000 册
版　　次：2012 年 11 月第 1 版
印　　次：2012 年 11 月第 1 次印刷
书　　号：ISBN 978 - 7 - 203 - 07581 - 3
定　　价：39.00 元

目 录

■ 深思章

■ 浅悟章

■章　外■

序　一

刘　杲

出版界很多人知道孙琇，是因为他主持《编辑之友》杂志的成就和影响。我也不例外。在接触中，他给我印象最深的是两条。一条是中国编辑学会的学术会议，孙琇几乎每会必到，凡有发言，多有新意。二是孙琇主持《编辑之友》时刊出过不少编辑研究有创见的文章，后来他还大力支持创办了《中国编辑》杂志。孙琇既是一位活跃的编辑，又是一位活跃的作者。这本文集，多少反映了他为推动中国编辑研究做出的贡献。

这本文集有个特点，就是在文章的后面孙琇写了追记。文章是过去写的，追记是现在写的。孙琇在追记中，介绍了文章写作的背景，特别就文章的内容发表了现在的看法。这不仅有助于读者深入了解文章的观点，还有助于读者进一步思考文章观点的变化。本来，人对客观事物的认识始终处在过程之中，永远只有变迁和深化，永远没有静止和终点。

我觉得，这本文集的主体是“絮语章”“深思章”和“浅悟章”。前者主要涉及编辑实务研究，后两者主要涉及编辑理论研究。

在“絮语章”我们会看到一些很有意思的话题。

比如，在《刻意定位》中，孙琇为《编辑之友》定了三条。一是“将内容集中到图书编辑与期刊编辑，兼顾专业报编辑上来”；二是“在内容上则调整为三大块，一是探讨编辑出版理论和对策，二是有关编辑素质培养，三是研究提高书刊质量”。看得出来，这和他后来参与研究的《中国编辑》杂志的定位，有一定的渊源。其中把图书编辑、期刊编辑、报纸编辑并列的思路，实际上在使编辑研究向普通编辑学靠近。

比如，在《抱愧读者》的“追记”中，孙琇比较详细地叙述了《编辑之友》办刊的甘苦，特别提到他当时对出版社办期刊问题的关注。这也是很多出版同行关注的事情。他说：“大约在两年多之后，新闻出版署关注到出版社的办刊问题，提出了‘社刊工程’。”也是两年之后，孙琇在题为《开拓社办期刊的发展空间》的文章中表示：“开拓社办期刊生存与发展的广阔空间将是本世纪中国出版业发展的又一乐章。”其实，社办期刊由来已久，只是有一段时间，由于管理部门强调出书和出刊的分工，加上创办期刊的审批限制，社办期刊的发展受到影响。实际上，社办期刊大有可为。改革开放以来，陆续出现过一批名闻遐迩的社办期刊，受到读者欢迎。不过现在形势发生了巨大改变，大家更加关注的是，出版资源的多种媒体的综合开发。图书出版社不仅办刊，还要办报、办音像、办网络，这些已经司空见惯，繁荣局面今非昔比。

比如，在《深深一躬》的“追记”中，孙琇不无自豪地说，《编辑之友》“靠的只是一个出版社的力量和自身的内容质量，从这一意义上讲，这份刊物是一直通过市场生存的”。这话说起来容易，做起来可不容易。一本编辑专业刊物，“一直通过市场生存”，需要破解多少难题！孙琇说：“在相当长的时间，这份刊物的发行量居全国同类刊物之首，全凭了读者捧场。”这涉及了当前一些出版同行感到困惑的问题：出版单位转为企业，还能保证出版物质量和坚持正确方向吗？看来，也能，也不能。事在人为。在市场经济的环境里，要保证出版物质量和坚持正确方向，条件很多。我看，首要的条件是：当家人是个明白人。当家人明白，就能；当家人不明白，就不能。以为出版业做企业走市场就只能唯利是图，这至少是个严重的误解。

比如,在《贵在务实》的"追记"中,孙琇说:"有个广被认同的口号是刊物要'立足本地,面向全国',这个口号对吗? 未必。……我们的做法是'面向全国,照顾本地'。事实证明,这才是行得通的。"这也是指《编辑之友》。应当说明,"立足本地,面向全国"原是对地方出版社的要求,后也被引申为对地方所办期刊的要求。情况是这样的:过去地方出版社长期受到"地方化、通俗化、群众化"方针的限制,在十一届三中全会解放思想的号召下,1979 年 12 月, 国家出版局在长沙召开了全国出版工作座谈会,根据来自第一线的意见和要求,调整了地方出版社的方针,提出了"立足本地,面向全国"。这一新的方针,极大地促进了地方出版事业的发展,功不可没。然而,彼一时,此一时,如今时光过去 30 多年,时移势易。在经济全球化和信息传播网络化的新形势下,地方出版社"立足本地,面向全国"已成历史。无论如何,对孙琇当时坚持办刊从实际出发的勇气,我还是很佩服的。

比如,在《关于收摘》的"追记"中,孙琇对"用图书评奖来说明图书的社会效益"表示质疑。这个质疑我能理解。我参与过多次图书评奖,每到评奖前夕, 很多出版社要投入相当大的力量为争取获奖进行活动。见到他们,我总是说:第一,评奖很重要。这是推动提高图书质量的一种手段,也是检阅出版社工作成绩的一次机会。第二,评奖有局限。出版社推荐有局限。评选时间有局限。很多图书的价值不是两年之内能够充分展现的,需要更长时间和更多读者的检验。因此,第三,不要过分看重评奖的得失,更不值得为获奖花那么多力量去活动。用心耕耘吧,历史最终会宣布哪本书真正能够立得起来、传得下去。想一想,古往今来,哪本经典是靠获奖才传世的呢。

比如,《孩子·牌子·台子》,这不是《中国编辑》杂志主编和执行主编合写的一篇文章吗?看了"追记"我才知道,原来是孙琇执笔。当时在《中国编辑》杂志上看了这篇文章,我很高兴,马上给署名的主编和执行主编写了信。我说:"我不仅赞成你们的观点,而且欣赏你们的文采。

我的这封信是对你们文章的共鸣和延伸。……作为主编和执行主编，你们的文章堪称——追求崇高的宣言，坚守承诺的誓言，自强自励的箴言。”孙琇执笔的这篇文章，其内容是他和主编王亚民、执行主编邓子平共同商定的。而我在并不知道这个经过的情况下，迅速表达了我的热情赞同，这自然是我们出版同行之间的一种同声相应，同气相求。

在“深思章”中引人注意的当然是有关出版研究和编辑研究的两篇较长的文章。这两篇文章都属于对学科发展情况的宏观述评，不同于一般的研究文章。正因为是总览整个学科的发展，所以涉及了值得重视的有关全局的问题。

一个是，在出版学研究和编辑学研究中，坚持理论与实际相结合的问题。孙琇在《当代中国的出版研究》中说：“由于这二十年是中国出版业大变化的二十年，所以出版研究时时有赶不上出版现实之感。虽不能要求科学研究马上指导社会实践，但如不能与实际紧密结合则难引起更多出版从业者的关注。如何使理论有效指导实践仍是今后出版研究中的一个课题。”他在《编辑学研究二十年之回顾》中也说：“不能要求理论马上指导实践(尤其还不成熟的学科)，但如结合不了实践，就难引起更多人的关注。”他涉及了一个重要问题。一般说来，理论研究都要结合实际，而就出版学研究和编辑学研究而言，尤其需要理论研究结合实际。因为，出版学和编辑学都是应用科学。应用科学的研究，不能只靠抽象的逻辑推理，而必须进行实证研究。实证研究要以实践经验为基础，进行科学的概括，形成概念，探求规律，再回到实践中去对理论加以检验。真正做到理论结合实际，至少需要两个条件：一是掌握科学的研究方法，二是对实际情况、实践经验进行深入的调查。只有坚持理论与实际相结合，才能有力地促进理论创新和实践创新。在坚持理论与实际相结合上，我也提过建议，但我自己却做得不好。空对空的文章不受欢迎，我们都要引以为戒。

另一个是，在出版学研究和编辑学研究中，加强社会科学书刊研究与自然科学书刊研究相互沟通的问题。在《编辑学研究二十年之回顾》中孙琇说:“社科方面和自科方面,或者说两类编辑都在研究编辑学,但二者的沟通、结合很不够。”“中国编辑学会为代表侧重社科多,中国科技期刊编辑学会为代表侧重自科。”他又涉及了一个重要问题。我们知道,社会科学书刊的编辑活动与自然科学、工程技术书刊的编辑活动有很多的不同。关于社会科学书刊的编辑研究与关于自然科学、工程技术书刊的编辑研究,也必然会有很多的不同。两者之间,有同有异,大同小异。编辑学研究,要研究这个同,更要研究这个异。这里存在共性与个性的关系,共性寓于个性之中。只有把这个同和异研究清楚了,才有完整的编辑学研究。这是构建普通编辑学必需具备的重要条件。而要做到这一点,加强社会科学书刊的编辑研究与自然科学、工程技术书刊的编辑研究之间的沟通,是不可或缺的前提。我主持中国编辑学会的时候,考虑过这个问题。但是我没有拿出解决问题的办法。如今,形势大为不同,不仅要面对不同学科的编辑活动的研究,更要面对全新的数字出版的编辑活动的研究。编辑学研究的任务空前繁重,我们还需更加努力。

孙琇这本文集可读之处还有很多,恕我精力不济难以一一介绍。请读者朋友自己去发现吧,你们的眼光比我厉害。

目前孙琇已经退休,不过还在继续工作。在我眼里,他仍然属于年富力强。他现在的工作重点放在期刊研究上。《山西期刊史》是他“又做了一件在中国出版事业上可以有点说道的事”。最近他又参与谋划《中国期刊史》的编撰。我期待并且相信,他一定会为中国出版事业做出更多的“有点说道的事”。

2012年3月27日于北京

时年八十有一

序　二

张伯海

每次见孙琇，都会被他身上浓浓的编辑人气息所感染。跟孙琇交谈，十句有八九句离不开编辑话题，从交流信息、切磋业务到畅叙编辑情怀，这样的交流总是让人会心而愉快的。

在我脑海中，印着许多令自己感觉亲切并心中起敬的编辑人形象。这是因为他们对编辑职业从骨子里的热爱，因为他们有种甘为别人做嫁衣裳而无怨无悔的精神。他们是我们行业中真诚的笃行者和不懈的思考者。孙琇便是其中的一个。十多年来，我看到他在《编辑之友》这块园地上劳作的身影，读到他所写的匠心独运的文章，知道他在工程浩繁的《山西期刊史》编撰工作中的承担。如今，他将自己多年来在编辑实务和编辑研究方面所写的一些文章选编成集，我读过之后，有这样三点初步的感受：

第一，这本文集，使我有机会近距离接触孙琇的编辑世界。读完后，一个有赤子之心、有眼力、有功底的编辑人形象在我心中升起。

有赤子之心，指这些文章中充满着的对编辑职业的挚爱与忠诚。孙琇是自觉站在“我们是中国编辑”旗帜之下的，他从来认为自己是为光大中国编辑事业而战斗的一名列兵。

有眼力，指这些文章中提出的问题和对于问题的剖析，大都准确敏锐，恰中肯綮。无论是选稿、编稿的实践体验，还是从学科建设、思想建设、素质建设、人才建设等多角度对中国编辑事业发展道路的阐述，都会使人读后对纷纭繁复的编辑现象豁亮许多。再环顾今天编辑事业的发展，这些文章中所持的见解、所提出的举措，很多不是被实践证明是行之有效的么？

有功底，指他对于从历史到现代的编辑知识的把握，指他在编辑行当锻炼数十年所达到的"通识境界"。这些文章大都不是高深宏论，而是疑义相析的讨论或朴素无华的工作随笔，但藉他的经验和学养，把这些文章论证得明白而深切，言近旨远，其启迪贯通作用，特别有益于入编辑行时间不长的新手，甚至我认为可作为高校相关专业的选本。

近年来，随着我国出版编辑事业突飞猛进，涌现着一批又一批出色的出版编辑人才。孙琇远远不是其中抢眼的。但如上所说，他能以自己的赤子之心、眼力和功底，在编辑岗位上履行着孜孜矻矻劳作者的使命，这同样是编坛上一道动人的风景。

第二，关于孙琇的编辑劳作，我要特别称赞他从事的一项自己钟情的工作：对历史悠久的人类出版、编辑活动，开展"学"的研究，也就是通过探本溯源、总结规律、理论提升、梳理归类等各种努力，研究并打造出今日作为独立学科的出版学、编辑学。他不赞同"编辑无学"的虚无说法。对出版、编辑学科的理论价值及出版、编辑活动在人类文明进展中所居的重要地位，他始终是理直气壮的。出版、编辑科学的树立，当然是群策群力的大工程。多年来，孙琇不仅从自己的角度进行钻研，提出许多深刻的见解，更借编刊工作积极组织业界开展出版、编辑学科的切磋研究。在《编辑之友》等园地里记录下来的这方面的成果，都在出版、编辑科学殿堂的构建中起着添砖加瓦的作用。

第三，多年来，在同孙琇不算多的交往中，我初步认识到他的性格：快人快语，说实在话，不绕弯子。读过他的文章后，则进一步感受到他治学中所追求的求真务实精神。他把"贴近编辑实际，贴近出版实践"定位为治学活动的目标,提倡"站在地面上"讨论问题。经他手所写所编的文章,少有言不及义的"温吞水",少有虚而不实的泛论,文章或深或浅,但力求有生气,能解渴。留给我印象较深的是他谈选稿的系列文章。文中将"综览型"、"通用型"、"例证型"、"讲义型"这类没有灵魂的八股文章列为"四弃",又将具有"新"、"实"、"深"、"耐"特点,能引发阅读欲望的文章定为"四取"。联系出版界在学风、编风中存在的种种弊端,这"四弃"、"四取"有如一股令人耳目翻新的清风。

孙琇已经退休了,但我相信他对编辑工作的思考不会停息,手中的宝刀也远远未老。衷心期盼孙琇继续以自己的热情、智慧和对编辑三昧的深知,写出更多的精彩文章。

2012年4月12日于北京

序　三

齐　峰

本书作者孙琇先生希望我为此书写几句话，我明白这不单由于我现在的山西出版传媒集团负责人的身份，我欣然应允，同样也不仅因为我在这个位置上。

在山西出版界的编辑中，孙琇先生颇有名声。我与之相识于十多年前，那时我是语文报社社长，他是《编辑之友》杂志主编。《语文报》和《编辑之友》都创办在改革开放新时期，虽性质不同，但在各自不同的领域奋力开拓的精神与行为是相通的，加之同处山西，故多有联络，且一直相互支持。《编辑之友》于上世纪80年代中期创办之初，即介绍过《语文报》的编辑理念和办报经验——那篇文章即由孙先生组织。后来我担任山西师大副校长，但并未离开出版，不仅分管学校办的多种报刊，且还创办了编辑出版专业，成立了编辑出版研究所。孙先生在主持刊物之余，应聘为师大兼职教授，参与了一些工作。当时，配合教学搞了一套“编辑出版丛书”，我是主编，他是编委之一。在山西师大承办全国高校编辑出版教育学科建设研讨会时，他也出力颇多，这在本书中已有所提及。回顾当年的合作，应该说目标一致，行动默契，十分的愉悦而难忘。

也许正如孙先生在书中所言，我“与出版似乎是有缘分的”。2005年，我有幸挑起了筹建山西出版集团的担子，这时孙先生已到退休年龄，虽没能再度合作，但就我所知，那几年他参与创办了《中国编辑》杂志，以后又担纲编撰《山西期刊史》，退而未休，余力不减。现在他以自己的旧著为基础，编成此书，是件很有意义的事，这让我们既看到了一位资深编辑在编辑出版方面的许多独到见解，这些都是对编辑学、出版学建设所添的砖瓦；又从一独特角度记录了一本著名杂志的历史，同时也折射出中国出版事业发展的一段历史。

在山西出版传媒集团众报刊中，《编辑之友》至今仍为佼佼，在全国出版界声名远播，业内尽知。其一直是学界关注的“核心期刊”与“来源期刊”，在国庆六十周年时，还荣获了“六十年有影响力期刊”称号，这既是山西唯一，也是全国编辑出版类报刊的唯一。如此成就的取得，有赖于历任办刊人的努力，其中自然包括孙先生的敬业与勤勉，翻阅此书，对此感触尤深。

出版事业的发展离不开理论的支撑。从计划经济时期的宣传工具，到市场经济下的文化产业，从一种经济依附性行业，到社会上独立自主的经济实体，出版传媒已走到科学转型的历史节点。许多新问题需要研究，需要理论的解读，需要实践的探索。山西出版传媒集团自成立始，便十分重视理论建设，我本人也身体力行，做了一些尝试。集团去年成立了出版传媒研究所，旨在利用其品牌优势及资源凝聚力，从理论入手，提升全员素质，在调研的基础上，有计划地开展相关课题的研究，为集团发展及山西的文化建设提供学术支持。孙先生此书的内容，与这一主旨是吻合的。它为编辑人员提供了一可资借鉴的样本，从一个角度显现了出版从业者进行理论研究的必要与可能。它告诉人们，尤其是年轻编辑人，在钻研编辑出版业务的同时，也需理论的思考与建树，如此方能站得高，看得远，适应目前变化多端的市场形势与日新月益的传媒技术，达到时代所要求的素质标准。

孙先生大半生从事编辑工作，编过书，编过刊，编过报，他对编辑业务的谙练，或曰编辑功力，都达到了相当的高度，在此书的编排中便有所体现。书分四章，简言之，“听、说、想、悟”四字。有意思的是，此四字从某种意义上恰代表了现代编辑应具备的四项素质。“听”即善于从多方面获取信息、筛选信息、汲取知识、启蒙智慧；“说”即树立编辑的主体意识，明确在出版传媒中的主体地位，保持一种文化自觉性；“想”即善于思考，敢于质疑，由此而积极创新，推动进步；“悟”即不断回顾总结，纵横比较，从而探索规律，稳步前进。在这四方面很好地去修炼、实践，不愁成不了合格的编辑、优秀的编辑。

本书选录了作者从主编《编辑之友》到创办《中国编辑》所写的一些论文与随笔，有的涉及具体编辑工作，有的则是对编辑出版的深度思考，如《编辑出版研究一二三》《培育和建立出版市场体系的战略思索》《出版集团化的“冷”与“实”》《三审制并非简单的话题》等篇，今天读来，许多观点，仍未过时。值得注意的是，每文之后的“追记”，或交代成文背景，或作时过境迁后的反思，文字轻松，却意味深长。如在《建立编辑学概念体系随想》之后，记述其利用全国性研讨会之机，另搞了“小动作”，串连二十余人搞无主题沙龙，既广泛听取了各方面意见，又从参与者中发展了刊物的“堡垒户”。如此“小动作”，在我看来恰是编辑活动能力之体现。发现作者，维护作者，巩固作者，拓展作者，当是编辑的看家本领。再如《站在地上的回应》之后记述了其参与编辑加工作家王蒙稿件的过程，说明名家之稿也有误记误写之罅漏，而对比着又举出王蒙对其成名作《组织部来了个年轻人》发表时编辑过分改动甚为不满的事例，这就给上文对编辑改稿原则的论述，提供了真实可信的例证。书中所举此类例子，看似信手拈来，实则是对众多书刊的广泛涉猎和从中体悟编辑真谛的功夫，也即编辑特有敏锐性之所在，可以说是编辑的又一项看家本领。

本书以探讨编辑出版理论为中心，但也是作者编书编刊十多年职业生涯的历程痕迹。就个人而言，一生中没有几个十多年，在不多的工作时间里，认真做几件对社会实实在在的事，做几件对国家的进步起点微小作用的事，方可称得上不曾虚度，这是我翻阅此书的最大感受，或许也是此书对后来者的最大启示。

很高兴看到此书的出版，也期盼山西出版传媒集团中有更多的编辑也能像孙先生一样，在工作实践中，“写”出各种有价值的“书”来。

聆听章

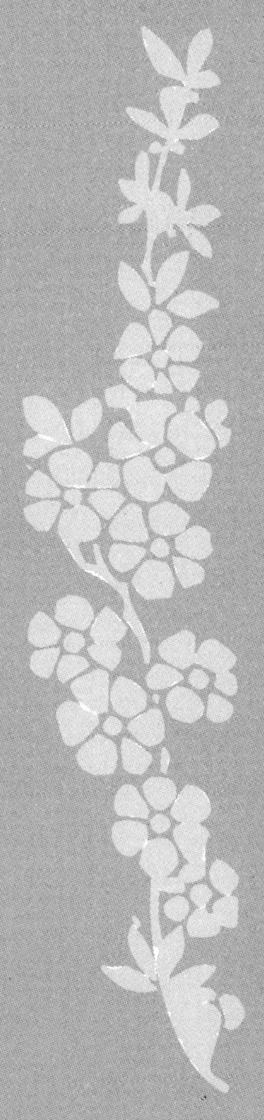

于友先:出版改革与加强管理

按照党中央提出的“抓住机遇、深化改革、扩大开放、促进发展、保持稳定”的工作方针,全国出版界1994年开始了从以规模数量增长为主要特征向优质高效为主要特征的阶段转移,迈出了不平凡的一步。在新的一年即将到来之际,本刊记者就明年出版事业深化改革的有关问题访问了国家新闻出版署署长于友先同志。

问:在1994年的全国出版工作会议上,提出了实现阶段性转移的战略目标,明年是不是还有进一步的要求与目标呢?

答:关于明年的工作安排,署里正在研究,但基本思路已经明确,这就是不提什么新口号,总的讲还是继续贯彻全国宣传思想工作会议精神,按照江泽民总书记提出的宣传思想工作要坚持的“一个指针、四项任务”去办,也就是以邓小平同志建设中国特色社会主义理论和党的基本路线为指针,以科学的理论武装人,以正确的舆论引导人,以高尚的精神塑造人,以优秀的作品鼓舞人。具体讲就是要围绕出版业阶段性转移的目标,在提高图书质量、增加效益上下功夫。这需要扎扎实实的工作,狠抓落实,争取在今后两三年内,阶段性转移初见成效。

阶段性转移的提法已经在出版界取得了共识,也得到了社会的认同,但是要做起来,不是很容易的事,这一点出版界的同志们一定要有清醒的认识,要有足够的思想准备。要通过改革,解决目前出版工作中的各种矛盾与问题。明年的重点工作,一是要深化改革,促进出版繁荣;二是要加强管理,完善宏观管理体系。我曾在一次会上讲过,根据中央领导同志的指示精神，去年新闻出版工作的重点是定思路、抓导向，下一阶段工作的重点则是定规矩；建机制。在出版工作的编、印、发三个重要环节，都要分别采取一些加强管理、深化改革的措施，以实现“既要繁荣发展，又要切实管住”的目标。从署里讲，明年的主要精力要抓发行改革，为出版业实现阶段性转移创造良好的外部环境。

问：出版按通常的理解是编、印、发三大环节，也就是出版社、印刷厂、书店三大块，现在署里为什么要把发行作为主攻方面呢？

答：关于这个问题是从全局考虑的，并不是说发行工作没有做好才来抓发行工作，事实上发行改革在出版改革中是走在前面的，发行工作这几年来取得了很大成绩；抓发行改革不是说出版社、印刷厂方面不需要深化改革，不需要加强管理了。从出版社来说，虽然经过这些年的改革有了一些进展，但是改革的任务仍然很重。明年各出版社的改革主要是从适应社会主义市场经济、适应两个文明建设的要求出发，去建立符合出版自身规律的管理体制和运行机制，要在转换经营机制、建立科学的领导体制和管理机制上下功夫，完善以提高出版物质量为中心的各种责任制和保障机制。我们最近又表彰了十五家出版社，就是在这方面给其他出版社树立榜样。

能不能促进出版繁荣当然首先要抓好出书，但是只出了书还不行，必须要有良好的外部条件相配合，而图书的流通领域是出版社发展的极其重要的外部条件。图书发行是连接出版与读者的中间环节，是出版工作的重要环节。目前出版业发展中的许多问题比较集中地反映在发行环节上，出版工作的经济效益和社会效益都必须通过这一环节来实现。出版物作为一种商品进入市场，有其自身的特点，不仅有出版物的表面质量的标准，而且有政治质量、文化质量的标准，这与一般商品的流通是完全不同的。根据出版工作的特殊性，图书总批发权必须掌握在国有图书批发企业手中。可事实上是图书批发环节存在严重的问题。抓发行的改革必须从这里抓起，一是要坚决制止“二渠道”的总批发,要管好管住“二渠道”,使“二渠道”真正成为主渠道的有益补充。二是要深化新华书店的改革,例如有步骤、有组织地按照建立现代企业制度的要求进行经营机制的改革,解决好社店关系、店店关系、发货店与销货店的关系,推行图书发行代理制,发展连锁店经营,要努力找到一条与新华书店主渠道的责任与使命相称的发展道路。三是要规范出版社的自办发行。我们的目标是通过改革,强化管理,建立起适应市场经济和两个文明建设的要求的发行体系和发行机制。

我们谈改革是有明确的原则的,这就是要有利于两个文明的建设,有利于加强党对出版工作的领导,有利于调动广大出版工作者的积极性。

问:您提到要建立健全宏观管理体系,在这方面有些什么具体设想吗?

答:建立健全宏观管理体系,是确保出版繁荣、健康发展的根本保证。这样一个管理体系,我们认为应该包括七种机制。

一是预报机制,就是说要能够及时准确广泛地收集和分析各种信息,掌握动态,增加决策的预见性。要巩固和完善出版市场的监察网络,完善图书选题申报审批备案制度、选题专题报批制度、重版书管理制度等等。有了预报机制,就便于把坏书消灭在未出版之前。二是引导机制。出版也有个导向问题,作为管理机关要积极引导各级出版单位健康发展。已建立双月出版通气会制度,约请出版单位和主管部门负责人谈话制度等。三是约束机制。这方面过去有些规定,现在要加强,例如出版的专业分工、三审制、控制异地印刷、发行前送审等。我们还要建立出版单位的年检制度。四是监督机制。主要是依靠社会力量和行业协会对出版进行监督。现在正在拟议建立一些监督性质的组织,比如健康读物保护委员会、读者权益保护委员会等。五是奖惩机制。这主要是通过建立对出版单位的评优分级来体现。六是保障机制。利用一定的手段保证出版方向和出书质量,例如出版队伍持证上岗制度、社长总编的资格认定制度、人员的定期培训制度、出版基金和经济政策调控制度等等。七是责任机制。要做到各级分管一方、守土有责,实行各级责任制。

无论是全国的宏观管理,还是一个出版单位的内部管理,都要把建立科学的运行机制作为深化改革的一个重要目标,以保证出版事业健康发展,走向繁荣。

问:强化管理要落实到促进出版繁荣,这需要出版界各个单位的共同努力,从全国范围讲,是不是准备在这方面也抓几件事呢?

答:新闻出版署作为国家对新闻出版的管理机构,当然也要办几件实事,抓几项具体的有利于出版的工作。初步考虑有这样一些:一是在调查研究基础上制定“九五”重点图书选题规划。二是抓一批高扬主旋律的出版物,抓好“五个一”工程中的出版项目。三是认真落实“书架工程”和送书下乡活动。四是召开一次科技出版工作和民族出版工作会议。五是举办第二届国家图书奖。六是开展评十佳出版社的活动。去年我们曾表彰过十五家出版社,今年又表彰了十五家,明年要继续评选表彰。凡是评选上的出版社书号用量可以不受限制。七是要采取一系列措施来解决“无错不成书”的问题。在全国范围开展出版物质量的检查。去年抽查了中央各部委的一些出版社,结果被抽查的图书中只有三本合格,后来又抽查了直属出版社,情况稍微好些。今年先后查过辞书和古籍今译类书,问题都不少。有的出版社三审制已经流于形式,初审、复审、终审不认真或者不清楚各自的职责。编辑经营意识增强是好事,但也不能为此而不认真审稿或者干脆不审稿,不履行自己的职责,还说这是“文责自负”。要按这种说法,还要责任编辑干什么?有的出版社取消了校对室,由编辑自校,这怎么能不出错?校对是一门学问,是编辑取代不了的。八是推动建立和落实各种出版基金,解决长期以来一些学术著述出版难的问题。这项工作比较复杂,需要采取一些切实可行的措施。除了前面提到的这些,明年还有一件很重要的工作,就是《出版法》的宣传、学习和实施准备。《出版法》的起草已经搞了八九年，先后修改过二十余次，全国人大常委会正在对《出版法》进行审议，如果审议通过，争取在1996年实施。《出版法》是我国第一部关于出版的法律，意义重大，作为配套措施，明年要搞出《出版法实施条例》，并要依据《出版法》修订其他有关规章。

十年前，中共中央有一个关于加强出版工作的决定。那是一个很好的文件，对于这十年的出版工作发挥了很大的指导作用。现在看，有些内容还需要继续落实。我们计划在明年1月就召开全国出版工作会议，对于全国出版事业的深化改革，对于新出现的问题提出一些指导性意见。但是从全国出版社、印刷厂、书店来说，都不能等，要按照中央的工作大局，按照阶段性转移的目标，联系各自的实际，立即制定自己的工作要点，通过强化管理，建立科学的机制使出版改革不断深化。对于广大编辑同志，也要认识自己的责任和使命，自觉地为提高出版物质量，增加效益而努力，为我们出版事业的繁荣、健康发展做贡献。

（原载于《编辑之友》1995年第1期）

追记：《编辑之友》创办后也曾有过访谈之类的文章（初期我就写过访问上海编辑学会会长宋原放的），但以对话形式这则是第一篇，发表时题为《深化改革　加强管理　促进出版事业繁荣健康发展——访国家新闻出版署于友先署长》。

1995年时《编辑之友》改版，改版最直观的是开本变了，由以往的16开变为大16开。1949年后的中国杂志除极少数外基本都是统一的开本，即16开。到1990年之后，有些陆续改为大16开，据说这是国际流行的杂志开本。改版当然不仅是形态变，更重要的是内容、栏目、版式等的变化，如这时就增设了“专题访谈”栏，办刊的宗旨则在大方向不变的同时有些微调。

促使《编辑之友》改版的主要有两个因素。一是出自刊物本身。在走过十个年头之后，刊物已度过了初创期，读者群有了变化，刊物面对的研究领域也有了变化，用句后来喊得很响的话说，需要"与时俱进"了。二是办刊单位的机制及人事变化。刊物的主办者山西人民出版社开始实行目标管理制，对效益空前关注，往高说也是在进行"阶段性转移"。而社里的人事也发生了变化。1994年宋富盛出任社长，这个刊物以前的主编张安塞调任，宋兼了主编。当年夏，我被安排以常务副主编的身份主持刊物。人变事也变，改版是循此常例之举。对改版的设计我曾另写一文，就是本书中的那篇《刻意定位》。改版时在刊物内容上是想有些拓展的，后来我将其归纳了一个通俗说法叫三"关"，即关于编辑的，与编辑有关的和编辑关注的。出版业的改革大势自然是在这三关之内的了。不过，这种说法也是从理论上讲，想将尽可能多的读者网罗其中，但实际上也难做到。就以我个人的经历看，在不编《编辑之友》时，对出版改革就不曾怎么关心。

"专题访谈"组织到于署长的稿件，全是偶然，或者说是运气。1994年11月中旬在广州召开了全国出版科学研讨会，我去了，目的一是了解动态，二是搜罗合适的稿件。这类会，一般难得有国家出版管理部门的主要领导人参加，但这次于友先去了，还讲了话。事后听说，他是参加一个有关"扫黄打非"的会议去了广州，顺便来到研讨会的。这种匆匆而来匆匆而去的情形下根本不可能接受我们这样一个刊物的专访，能交谈两句就很不错了。好在我记笔记的功底还行，他的讲话基本全记下了。我请示可否公开发表，他首肯了。于是我回来后整理成访谈形式，并请他审定。其秘书又给提供了我们需要的照片。谈话的重点是讲出版业"阶段性转移"的，这是当时新闻出版署提出的目标，在适应计划经济向市场经济过渡中，是很重要的一步。过了十多年后再看，所谈的内容有些时过境迁了，但作为出版改革的历史记录仍是有意义的。文中提及的一些改革措施，应该说大都实施了，只是《出版法》并没有在1995年审议通过。到1997年1月，国务院发布了《出版管理条例》。以后此条例修订过，但仍是法规。到今为止，与出版有直接关系的法律还是只有一部《著作权法》。

这次访谈之后，于友先对《编辑之友》有了更多关注。用他的话说，“我当过编辑，所以也是你们的朋友”。几年后，北京印刷学院成立出版系和期刊研究所，这一活动我参加了，于友先为之题词时就用了“编辑之友”这样几个字。

这篇谈话刊发时是放在当期首篇的，刊出后不能说没有影响，但当期更引人注意的倒是刊物上的第二篇。第二篇题目为《对中国出版业分流管理的战略构想》，福建一个年轻同志郑俊琰所写，文笔很好而观点也很新锐。当时决定刊发此文是有些解放思想味道的，因为文中提出了中国出版业中未来的“第三梯队”是“私营出版公司”。文章也直面指出所谓的“二渠道”书商在以“非法半非法方式介入出版”的事实。这在当时都属于敏感话题。因为政策上不允许书商介入出版，出版社即便做了也不承认和书商合作。此期出版后，我就接到上海一位熟识老出版人的电话，询问这篇文章是不是有什么来头，要不怎么敢发。在得到回答后，他很是佩服我们刊物的勇气的。看来，1995年改版第一期上是既有运气又有勇气的，是不是还有其他别的什么气，没想过，但大概是有的。

刘杲:深化编辑史出版史研究

江南三月,莺飞草长,南京"编辑史出版史研讨会"的与会者却似乎并未太留意这江南早春的特有气息,倒是会议内外嘤鸣求友的气氛,给每个人留下了深刻的印象。作为会议主办单位之一中国编辑学会会长的刘杲同志,自始至终听取了代表们的学术交流,并就有关问题谈了他的看法。

问:您在刚参加完全国政协九届二次会议之后就赶来参加这次学术研讨会,可见您对编辑史出版史的研究是很关注的。依您看,开展这方面的研究其重要性在什么地方?

刘:中国编辑学会是这次会议的发起者,我是来听课的,会长的帽子给了我责任,但是并没有给我学问。如果要我谈,无非是听了些什么然后再说说而已,比起与会者专家学者的发言,很可能还是挂一漏万。

开展编辑史出版史研究应该说是建设中国特色社会主义出版事业的重要内容,是不是可以说是重要条件,我看还是讲重要内容更恰当。建设中国特色社会主义出版事业是由党的十五大提出的总任务所规定的。明确这个地位才好认识编辑史出版史研究的重要性。

就我想到的,它的重要性大约可有五方面。一是可以起到以史为鉴的作用。我们要研究当前的现实问题总会需要以历史的经验和教训作为借鉴的。这应该是没有争议的共识。二是有利于加强出版事业的理论建设。一个事业其理论达到的程度是其本身是否成熟的标志,而史的研究有助于整个出版理论的深化与提高。三是培养人才的需要。

要提高我们编辑出版队伍的修养,史的学习是很重要的方面。尤其是在培养面向新世纪的高级出版人才上，编辑史出版史更该是必修课。四是这属于文化史研究中一个很重要的领域。如果缺了这块我看是难以成为文化史的，所以加强编辑史出版史的研究既是我们自己的需要,也是中国文化史甚至说世界文化史全局的需要。五是编辑史出版史可以作为对我们的干部、青年进行爱国主义教育的生动教材。是不是还有一些,我想至少应该有这五个方面。

问:既然这样重要,这方面的研究应该说是受到重视的了。从参加会议者看,许多人也做了不少成绩,您能评价一下这方面研究的现状吗?

刘:我讲它重要,并不意味着已受到应有的重视。当然到会的人都是很重视的,而且确实有相当的成绩。从会上交流的情况看,有些是很令人感动的。学术研究很辛苦,而许多同志又不是专业搞这个的。有的在完成本职工作之外收集资料进行研究,很不容易。研究上有困难,经济上也有困难,还要面对别人的不理解。会上有人比喻说他们搞研究是“个体户”,是“地下工作”。但是尽管这样仍出了不少成果,这些成果我就不具体讲了。那么他们是为了什么?为了名为了利,为了晋升为了职称?我看都不是。搞这个出名很难,出书也难,还往往贴上自己的钱,而晋升什么的大概也不考察这些,那么如何解释,我看只能用忠于这个事业,忠于人民的精神来解释。前些时中央电视台采访我,要做“东方之子”节目,我就发过牢骚,说有人老对知识分子有看法。比如说,怕知识分子发财。知识分子搞学术很难发财,就是发了财,这种发也是对社会对人民有好处的嘛。所以我想我们应该大声疾呼、宣传埋头苦干的研究人员,要去感动上帝,让上帝知道这件事,知道这些人。有远见的领导者怎么能不考虑对理论的研究呢?领导不可能代替他们来搞学术,但加强领导,给予必要的重视和支持还是可以的嘛。

问:除了应当重视应当支持之外,在编辑史出版史研究中还需要注意些什么吗?

刘:我讲了,这方面我不是专家,所以也没法指出还要注意什么。但听了大家的意见,结合我个人的思考,倒是觉得有些需要关照的问题——这里用关照这个词是不是更好些。

一是学术争论问题。研究是有共同基础的,这就是马克思主义;也是有共同目标的,就是促进社会主义出版事业的发展。有了这两点就需要提倡和开展争鸣。有争论是好现象,没有争论学术就成了沉闷的、呆滞的、没生气的了。这种争论是学术上的,是摆资料、提观点、讲道理,不能争论到人身攻击的地步。学术争论和赛球不同,赛球有时间限制,有输赢,而学术争鸣可以不同意见长期并存。

第二是编辑史出版史的关系问题。这次会是并列在一起提的,但是两者之间是什么关系,是从属关系、并列关系,还是重合关系,我看不那么简单。不是所有的出版活动都是编辑活动,也不是所有的编辑活动都是出版活动,是不是两者有一部分是重合的?或者至少可以说不是分离的。我认为对此在研究中不必急于确定位置,但要相互顾及。

第三是与编辑学出版学的关系。一句话,应该是有史有论,史的研究与理论的研究是辩证关系。学科理论框架的构建要以实践经验为基础。从实践经验中概括规律。历史研究就是提供历史的实践经验,从史料中抽象出规律。编辑学出版学的研究还只是初具规模,编辑史出版史的理论概括与其是相辅相成的。

第四是要关照与中国文化史的关系。这不仅仅是由于出版是文化事业,而是考虑要研究不同时代出版物的文化内涵与当时的文化时尚、文化走势的关系及原因,在编辑出版活动中作为活动主体的机构或个人,其文化价值取向与编辑出版的关系,出版物的文化功能,不同时期对主流文化、传统文化、外来文化的态度等等。这样的研究可以大大丰富编辑史出版史的内涵。

第五是注意出版发展与经济发展的关系。从出版的历史看是一步步走向市场的,近现代市场的杠杆作用对出版有越来越大的影响。中国明代产生资本主义萌芽,这在出版活动中也有所体现。出版既是文化事业也变成一种产业,市场的变化发展影响到出版物的内容以及出版的组织与经营方式,这实际上关联到经济史了。

第六是关照技术发展史。这主要是研究物质载体的进步与传播技术的进步对出版的影响。马克思曾说过印刷带来了资本主义文明,这种关系到现代更突出。技术发展直接导致观念以及法律关系的变化。比如版权问题就是只有到市场发达和复制技术发达后才产生的。

第七是与政治的关系。通俗点说就是出版同官家、同政府的关系。应该说出版这个行业是政府行为先于市场行为的,但是也不能简单地用一句“反动统治阶级总是利用文化为其服务”来说明一切。就我想到的,起码有这样几点:一是出版的兴衰起落与国家的政治状况有关,政治相对稳定出版则有发展;二是政府对出版的利用与控制客观上对出版的影响;三是政府行为对重大出版工程的作用。这些需要认真研究和总结。即使是近现代的一些问题也不是很容易就会弄清楚的。过去我们说本世纪 30 年代阶级矛盾尖锐,工农大众水深火热。但查查史料可以看到,当时出版业很兴盛,比如商务印书馆就有很大发展。有人说当时教育也比较稳定,这就值得研究。

第八是能不能探讨一下出版物的质量问题,历史上是如何保证出版物质量的。这是指从出版业务上讲的编校排印装质量,这方面是有史料可查的。会上有人提到编《四库全书》时因为编校质量不合格死过人,这就可见前人在质量上要求也是很严的。

第九是研究出版活动的主体问题。这个主体自古到今是不断变化的,先有官家后有书坊,作用不一样。坊刻出版对通俗文化的传播是起了很大作用的。这个研究对现实很有意义,就是什么人可以办出版,说现在出版都是“官家”办,我看未必。法律是有规定,但实际上北京就有一二百家“工作室”在干出版,是不是有书号的才是出版主体?

第十是需要拓宽研究面,比如中外出版比较,比如期刊的出版等等。过去对图书关注得多,但在近现代出版活动中期刊占了很大比重,对期刊发展的研究大家似乎关注不够。最近新闻出版署批准建立了一个期刊研究所,就设在北京印刷学院,想在这方面推动一下。我们出版史的研究也该注意一下期刊。至于中外出版史比较也是一个重要课题。我们中国历史在世界上并不是最悠久的,但古籍如此丰富而又延绵到今天的只有中国,出版对中华文明的延续肯定是有重大作用的。我们在讲出版要走向世界,那么在走之前是不是该先做些历史比较的研究呢?我看是需要的。

我提了以上这些方面,并不全面,只是说在这个领域还有不少值得深化的课题。

问:听了您的谈话,加上我们平时对这方面的了解,当然还有这次会上大家介绍的情况,使我们觉得要使这方面的研究深入下去,恐怕还亟须加强组织领导,学术研究中的自觉性、献身精神都很重要。但光靠这些大概还是不够的,您说是吗?

刘:是这么个问题。要做好研究确实需要改善外部条件。从目前情况看这也许更迫切些。我前面说过感动上帝,这个上帝首先是各级有关部门。具体说是希望新闻出版署加强领导,包括对出版科研的领导。这方面我看可以由出版科研所来组织,中国编辑学会予以协助。加强领导就是一种支持,大家建议署里先搞个规划,通过制定和落实规划可以解决若干问题,明确了课题,进度、经费、人员的依归等就好落实。经费是不是可以仿照解决下岗职工问题的办法,也来个三个一点,署里拨一点,局里给一点,社里再支持一点。列入出版规划比较容易,问题是要争取列入国家科研规划,这样研究队伍就好组织了。对于一些成果,选取精彩部分可以先在几个出版类刊物上发表,引起更多人的关心与参与。史的研究离不开资料,史料扎实才能立论严谨。如何利用史料也需要研究。现在有很多资料是研究者辛苦收集的,这就有个利用问题。共享不合适,分割也不合适,但总应该多些资料多些交流,这对推动研究有好处。组织研究队伍还有个联系问题，通过什么方式加强联络。诸如此类的问题都需要逐个解决，需要在会后做许多工作。

这样的研讨会两年前曾在济南开过一次，从这次会上看，这两年还是大有进展的，我希望通过各种方式把会议宣传一下，这也有助于引起各方面的关注、支持，进而改善外部条件。

（原载于《编辑之友》1999 年第 3 期）

追记：这篇发表时的题目是《编辑史出版史研究需要重视、支持、深化——访全国政协委员、中国编辑学会会长刘杲》。题中指出政协委员是由于他刚开完政协会就赶来参加这次研讨会。

刘杲曾是新闻出版署副署长，我与他结识是 1994 年秋主持《编辑之友》这份杂志之后，以后十年中接触颇多。如果说这份刊物那些年还有些起色的话，离不开高人指点，刘杲就是高人之一。尽管他从没说过你们刊物应该如何之类的话，但他却可以使你悟到刊物以及有关这一领域的许多，只要你有心。

我认识刘老时，他已从领导岗位退了下来。1992 年，中国编辑学会成立时，他被公推为会长，以后连任三届，这与我负责《编辑之友》以至后来参与《中国编辑》正好在同一时期。刘老任过高官，但没有官气。我不知早年在位时如何，但起码在会长任上如此。经常参加编辑学会活动的人私下评价他为“学者型官员”或“官员式学者”。在中国，当过行政官员（尤其是居于较高位者）的人我也是见过某些，这些人总难免流露出一套官员惯有的思维定势与话语体系，比如以不自觉的“左”来显示其原则性之类，但刘老没有这些。仅此一点，不只是我，我们当时一批人都很敬重他的。刘老的居所我去过多次，当然都是有某些事去找他的。印象中他家里最多的东西就是书，但厅堂里挂着的两幅字却使我肃然起敬，并留下很深印象。字幅面都不算大，是题款赠与主人的，书者一为赵朴初，一为曹禺。

刘老对编辑学出版学的研究贡献是很大的。他不仅是学术活动的组织者,也是亲为者。他对编辑学是一门应用科学的定位就影响了一批人和一个时期的研究风向。在他任会长的12年中,编辑学会成为出版界最有活力的群众组织,我亲自听到更权威的人士讲过这一意思的话。

刘老领导下的学会作风是真开会、真讨论、真研究的。那些年号称学术研讨的会不少,但有的从开幕到闭幕只有一天,余下的就是所谓的“考察”了。编辑学会的会也免不了有“考察”,但正式开会没有少于三天的。会上还真要讨论问题,集中也好,分组也罢,出现争论是常有的事,而且越争论大伙关系越近。有的所谓的出版研讨会则安排几个人自顾自念上一遍论文就算了结,对一些热门话题还唯恐大家涉及。还有的会是开幕式一毕,坐在台上的领导人就另有“活动”去了,到闭幕时再出现在台上,把事先拟好的闭幕词念一遍。编辑学会不是如此,开幕式后刘老和副会长等人全要下来坐在头排,凡是大会发言一律听完。至于人数较少不设主席台的会议就更不用说了,所以他在这种会议上的发言是没有空话套话的。刘老当时已是近70岁的人了,但思维仍很敏捷,其实不单是敏捷,而是真正体现了解放思想、实事求是的。对于不同意见他尤其注意倾听,所以在会议休息间隙,也往往有人围在他周围,而他也总在平等地与大家交换看法。

这篇访谈的基础是他在这次会上的总结,只是加进了一些在讨论中他插话所谈的内容。可以说他的谈话本身就是一篇学术文章,或者说是学术指导文章,而其中对一些问题的认识是足以证明我上述的一些看法的。

1998年时,全国人大研究室,全国政协研究室等发起组织了一个“中国现代科学全书”的大工程,其主旨是回顾20世纪现代科学各个学科的发展历程,展现各个学科在新世纪的发展前景。全书共600多卷,涉及现代科学的方方面面。全书确定了有《出版学》一卷。该卷由中国出版科研所承担。完成后的《出版学》第五章是关于出版史学,选录了刘杲对出版史研究提出的主要观点,并直接注明源自这篇访谈。同时选录的还有吴道弘的另一文章,也是发表在《编辑之友》上的。书中的结论是“他们的这些观点对新世纪出版史的研究有重要的指导作用”。

就在我整理这些文章时,2011 年 10 月,在北京召开了“刘杲同志编辑思想研讨会”。年底,12 月 12 日的《中国新闻出版报》以“关键词”“事件”“人物”“营销”为切入点,用四个版对 2011 年进行了回顾。其中“人物”共列九人,第一位就是“特别致敬”刘杲,给予他的定位词是“质朴”。其他八人名下有“入选理由”,而刘老下面是“致敬辞”。全文为:“出版事业于他而言,是神圣责任,是无上光荣,是一生挚爱。几十年的职业生涯里, 他参与并见证着中国出版的腾飞巨变与蓬勃发展。已 80 岁高龄的他,至今依然对出版保持着通透的思考与睿智的洞察。他的脚踏实地、低调质朴、尽善尽美、与时俱进,向所有出版从业者传递着榜样的力量。”

邵益文:促进编辑学学科建设

9月的银川,天高云淡,秋深气爽,“1997全国编辑学理论座谈会”在这座塞上名城举行。来自出版单位、出版科研单位和高校编辑专业的30名专家就编辑学的理论框架进行了学术交流。会议结束时,本刊记者访问了中国编辑学会常务副会长邵益文同志。

问:这次会议的主题是讨论编辑学的理论框架。在目前组织这样的学术研讨是出于什么考虑?从会议的情况看,是否已经达到了预期的目标?

答:召开这样一次讨论会,主要有两方面的考虑:一是当前出版事业发展需要加强理论研究。在过去的18年中,也就是从党的十一届三中全会以来,中国出版经历了与正在经历着三个重大的转变,即:出版社由生产型向生产经营型转变;出版体制由计划经济向社会主义市场经济转变;出版发展从扩大规模数量为主向提高质量效益为主转变。这些转变为理论研究提供了基础也提出了问题。像出版这样意识形态性非常强的部门,更需要科学的理论作支撑,从而避免盲目和被动。编辑学的研究,无论是基础研究还是应用研究,最终都将直接或间接地对出版决策产生影响,都直接或间接地为出版发展服务。江泽民同志最近对一份科技工作的材料做了重要批示,他说:“基础研究很重要。人类现代文明进步史已充分证明,基础研究的每一个重大突破,往往都会对人们认识世界和改造世界能力的提高,对科学技术的创新,高技术产业的形成和经济文化的进步,产生巨大的不可估量的推动作用。”编辑出版理论研究也是如此,加强这方面的研究目的正在于出版工作的创新、发展和繁荣。

二是编辑学学科建设的需要。编辑学的研究是从80年代中期兴起的,在这十年中编辑学著作出版了50余种,论文发表了1000多篇,在一些理论领域形成了一些有建树的观点。但是从总体上讲研究成果还比较分散,不够系统,需要进一步总结、概括、梳理,使之条理化。要这样做就有必要在一定时期组织大家集中讨论一个课题,使学术交流在某一点上“聚焦”,从而在一个方面有所突破,求得共识,取得进展。

从这三天的会议看,应该说是很有成效的。会议期间正值党的十五大开幕,与会同志以马克思主义、毛泽东思想和邓小平理论为指导,贯彻理论联系实际的原则,畅所欲言,讨论认真,学术气氛十分浓厚。从讨论内容看,主要集中在编辑学的学科体系和理论体系上,重点是理论体系问题,提出了构筑理论体系的思路。会议之前,天津编辑学会经过多次研究,准备了一个较为详细的关于理论框架的意见。其他一些同志也各自作了准备,提出了设想。这就使会议很快进入实质性交流,避免了空泛的议论。当然对于这样的学术问题不可能一次研讨就达到一致,但是讨论开阔了思路,在比较和相互吸收的过程中使得几种框架都得到了补充与丰富,这对于编辑学科理论体系的形成是极有促进作用的,也证明我们有选择地抓住编辑学研究中的焦点问题组织“攻坚”的尝试是有效的。

问:对这次会议上所提出的几种编辑学理论框架,你可以做些概括和介绍吗?

答:会议上许多同志根据自己构建编辑学理论体系的思路,设计了不同的理论框架,归纳起来大致为三种类型。

第一种可称之为基本理论型。这类理论框架思辩性较强,其着眼点在于建立普通编辑学。基本框架包括:1.概论部分。论述编辑学的研究对象、概念、学科性质、结构、特征、地位和功能等。2.方法论。强调要建立全息的、统一的、系统的编辑观和运用现代科学的研究方法。3.编辑学原理。例如有的人提出了编辑学三原理:文化缔构原理、讯息传播原理和符号建模原理。4.编辑工程。研究从策划设计到系统管理,再到质量控制的全部编辑活动。

第二种可称之为理论实践并重型。它们的构筑思路大致是以编辑活动(或称之为编辑劳动)为中心,研究其矛盾关系,揭示编辑活动的规律,确定编辑学的范畴。这种思路强调编辑学应是应用科学,有基本理论,但更要注重应用。它的基本内容或研究课题包括编辑学总论,编辑活动的性质、特征和社会功能,编辑活动的主体和对象,编辑活动的一般过程、方针和原则,编辑活动与传播业、传播媒体的关系以及与市场经济和现代科技的关系等。

第三种可称之为实用型,或理论业务结合型。这类编辑学框架将理论编辑学与应用编辑学合为一体,侧重于编辑学的应用研究。一般是先讲理论知识,然后按编辑过程讲选题、组稿、审稿、加工、发稿、装帧、校对等环节的工作原理和技能。这与目前已出版的一些编辑学教材基本上相一致。

上述三种理论框架设计的思路与取向不同。第一种重视编辑学的理论建设,第二种兼顾学科价值与应用价值,第三种重视实用功能和指导现实工作的需要。在会上,持不同观点的进行了充分切磋和交流。尽管一些问题不可能全取得共识,但讨论是有助于编辑学研究的深化,有助于逐步建立起比较成熟的理论体系的。

问:由这次会议的讨论不难看出,这些年编辑学的研究是有了许多进展的。你认为在编辑学理论的探讨上,目前的主要进展及成绩是什么呢?

答:作为一门学科,它的理论是否成熟主要标志是这样几条:一是有本学科的基本概念,并由基本概念、一般概念与专用术语组成一个层次分明的概念体系;二是揭示本学科的主要矛盾和理论原理;三是有一个较完整的理论系统,就是说从基本概念出发把有关知识按照一定的层次结构和逻辑结构组织起来形成本学科独具的理论体系。这三条都属于理论部分。按这三条衡量,编辑学作为一门独立的学科还是未成熟的。

应该看到,这十多年中编辑学的研究进展很大。许多研究者也在努力根据自己的研究构筑理论体系。这对促进这一学科的建设是有益处的。即便一门成熟的学科也不排斥不同理论体系的并存。上面所讲三条,是一个总的目标。

近几年来,尤其是在中国编辑学会成立以后,我们利用多种形式组织了编辑学的学术活动,主要研究集中在这几方面:

一是讨论编辑学研究的方向和重点。这在 1994 年的郑州研讨会基本取得了共识。大家认为,编辑学作为一门新兴学科已经取得社会承认,今后的研究要以中国特色社会主义的编辑理论为重点和主攻方向,重视社会主义出版编辑活动的研究,坚持理论联系实际的原则,努力回答现实生活中的理论问题和实际问题。同时不断完善自身的理论体系,使之成为既有中国特色又具现代科学形态的新兴学科。

二是研究了编辑学的学科定位问题。这些年关于这门学科的性质、它在整个学科体系中的位置一直是有争议的,有的认为是基础学科,有的认为是综合性的边缘学科,有的认为是应用学科,还有的认为是工艺学科。由于这种认识上的差异,使得有些问题的讨论难以达成一致。1995 年成都研讨会上主要讨论了学科定位问题,在不同程度上取得了共识。较多的意见认为编辑科学属于应用科学,当然作为应用科学同样也需要建立严谨的理论体系。

三是讨论了编辑学研究的范围。现在的研究一般都是从书籍或期刊的编辑实践入手的,但是现代编辑工作范围要宽得多,编辑学研究应该拓宽到其他有关的编辑领域去,这样将为普通编辑学的建立奠定基础。有的同志还认为编辑学研究不仅要研究编辑工作的对象和外部环境、条件等编辑客体，还应研究编辑主体，即研究编辑者自己，研究主体的素质、道德、作风等，这不仅是编辑工作的需要，更由于编辑工作是一种意识形态工作，一种精神生产活动，它与生产者自身情况关系甚大。

四是推动了基本概念的争鸣。这些年关于基本概念的认识分歧较大。例如关于编辑，有的认为是在利用传播工具的活动中，以满足社会精神文化需要为目的，致力于在作者和读者之间建立传播关系的社会活动；有的认为是对外载知识进行智化加工，从而缔造社会文化的活动；有的认为是使信息、知识有序化、载体化和社会化的学术业务活动；有的认为是以知识传贮为目的，根据载体要求进行综合加工的精神生产活动等等。再比如编辑活动的起源，有的认为编辑活动与书籍同时产生，有书籍就有编辑；有的认为编辑与出版相联系，有了出版活动才有编辑活动；有的认为编辑与文字相关联，甲骨文时期就有原始的编辑活动；还有的认为编辑活动是文化创造的一种方式，自有文化创造起就有编辑活动。与此相关联的还有出版的概念、出版的起源、编辑工作的中心环节等等许多方面的不同观点的争鸣。通过争鸣，促进了研究的深化。一些研究者不仅做了进一步的深入思考，而且做了进一步的深入调查，包括从历史上从古代典籍中深挖资料。这对编辑学理论的完善和成熟是大有好处的。

对于这门新学科，除了理论研究之外其他方面也有了长足的发展，出版了一系列有关编辑学和编辑活动的著述，创办了有关编辑研究的刊物，在一批高校建立了编辑专业，编写了全国第一套编辑出版专业教材，成立了地方的与全国的编辑学会等等，所以综观编辑学的发展，可以说是从无到有，成绩斐然。

问：你谈的这些成绩好多是与中国编辑学会有关的，可以顺便介绍一下中国编辑学会的工作吗？

答:中国编辑学会是1992年10月13日成立的,它是新闻出版署主管的,经民政部批准的全国性、群众性的学术团体,目前已有团体会员250多个,还发展了一批个人会员。为了更广泛地开展研究活动,学会组织了六个专业委员会。四年多来,先后举行过三次年会,三次全国编辑学理论研讨会,一次编辑出版史研讨会和一次国际出版学研讨会。还与中国版协联合举办了两届优秀中青年图书编辑评选活动。各专业委员会先后开过六次规模不等的专题讨论会。这些活动对于总结工作经验,探讨编辑规律,交流学术观点,加强学科建设,培养编辑队伍和编辑理论研究队伍,起到了积极作用。

学会在组织理论研究方面首先是开展对当前编辑工作重大理论问题和实践问题的研究,例如编辑出版工作如何适应市场经济的问题,图书出版如何既服从精神生产规律又要适应市场经济规律的问题,在市场经济条件下编辑工作还是不是出版工作中心环节的问题,还要不要坚持编辑工作的基本规范的问题,编辑策划与编辑案头工作的关系问题,新形势下编辑的职业道德问题等等,都曾通过不同的会议或其他形式组织过认真的讨论。其次是对编辑学理论的探讨,前面已经讲了。

作为一个全国性的群众学术团体,它的生命在于学术活动。学会一方面是服务,为大家的理论研究提供服务;另一方面是组织,组织力量进行研究并推出一些成果。自成立以来,中宣部及新闻出版署领导和地方各出版单位对学会工作给予很大支持,一批理论研究骨干和学会活动的积极分子对学会活动热心参与,这是学会工作得以开展的基础。三次年会的论文选集先后由天津教育出版社、江西教育出版社、河北教育出版社支持出版。国际出版学研讨会论文集由高等教育出版社支持出版。现在(学会)又和人民教育出版社共同编辑了《中国编辑研究》,计划每年出一辑。学会还编发了37期简报,在会员之间发挥了交流信息的作用。

对于编辑学研究，学会的目标是积极推进编辑学学科建设的进程。而要做到这一点关键还是队伍，编辑学研究可持续发展的根本就在于此。骨干队伍要相对稳定，维持一定的圈子，但是还必须不断发现和培养新人，尤其是中青年积极分子。在这一点上，你们刊物是个很好的渠道，也是一个很好的园地，你们刊物推出的一些年轻作者的文章有的是很有创见很有份量的。我们学会应该加强与他们的联系。学会今后的做法我个人想应该是这样几句：稳定骨干、扩大队伍、巩固阵地、争取支持。我们希望有更多的人参与到学会活动中，使中国编辑学会越办越好。

（原载于《编辑之友》1997 年第 6 期）

追记：此篇的原题为《推进编辑学学科建设的进程——访中国编辑学会常务副会长邵益文》，某种意义上，有些对十多年编辑学研究进行总结的意思。

邵益文是这十多年活跃于这一领域的人士。1985 年国家出版局筹建了中国出版发行科学研究所，邵益文担任了副所长主持工作。这个所现在发展成了中国新闻出版研究院。《编辑之友》也是那年创办的，由此与邵先生相识。印象中他有很大的热情，对于出版科学研究真有要干一番的样子。后来知道在 80 年代初呼吁进行编辑学、出版学研究的一批文章中就有他的，好像是用肖月生的笔名。

1986 年春，有次我随张安塞去了科研所，邵益文谈到他们正筹办一个专业出版社，为出版科研服务。没料到这话竟然引发了张安塞的想法，从所里出来就讲咱们也该争取批一个，随后他就为此开始活动，现在的讲法就是运作了。结果是，当年在科研所的中国书籍出版社被批准以后，山西也被批准成立了书海出版社。

提到“书海”，有两事值得一记，当时我是目击者。一是以副牌名义申办的主意是吴道弘出的，他当时是人民出版社副总编。他讲以杂志名义直接申办出版社当时难批准,有《编辑之友》为基础,以山西人民出版社副牌申请容易办。二是确定社名时征求过北京多个老编辑的意见,是商务的刘叶秋提出用“书海”。后来书海出版的“编辑业务丛书”中还有刘叶秋的一本《编辑的语文修养》。这扯远了,要说的是书海出版社的出现源于邵益文,而这种渊源是他本人都未必知道的。

和邵先生打交道多起来是我重返《编辑之友》以后,这时他已退休,但实际退而不休,从中国编辑学会成立就担任常务副会长兼秘书长,在学会的各种活动中他都像个大管家,从学术活动到行政事务都可以见到他忙碌的身影。学会的工作比一个机关或事业单位的工作难做,这里没有什么行政的权力和依托(这种权力和依托在中国国情中是十分重要的),也不会有什么提拔和增加待遇的机会,所以搞这种工作要靠自觉,更要靠精力、能力和魅力。精力是身体许可而且要有热情、要敬业,能力不消说了,魅力则是吸引人团结人的力量,这点在这里是最重要可又不是轻易可修炼成的。邵益文当时这三条全具,所以学会工作一度是很热闹的。

邵益文不光做发动组织工作,而且带头查资料、搞调查、做研究、写论文,他后来出版的《编辑学研究在中国》《20 世纪中国的编辑学研究》等文集可以说是研究这一阶段编辑研究历史必须翻阅的资料。他十分注意收集相关图书,大约是 1996 年,他不知从哪知道山西出版了一本《实用版面编辑学》,就托我给找一本。我一打听才知是山西高校联合出版社出的,可这个社已被撤销,最后联系到作者任根珠,终于找到了一本。后来知道,凡是带有“编辑学”字样的书籍邵先生都在收集,就冲这一点,可见其为人为学之认真了。

和他接触多了也相熟了,对一些问题的讨论也多了,我们之间也有认识不一之处。邵先生是很严谨的,但也比较正统,凡是与政策制度沾边的东西他总是要维护的。对某些规定或做法,我们一些人有质疑,他就不如此。但学术探讨上的问题并不影响我们对他的尊敬,也不妨碍我们的友谊。

这里的“我们”不是虚指，是说当时编辑出版研究的那个圈子，这一群人中是有很多可圈可点之处的。举个与邵益文有关的例子。2005年南开大学赵航完成了《审读论》一书，这是国家社会科学基金项目，完成后请邵益文作序。在那些年，不少人写序是只说好话的，即便说点不足也是轻描淡写敷衍了事的，但邵益文没这样做。他写了足足八千字，不仅详细肯定了这一书的成绩，而且就书中对“三审制”的分析写了一大段他的不同意见。在序中进行批评（批评合适否另当别论）的做法是不多见的，而赵航也不因为他的批评、反对而有意见，照样将序置于书前。他们二人所为正反映了当时那一群人的为人之道、为学之道、为文之道。

这篇访谈的形成是在银川会议之后，我先拟了个提纲，然后我俩还真讨论了一次，文章完成后又由他做了些补充。那时候没有录音笔，但有小录音机可用，不过我没用，仍是靠手工记录。至今我都认为编报刊者应练这种作记录的基本功，就如同画家不该拥有数码相机就不再画速写一样，尽管也许在某些人眼里这是落后和不合时宜的。

梁衡:报刊整顿及发展

在这座国家新闻出版最高管理机关的大楼里,梁衡的办公室却更似学者的书斋,或者说眼下更近乎书刊阅览室。一张很大的桌案占据在房间中央,主人的写字台及接待客人用的沙发、茶几仿佛被挤到了角落。桌案上面下面以及四周是一叠叠的期刊,这是各地推荐来参加中国期刊奖和百种重点社科期刊评比的样刊,房间快被书刊淹没了。我们的谈话就在这书刊堆里进行。

问:据我们了解,各地已经给报刊换发新的登记证,这是否意味着全国范围两年多的报刊治理整顿已经完成?如是这样,那么这次治理的主要成果是什么?

答:是的。从1996年底开始的三年整顿,可以说基本结束。要谈这次的报刊治理整顿,必须认识我国报刊业的发展现状。这种现状可以概括为两点,一是改革开放20年来繁荣发展,二是快速发展中出现“散”、“滥”。党的十一届三中全会至今,作为新闻出版一个重要方面的报刊发展是很快的,规模不断扩大,效益不断提高,综合实力不断增强,在为全党全国的工作大局服务,推动两个文明建设中发挥了很大作用。但是繁荣发展也出现了新的问题,如结构失衡、重复建设、布局分散、质量不高,一些报刊违规违法、险情不断等等。这些就是我们说的“散”、“滥”。1996年12月,党中央和国务院“两办”发出关于加强新闻出版广播电影电视业管理的通知,要求对报刊进行治散治滥。按照中央要求,我们用两年半的时间进行治理整顿,从全国范围来讲现在大致完成。报刊散滥势头得到遏制，布局结构明显优化，质量显著提高。

关于这次治理成果主要体现在四个方面。

一是抓了主阵地建设，促进党报党刊加强实力。比如批办新报向党报倾斜，支持各级党报兼并小报小刊，扩大以党报为龙头的报业集团的试点工作等。这不仅对于形成引导舆论的中坚力量，发挥党报党刊的主导作用有积极意义，而且对加大新闻出版体制的改革力度也有推动作用。治理整顿之前，党报及党报所办子报在全国报纸中所占比例为 34.6%，现在上升到 40.1%，上升幅度是很大的。我们还批准多家党报兼并了 30 多家小报小刊，大都取得了很好的效益。其中有两家影响较大，一家是《羊城晚报》兼并广东将要停办的《经济快报》，改名为《新快报》，第一个月就发行 20 万份。另一家是《北京日报》兼并北京已处于停办状态的《纺织科技报》，改名《北京晨报》，用了半年时间也发行到了 20 多万。

这些措施有效地加强了党报实力。近期我们对 17 个省市党报 1998 年的经济情况进行了统计，53 家党报主报的年利润为 2.7 亿元，而所办的 94 家子报的年利润则达 5.2 亿元，是主报的 1.9 倍。举例来说，比如《重庆日报》年利润 190 万元，它的两张子报《重庆晨报》和《重庆晚报》年利润 5671 万元，是主报的 29.8 倍。《南方日报》年利润为 346 万元，五张子报年利润 2598 万元，是主报的 7.4 倍。应该说，经过整顿，党报靠强大的政治优势、管理优势和人才优势兼并小报，子报子刊又靠市场优势在经济上支持主报，已经开始形成一个适合我国特点的良性循环机制。

二是清理转化内部报刊，取消了内部报刊管理系列。中央两办通知中对报刊治理的精神，总起来是两句话：转化内部报刊，压缩行业报刊。这次在清理内部报刊方面是下了大决心花了大力气的。全国原有内部报纸6450 种，现在转为内部资料 4081 种，停办 1692 种，转停数量为总数的 89.5%。内部期刊原有 10650 种，转为内部资料 6090 种，停办3550种,转停数量占总数的91%。这样大约还剩余10%的内部报刊将保留到1999年底,视其情况将其中办得好的转为公开报刊。

三是压缩行业报刊,使全国报刊结构明显优化。压缩行业报刊,主要就是压缩省市厅局办的“小机关报刊”。在治理中,全国原有报纸2202种,压缩了300种,占13.6%,其中厅局报160种,占压缩总数的53.3%。全国原有期刊8135种,压缩了443种,占原有总数的5.4%,其中社科类期刊压缩较多,有268种。在这268种中,厅局期刊146种,占压缩总数的54.5%。应该说在压缩行业报刊方面治理的力度还是很大的。

四是理顺结构,建立了专门报刊管理系列。过去在报刊管理上我们是一个模式,一把尺子。但是有的报刊由于其性质特殊,功能特别,并不是一般意义上的大众传媒。这次治理中采取了区别对待、分系列管理的办法,经国务院治散治滥领导小组同意,建立了三个专门报纸管理系列,即军队、高等院校、教学辅导;建立了五个专门期刊管理系列,即大学学报、信息参考、政报公报、年鉴、军队。对这些专门系列作了不同的管理规定。这不仅遏制了散滥势头,而且也使报刊管理更趋于科学。

回顾这些,我们可以说在各级新闻出版管理部门的努力下,在各报刊的配合下,治散治滥工作取得了很大成效,这为报刊业的改革和发展创造了条件,奠定了基础。

问:经过清理、转化、压缩,我国现有报刊数是多少呢?

答:在两年整顿期间,还新批准一些报刊,其中有报纸57种,社科期刊77种,科技期刊170种。1996年时我国报纸是2202种,期刊8135种,到1998年底,我国实有报纸1959种,期刊7939种。

问:在肯定治理整顿成效显著的同时,您认为治理中还存在什么问题吗?

答:有成绩自然也会有问题。现在来看主要是两点,一是大量的内部报刊转为内部资料后,有个如何进一步管理和防止反弹的问题。现在有少数内部资料违背有关规定,仍在一定范围内征订。虽然是少数,但容易引起连锁反应，扰乱报刊秩序，所以轻视不得。二是现在压掉了一大批厅局报刊，但各省又上报了一批，大约有八九十种，这不利于报刊结构调整。可以明确一点，以后再不会批办各省厅局的报刊。

问：今年初，在全国新闻出版局长会议上，提出了以十五大精神为指针，加强管理，优化结构，提高质量，为新闻出版业跨世纪发展奠定坚实基础的工作目标，报刊业的治理整顿无疑是这一工作目标的一部分和具体化，所以同样具有为跨世纪发展奠定基础的意义。如果这一认识不错，在今后一段时间，工作的重点是什么呢？

答：为了我国报刊业在跨世纪之时繁荣健康地发展，现在的工作用一句话说就是进一步优化结构。如何优化？我们提出"两个限制、两个加强"。限制省市厅局办报刊，限制公款办报刊；加强党报主阵地，加强社刊工程建设。

限制和加强都是很艰巨的任务。

两年的治理整顿，厅局办报刊虽有一定程度的减少，但问题仍未彻底解决，目前尚有厅局机关报535种，机关刊868种。厅局办报刊和公款订报刊是一个事情的两种表现。厅局办报刊需要公款支持，这中间有办报刊经费又有订报刊经费。据不完全统计，全国每年花在上面提到的535种报和868种刊上的经费有50亿元。厅局公款办报刊结构重复、消费公款，加重基层负担，挤占党报市场，不利于政府形象。而且也不可能真正走向读者自费订阅，起不到大众传媒的作用。去年李岚清同志明确指示，要新闻出版署解决这个问题。对此我们考虑从两方面入手，一方面不新批厅局报纸，少批厅局刊物，一方面对现有报刊进行调整，使其从厅局脱离，杜绝行政摊派。

在加强党报主阵地建设上，也是两方面入手，一是继续对党报办子报子刊给以政策倾斜与支持；二是继续扩大以党报为龙头的报业集团试点。根据我国报业特点，探索一条既不同于国外报业集团模式，又不同于一般工商企业集团管理体制的有中国特色的社会主义报业集团模式。

关于加强社刊工程的建设,要引起更大的重视。这个问题已经提出多时,也有了很大进展,但要做的事还很多。

社办期刊作为近年出版社新的经济增长点，已经显示了生命力。去年我们对 87 家出版社办的 188 种期刊进行了调查。一些办得好的社办期刊呈现出三个主要特点:第一,办刊质量高,社会影响大。全国社办期刊就这么 188 种，仅占全国社科期刊总数的 4.8%，而在首届“百刊工程”评选中,有 22 种入选,占到入选数的 21.66%。第二,发行量大,走向市场。突出的如《故事会》,上海文艺出版社办,期发 400 万;《读者》,甘肃人民出版社办,期发 375 万;《小学生优秀作文》,辽宁少儿出版社办,期发 130 万;《上海服饰》,上海科技出版社办,期发 92 万;《小星星》,二十一世纪出版社办,期发 87 万。第三,创造利润占出版社总利润比例高。例如《飞碟探索》占甘肃科技出版社利润的 75%,《青少年书法》占河南美术出版社利润的 66.6%,《读者》占甘肃人民出版社利润的 50%,《故事会》占上海文艺出版社利润的 47.5%,等等。这说明无论从全国期刊市场看还是从办刊的出版社看,社办期刊已有举足轻重的作用。

问:如此看来,社刊工程成绩显著,前途是很令人振奋的了。

答:情况并不这么简单。社办期刊虽有很大发展,其中一些成绩确实很突出,但从总体上看,仍有不少问题在制约着它的发展。一是出版管理部门及出版社思想上还不够重视。目前,全国共有 564 家出版社,只有 164 家出版社办有刊物。在我们调查的出版社中,有 3/4 的单位只是把社办期刊当作一项副业,一块广告招牌,致使 188 种社刊中有 2/3 的长期处于持平或亏损状态。二是经营观念僵化,缺乏激励机制。在 188 家中有 162 家没有独立的成本核算,一切经济完全与书籍出版混在一起计算。在这种大一统的核算形式下,刊物办得好坏与办刊人员的经济利益没有直接关系,缺乏激励机制。办刊人员没有危机感,对刊物的前途也不甚关心。即便办刊人员有积极性，但因为社办期刊不是独立自主的出版单位，他们没有也无法针对市场需求和变化进行应对，因此办刊人员与发行脱节，与市场脱节，办刊观念陈旧僵化。主办单位出版社的领导又往往难以顾及期刊，以致有的社办期刊发行量长期没有长进甚至还在下降。据统计，社办期刊期发量在两万份以下的有 66 种，5000 份以下的 27 种，2000 份以下的有 11 种，最差的已下降到每期只发行三百册。虽然已经到这种地步，但仍没有根据市场需求调整办刊宗旨和改变编辑方针的打算。

我们考虑，现阶段对社办期刊管理可以分类要求，比如分为消费类刊物和非消费类刊物。鼓励消费类刊物进一步走向市场，引导学术理论类刊物走精品之路。前者是指以传播科学文化知识，帮助读者提高生活品位，以自费订阅为主的刊物。其内容属于少儿、教辅、婚恋、科普、保健、交友、读书、休闲等，如《读者》《家庭医生》《少年科学画报》《小学生作文》，这类刊物占现有社办期刊总数的 90% 以上，是社办期刊的主体，也可说是市场型期刊。对于它们要制定相应政策促使其进一步走向市场，在竞争中发展壮大。

所谓非消费类刊物，是指学术理论类刊物和一些少数民族语言文字的刊物，比如《编辑之友》《辞书研究》《音乐研究》、维文的《布拉克》、哈文的《地平线》等。这类刊物总数不多，1997 年统计只有 18 种。这类刊物主要是政策宣传、学术研究、业务探讨，目标应放在提高刊物水平上，不在经济指标上提更多要求。这就是说，对目前的社办期刊的发展也不能一概而论，应根据各自的性质有所区别。

要加强社刊工程，迫切的问题是要改革社办期刊的管理机制。首先要在出版社与社刊之间做到三个落实：一是落实经营合同，至少要让期刊有个二级核算，是亏是盈，贡献大小，要摆到明处。二是要落实领导责任。期刊要有专人负责，明确责权利，不要社领导一兼到底，以统管为名事事干预。三是要落实办刊人员。办刊人员保持稳定，并把责、权、利落实到人。有了这个大前提,下一步就好狠抓期刊质量了。近一个时期,不少出版社已经这样做了,对社刊给以高度重视,势头不错。比如商务印书馆,去年新申请了一个刊物《东方杂志》。馆领导在很短时间做了四件事,一是拨款三百万元作为开办费;二是把杂志作为二级核算单位;三是授权杂志社负责人在馆内挑选编辑,目前到位的五人中有四位是博士和硕士生; 四是配备办公室和微机等办公设施。有了这几条,目前办刊人员信心足、干劲大,刊物办好大有希望。除了出版社领导重视外,加强社刊工程还需要主管局重视。据我们知道,黑龙江、河南、四川、上海、湖北等省市的新闻出版局现在都已经行动起来,调研市场,加大投入,希望其他地方也尽快采取措施。

抓好社刊工程,现在有个机遇,一是我们新批期刊可以向出版社倾斜,二是各厅局刊物和厅局脱钩后,一大批有可能归入出版社。我们应当抓住这个机遇,把社刊工程推进一大步。

面对即将到来的21世纪,署里提出的工作任务是高举旗帜、深化改革、加强管理、服务大局,优化结构、发展产业、提高质量、增进效益。如果我们所有的报刊都切实这样去做了,就会为跨世纪的发展奠定一个坚实的基础。

(原载于《编辑之友》1999年第5期)

追记:最初发表时此文的题目是《为中国报刊业跨世纪发展奠基——访新闻出版署副署长梁衡》。

本来,2001年才是21世纪的第一年,但1999年就掀起了一股迎接新千年的热潮。不单中国,全球都如此,好像全人类都等不及了,2000年来临时纷纷举行了各种仪式。1999年的报刊上,迎接新世纪成了最热门的词语。此种情势之下,这篇访谈的题目就也有了"跨世纪"的色彩。

梁衡是知名度很高的人士,其身份大约有记者、作家、官员三种。这篇访谈体现的无疑是第三种。梁衡是山西人,在山西工作过,不仅工作过而且还曾轰动过。1983年时他以光明日报山西记者站为依托组建过一个“晋光人才开发公司”。这在全国是第一例,《人民日报》《光明日报》都在重要版面上报道过。这个公司存在了三四年,期间与出版有关的事是办起了中小学课程辅导报纸,报纸以“与教材同步,按年级分版”而成为一时间的抢手货,销售商排队取报一度成为太原青年路上的一景。那时我也在新闻行业,由于没有需要也没有机会,所以当时并未与梁衡及其公司打过交道。

到《编辑之友》创办以及有了书海出版社之后,梁衡已离开山西,但书海出版社还是出版过他的一个集子《没有新闻的角落》(1990年)。两三年后,该书又作为梁衡新闻三部曲的一本由新华出版社再次出版。三部曲中涉及新闻出版管理,但占主要地位的还是新闻的写作与研究,可以说这是梁衡作为记者的思考与实践。然而对更多的人来说,梁衡应该是个作家,是当今中国名副其实的著名作家,20世纪80年代的中学生从课本上就学过他的《晋祠》一文。

到《编辑之友》改版时,梁衡已是副署长了,这样与他既有了见面的机会,例如“金钥匙”图书奖颁奖,羊城期刊文化周等活动;也有了请示、请教的需要,因为他分管的就是报刊。尽管他更多关注报刊,但对出版的其他方面也有过很多很好的意见,比如对于当时一些出版社热衷于出大书厚书他就很不赞同。他写文章、讲话都曾这样精辟地表达:精髓不存,大书无魂;精髓所在,片言万代。山西举办期刊主编培训班时请他来授过课,我乘机找一本书海出版社出的《没有新闻的角落》请他签了名。因为他已将新版此书题款送过我,现在能将同一书由作者签名的新旧版并立于我的书架上,也很有点意思。

这篇访谈的基础是他写的关于全国报刊整顿情况的总结。当时我与另一同志去他处想约篇稿件,他讲实在顾不上,正在搞这个总结,但可先把初稿给我们。有了这个初稿,回来很轻松地写成了这篇访谈。刊发时他对文中提到的数字做了认真订正。

此文的价值主要是留下了点历史记录。上世纪末、本世纪初中国报刊业的总体情况以及当时的政策和改革措施等等，文中都说了，而且有数字有分析，资料性无可置疑。文中提到的种种目标，后来大致都实现了，不过“社刊工程”似乎没达到预期。其表现是经过十年之后也没听说什么出版社在新办刊上有了很大进展、很大效益，社办刊成绩大的还基本是原先的《读者》《故事会》什么的，这十年中也有新办出辉煌的，如《特别关注》，可惜不是出版社所办。

社刊工程的这种结果有文中预见的两点原因，思想上的不重视和经营观念的僵化，但这未必是更深层的，不知有关方面或是有人对此研究过没有。一项措施一个政策可否成功必须符合实情符合规律，社刊工程虽出于一个良好的愿望和设计，但没有符合中国出版的现行体制，也不吻合书刊不同的特点。在现行出版社的决策者里难以产生“冒险”去办刊的动机，更不要说出版社办刊只是政策的倾斜而不是政策的要求了。出图书要投入，出期刊也要投入，但期刊的连续性会使这种投入风险更大麻烦更多，这账略懂行的人都会算。就书刊自身比较，性质相近但差异也不小，二者编辑工作的转换也不是想象中那么容易，所以从理论上讲出版社编辑力量不缺乏，书和刊可以优势互补资源共享，但实际上并不完全是那么回事。这些恐怕是当初倡导与推动社刊工程时未必注意或者估计不足的。

崔恩卿:报刊产业化运作

《北京青年报》是我国报刊业中近年来升起的一颗新星。它的发展与成功引起了社会的瞩目,更引起了同行的关注。在北京七月中旬一个细雨飘洒的午后,我们拜访了北京青年报社社长、北京青年报业总公司董事长崔恩卿。

问:我们算老朋友了,一年前听你讲过"报业大经营观",留下了很深的印象。比如你把报纸构成归纳为新闻、副刊和广告三要素,就与我们长期以来对报纸的认识大为不同。你们办报思想解放,勇于实践,走出了新路。你去年说《北京青年报》进入了第二次创业,一年过去了,成绩该不小吧?

答:你提到三要素的说法,后来有人提出还应再加上一个评论。其实评论是对新闻而言,也可归于新闻。这样划分我认为是对报纸的科学概括,也有利于对广告的正确认识,报纸是信息载体,新闻是信息,广告同样也是信息嘛。

说到我们报社,1995 年是第二次创业的头一年。所谓第二次创业,是指实现日报以后的报业再发展。这一年我们的"三报一刊"《北京青年报》《中学时事报》《星星火炬报》和《北京青年》杂志都有了很大飞跃。全年收获可分为两个方面,一方面是经营的直接结果,表现为两个指数:一是量化指数,即经营规模、发行量和广告量;二是社会评价指数,也就是社会各界的评说。这些在我们报社的《年鉴》中都有所反映。比如我们去年的营业额达到8042 万元,是 1990 年的 43 倍;固定资产达到3413万元,是1990年142倍;广告额达到4400万元,是1991年的147倍;职工人均年工资27000元,比1994年提高118%。这些都是硬指标。在社会评价指数上,一是社会传媒和公众的反映,二是我们报成了研究的对象。从1994年中国人民大学新闻学院专题研究《北京青年报》以来,陆续还有国内外的专家学者对我报进行研究。不夸张地说,社会评价可以概括成四个字"交口称赞"。第二个方面的收获是在经营管理理念方面坚定了四个意识,就是大众媒介意识、市场意识、管理意识、自我约束意识。具体点说,相对于传统的新闻理论,我们明确了报纸作为大众传媒是以提供信息为大众服务的;相对于传统报业经营观念,明确了报纸以商品形态出现,进入市场才能有生机。面对市场,我们认为唯一正确的选择是按现代市场经济中报业的基本经济规律办事,走产业化运作之路。北京青年报社争取到1997年跃上一个新平台,主要目标是,《北京青年报》以每期四个印张的高信息载体立足于北京、香港及全国各大城市;广告刊出量超过一亿元,进入全国报纸广告刊出量的"第一世界";北京青年报业集团成为有影响的规模经营实体。实现了这些目标,我们将无可非议地成为"首都主要新闻单位"。

问:你们取得的成功确实令人敬佩,我想这首先源于观念的改革。报业的产业化运作本身就是对传统新闻观念的突破,是这样吗?

答:是这样。可以说中国有新闻学,但没有新闻经济学。我们传统的新闻观念是不完善的,现行的报刊运作观念更是不健全的。这表现在报刊业套用党政机关的工作方式,不认识新闻出版也是产业,而仅仅将其看作是党的宣传部门和机关事务,把报业编发当作一种非经营性的单向传递信息的发送行为。越是大报大刊、权威性报刊,越是靠公费订阅下发,没有也不考虑进入市场。随着建立社会主义市场经济形势的发展,这种观念的弊端越来越明显。在新闻观念上它的片面性表现于四点:一是重视党性,忽视大众性;二是重视宣传性,忽视监督性;三是重视政治性,忽视社会性;四是重视教育性,忽视服务性。这种观念是伴随着革命战争与计划经济产生的，长期以来曾左右我们的报纸，现在在面对市场经济的时候它就显得不全面了。在新闻产品例如报纸的编印发操作中，同样有片面性，这也表现为四点：一是强调精神产品的特殊性，忽视商品性；二是强调社会效益，忽视经济效益；三是强调新闻出版部门是事业单位，忽视其应该成为经济实体；四是办报办刊强调对主办单位负责，忽视对大众服务。有这样一种新闻观念，又有这样一种新闻运作观念，其结果就是许多报刊不研究社会需求，内容雷同、版面僵化，表面上空喊为政治服务，实际上缺乏社会影响力。我把它概括为四句话：千报一面少特色，上传下达少新闻，舆论一致少监督，高调自赏少知音。

从我们《北京青年报》来讲，是 1981 年复刊的，但向传统新闻观念和经营观念冲击是从 1988 年开始的，到 1994 年出现了有承上启下意义的转折。这一年迈进了日报行列，在正报之外创办了《青年周末》和《新闻周刊》，形成了自己的特色和风格；投入了以广告经营为标志的报业竞争，扩大了影响，增强了经济实力。我们从实践中认识到：现代报业是产业，是实业，它一方面作为新闻单位，要实现其大众传媒的社会功能；另一方面作为经营实体，要按产业运作，追求营业利润，实现其经济功能。这也就是"大办报观"或者说是市场经济条件下的新闻管理观念。

问：那么你可以将这种观念完整地表述一下吗？

答：我曾在一份发言提纲中对此归纳为这样几句："在把新闻事业作为党和国家宣传教育阵地的同时，视新闻事业为传播工业，让新闻事业单位成为独立的自负盈亏、自主经营的经济实体。它们的主要经营方式是，通过以公众媒介传递社会政治经济生活重大的和被大众所关注的信息，形成舆论，服务社会，获得利润，以发展报业经济。它们和其他经营者一样，遵循一切商品生产者所必须遵循的规律，以市场为舞台展示自己，推销自己，实现自己的价值。这个价值包括使用价值、社会价值和经济价值。”这里说的经济价值是指充分交换价值,包括报纸销售收入和广告服务的销售收入,即销售额和广告额之和。

正是基于这种观念,我们觉得报刊,尤其是报纸的产业化运作是现阶段我国报业经济发展的必由之路。这种产业化运作,在本质意义上是指报纸在生产过程中,即采、编、印、发诸环节中所消耗的各种资源,主要通过自身规范的市场运作而得到补偿和价值增值。具体说就是要靠自身的广告收入和发行收入维持经济运行,只有实现产业化运作的报纸,才是现代报业合格的成员。

问:恐怕现在还有相当多的报刊并没有认识到这一点,或者说认识不足,这对于面对市场谋求生存与发展显然不利。我们刊物对象主要是出版界,刊物研究的是图书、期刊以及一些专业报的编辑工作,但我觉得你们的思路与实践对出版界也很有可借鉴之处,所以还想请你结合《北京青年报》的情况更具体地就这一问题谈一谈。

答:我们报开始走上产业化运作之路,是过了五关的,这个“关”也可以说成“观”,就是五种观念。两字换用,既是思想又是实践。

首先是经营关。我们长期以来把报纸视为宣传工具,报社自然是宣传工作部门,以后提出了“事业单位、企业管理”,开始讲经营了。但我们真正认识和重视经营是 1994 年以后,尤其是在 1995 年,这种经营表现为编、发和广告的统一。报纸是商品,注定要进入市场,报纸要卖得动,就必须使大众感到有用,这也就是它的社会效益。确立市场意识就必须研究报纸的定位,确立经营观念就要有以盈利为目的的目标管理。按现代报业的基本经济规律,报纸就是把新闻传播作为一种公共服务,免费和半免费地向社会大众提供,报业在此过程中获得传播能力和社会影响力,然后以广告服务的形式转化为商品,出售给广告主。也就是说,读者用很低的价格买这份报纸时,这份报纸就具有了传播能力,而这种传播能力转化为“商品”被广告主用较高的价格所购买。报纸则在这种两次销售中获得经济收益。广告服务实际上是经济学意义上报业的最终产品，报纸通过广告服务才能真正实现其劳动价值和资本增值。我们不搞有偿新闻，但是要搞有偿信息。把报纸作为商品去经营是产业化运作的第一步。

第二是操作关，也就是新闻关。报纸要传播新闻，就要遵循党的新闻纪律，要注意新闻的导向问题。但报纸作为大众传媒，还要明确是以提供信息为大众服务的，不是单纯的宣传品。新闻性、服务性和实用性是大众传媒的本质要求。要考虑我们的国情，一味迎合读者不对，应该使报纸有可读性去吸引读者，所以，我们把报纸的编辑思想确定为围绕大局抓新闻、围绕社会抓焦点、围绕青年抓服务。事实证明这种办报思路和操作是正确的。这一过程中同时树立报纸的名牌意识，读者是不是看重这份报纸，不是靠某一篇报道、某一篇文章，而是认这块牌子。具体的报道最终树立起的是报纸的形象，通过具体的报道造就一份名牌报纸。

三是营销关。这讲的也就是发行。从商品生产交换的角度看，生产只有经过销售才能实现其交换价值，只有经过销售才能再生产。这里不是简单的指经济效益，而是这种销售行为体现了一种社会需求，也就是我们常讲的社会效益。我认为商业销售过程完成本身是两个效益并存，两个需求增长。两个效益中社会效益具体化就是商品的使用价值，经济效益就是商品价值的货币体现。两个需求增长则是社会需求的增长和再生产能力的增长。我讲这些是我们必须认识报纸生产也同样具备一般生产和销售的共性，而这往往是过去所不认识或者忽略的。

报纸的发行就是销售，我们报纸的营销方针是“立足城市，面向市场”八个字，具体涵义是：报纸是商品，要追求商品效益；报纸是信息载体，要追求舆论效益；报纸是媒体，要追求广告效益。这要求我们从报纸的宗旨出发，明确自己的地位与作用。我们是地方报纸、城市报纸，要突出地域性，所以要讲城市，讲市场。在具体操作上，我们归纳为四大原则，即上市入户，服务读者，加大压强，重点突破。八字方针是战略，四大原则是战术。上市是指零售，没有零售就没有市场效应；入户是指订阅，这是销售的基础。服务是办报宗旨，我们坚持读者本位，而不是编辑本位，看读者需要什么服务，不能看编辑喜欢什么。加大压强是不平均使用力量，把营销集中到最能见效益的地区或城市。重点突破是指主动出击，突破重点城市，占领市场。按八字方针和四大原则，今年我们是巩固北京，开发天津，稳定沈阳和西安，同时在华南、华东、华中、西南都确定了重点开发的城市。按这种发行思路再加大发行力量，营销关就能过好。

四是广告关。过去很长时间里我们的新闻学理论不涉及广告。事实上作为信息载体的报纸基本上由两类信息构成：一类是社会新闻信息，就是传统新闻学上讲的新近发生的事实；另一类是市场交换信息，即广告信息。广告和新闻的区别在于新闻是社会普遍需求，表现形式是无价的，其使用价值通过载体销售来实现；广告是有特定指向的消费信息，表现形式是有价的，其使用价值是通过媒体公诸于世来实现。作为商品的报纸，与一般商品销售不同的是它的销售是分为两个过程来完成，即销售文字版面给读者和销售广告版面给企业。对于后一种销售，有的研究者更指出，这是报纸达到一定的影响力和读者群后，将读者作为“产品”销售给了广告客户。正是报纸这种特殊商品有这样的特殊销售，才使它可以有不同于其他商品之处，即以低于成本的价格出售，这是全世界通行的报业市场规律。广告经营是报纸生产和报社扩大规模的经济基础。广告业的发展对报纸有直接影响。报纸要顺利地销售广告版面就必须影响力大，而影响力又通过信息量大、可读性强这两点来实现。广告经营如何是报纸知名度的标志，广告经营在一定意义上对报纸有一种导向作用。树立正确的广告观，在广告经营上肯投入力量，肯下功夫，报纸的发展就有了动力，自身就具备了造血功能。我们这两年是狠抓了广告经营的，抓了广告的规范化运作，提高了广告质量。根据中国人民大学舆论所的调查，我报读者对广告的阅读率达到86.6%，而一般报纸读者中对广告的阅读率为40.6%，相比之下我们的广告受欢迎程度要高得多。

第五是管理关。相对于传统的事业单位管理概念，我认为管理与经营是一致的。管理体现经营之道，抓经营大思路是管理，抓目标的确定是管理，抓内部激励机制或是内推机制也是管理。管理就是经营思路、激励机制和目标管理的结合。管理是对人、财、物的组织和运用，是把单个的力形成一种实现预定目标的合力。这其中人的管理是第一位的。我们报社从上到下分为决策层、管理层和执行层，职责明确、制度明确，只有重视管理，服从管理，才能出效率、出效益。去年整个报社的分配水平有了大幅度提高。提高分配水平不是目的，目的是通过提高分配水平达到提高工作效率。高分配从另一方面讲也是对人的工作价值的一种回报。高分配如果不和高效率相一致就毫无意义。在管理中还有一条是抓住机遇，果断拓展。管理的核心是发展，不是守摊。去年我们投资一千多万元用于报纸扩版、卫星传版、外埠分印等都是发展。明年我们还将兴建新的北京青年报大楼，你们在前厅见到的就是大楼的模型。在管理制度方面我们在不断规范，已经汇总出了《制度汇编》。从1992年我们每年编一本年鉴。据我们了解，我报是国内第一家编纂年鉴的新闻单位。中央电视台是从1994年开始编年鉴的，属于第二家。

刚才谈的这些只是我们的认识与做法。我们希望和报刊界广大朋友一起，共同探索一条适合中国国情的报刊经济发展之路。

（原载于《编辑之友》1996年第5期）

追记：此篇发表时题为《面向市场　走报刊产业化运作之路——访北京青年报社社长崔恩卿》。

初识崔恩卿是1995年山西青少年报刊社举办的改革发展研讨会上，他应邀来介绍《北京青年报》的发展经验。这份报纸以前偶然见过，感觉从版面安排就有一种与众不同之处，但对它的情况并无多少了解。而会上崔恩卿介绍的办刊理念及奋斗之路却使人耳目一新，留下很深印象。当时正是《编辑之友》改版，我也开始关注报刊业的情况（以前更多关注的是图书出版），所以借此与他建立了联系，并请他方便时为我们写点东西。以后他给过我一些有关《北京青年报》的材料，虽没有时间仔细阅读，但浏览之下还是开了不少眼界。

经过近一年之后，利用去北京开会之机，我和编辑部的聂正平专程去了次北京青年报社，崔恩卿与我们聊了一个下午，可以说是更全面地介绍了他及他们团队的许多情况。当我写这篇访谈时就注意了两个方面：一是要讲清成绩，比如一些具体数字之类；一是要讲清他们的办报思想和举措。作为一个共青团北京市委办的报纸，在媒体如云的北京能办到当时那种程度实属不易，而他们坚持产业化运作的方向我认为更是今后所有报刊的方向，或者说是在现代市场经济中符合报业规律的方向。不少观点在十年之后来看都不过时。

在那两年，崔恩卿可谓报刊界改革风云人物。新闻出版署办的《中国报刊月报》曾以其漫画像作封面人物，同时在"报刊名人"栏刊出一篇极为诙谐的文言文《崔氏恩卿漫像题记》。其文最后一段为："崔尝言：'吾非舞文弄墨之人而弄舟于报海潮头，未入正规大学而授业于大学讲台，实历史之误会耳。'然观崔之经历性情，真历史之误会乎？抑或历史之机缘也。"

1998年，中国经济出版社出版了崔恩卿《报业经营论》一书，精装本。该书附录收若干相关文章，其中即有发在《编辑之友》上的这篇访谈。就在书印刷中，我赴新加坡参加国际书展。代表团成员中有一女士李阿红，即为该书责任编辑。回国后，她寄我此书一册，并题词"相聚在世界书展"，而几近同时也收到了崔本人签名"教正"的一本。同一书而来自不同之处，可谓各有意义。

王亚民:出版的境界与成熟

河北教育出版社的会客室更像一间宽敞幽静的书房,顺墙而立的一圈书柜里,一层层精致典雅的图书以及错落置于其间的奖杯奖牌,似乎在默默地显示着主人的业绩与追求。在这书香弥漫的氛围中,年轻的社长兼总编辑王亚民与我们聊起了图书,聊起了出版,聊起了教育出版社以及中国出版业和发展。

问:在当下中国,教育出版社的日子普遍说是好过的,出版的专业分工提供了经济上的保障,当这种出版社的领导不必为钱而发愁。可听说你走上社长岗位之后强调的是教育出版社面临危机,是这样吗?

答:我确实多次讲过这个问题,也写过文章。我认为这种危机感是对现实冷静分析之后得出的认识。孙子说过“兵无常势”,也就是说盛衰、强弱是会变化的,有优势也必然会有不足,不清楚这一点就会停滞不前,不思进取。具体来说,教育出版社的优势主要是有中小学教材教辅读物这块肥沃的“水浇地”,但是这是计划经济体制所给予的。随着市场经济的建立,出版专业分工已有所松动,市场经济刺激起来的竞争欲、效益欲势必使出版圈内都盯上这块“水浇地”,一家独占教材教辅市场的情况不会永久保持。从另一角度讲,市场经济就必然有竞争,出版市场的竞争主要表现于出版社所出图书生命力的强弱和出版社知名度的高低。如果一个出版社只是出版教参教辅图书,那么即使赚不少钱也代表不了它的实力,也不会成为名出版社、大出版社,也不会具备走向出版大市场的条件。

人们一说教育出版社往往只看到它的优势，其实在它的优势背后也存在不少局限。比如由于长期埋头教参教辅读物，使编辑人员眼界不宽视野不阔，选题观念陈旧，缺乏开拓的思路与办法；又比如教育出版社作者面狭窄，老在教育管理部门、教研所、中小学教师中转圈子，限制了图书选题档次的提高；再比如长期置身优裕的经济环境养成了一部分人的惰性，不想也不愿去冒险去开拓，在人事上也缺乏人才的流动和优秀人才的引进等等。诸如此类的问题都隐含着危机。要想有所作为，要想在出版市场的竞争中开辟自己的天地，就必须认识自己、战胜自己，这就自然有了危机感，有了忧患意识。如果说这几年我们社有了些变化的话，应该说正是从这种认识开始的。

问：你说得很好。现实中并不是谁都愿意去提什么危机的，有的人只想夸耀成绩，似乎一说危机就有否定成绩的嫌疑。而这种不肯也不善于从成绩、从繁荣中发现危机的思想，正是长期以来阻碍我们发展的原因之一。曾有人说过，问题就是希望，危机就是转机，只有在危机中不能惊觉新转机到来的人才有真正的危机。确实是这样，正视危机、树立忧患意识是一种非常可贵的品格。在有了这种认识之后，你们在实践中是如何做起的呢？

答：出版事业肩负着人类优秀文化积累和传播的重任，有理想有追求的出版人应该有一种深沉而强烈的历史使命感。出版是出版人的职业，但更是一种有追求、有创造的事业。在出版中要追求一种高境界，就是要不断推出选题立意高的图书，在历史长河中刻下自己的痕迹，甚至起到奠定一个时期文化或文明的基础，或者说起到推动文化和文明前进的"基石性"与"阶段性"的作用。尽管现在出版社不少，有的日子也很红火，各种书出了不少，但是并不意味着都达到了一定的出版境界，关键还是要看选题是否有较高的立意和所出图书有无规模。只有下功夫将某类书出版的文章做透，达到质高量足的地步，才能显露出鲜明独特的风格，达到高远的出版境界。出版社只有达到一定的境界之后，做了别人没想到或没做到的事，别人才难与之抗衡，才能在激烈的竞争中立于不败之地。

要实现高境界的追求，我们从自身情况出发，首先提出“两个转变”。一个是从小教育观念向大教育观念转变。教育不能仅仅是围绕中小学教学做文章，而是要为提高全民族的文化素质，为塑造一个国家、民族的整体崇高精神和优秀品格尽力。我们必须站在这样的高度去“做书”，去进行图书的策划、制作和宣传，重新确立河北教育出版社的形象。这几年我们重点抓的传统文化、艺术、世界文豪全集三大类图书就是这种大教育观的体现。再一个转变就是选题由无序状态向有序状态转变。选题是图书的基础，如果一个出版社在选题上没重点、没系统、没规模，当然形不成特色，形不成优势。现在各出版社常用的办法是由编辑人员提出选题报编辑室，各编辑室再汇总到出版社，最后形成社里的选题。可以说这种方法基本是一种堆积，常是“拣到篮子里就是菜”。虽说也要论证、筛选，但难以形成总体思路，而且随意性较大，是一种无序状态。我们从 1993 年就开始改变这种状态，当时痛下决心，一举砍掉了 187 个这样产生的选题，其实都是些没有特色的选题，光退稿费就花了 98 万元。然后由社里确定主攻方向，强调选题的计划性。在社里确定方向后，每个编辑室和每个编辑要自觉地、理性地围绕社主攻方向挖掘选题、组织稿件、集中力量、形成规模。到 1994 年，我们在三大类图书中都取得了进展，两个效益都很突出。《中华文明史》获“五个一工程”奖和中国图书奖，《中国漫画书系》《屠格涅夫全集》获国家图书奖提名奖，“女性文学丛书”、“历代笔记小说集成”、“中国现代小品经典”等也受到学术界的好评，在图书市场上销势看好。在最近一次教育出版社系统的图书订货会上，我社的书订出码洋达 2800 万元。以前，我们是靠教辅书赚钱，现在我们抓的这几个系列的书不但树立了出版社的形象，为读者提供了高品位的精神食粮，而且在经济上也取得了好的效益。虽说我们还算不上有名气的出版社，但毫不夸张地说，与几年前相比，各种宣传媒介上对我们的报道评论多了，人们开始注意河北教育出版社，注意我们的图书了。

问：这大概正好说明，你们追求出版境界，追求图书规模已经见到了成效。能走到这一步应该说是很不容易的，就说你们一下砍掉那么多选题，这除了有经济上的支持外恐怕人的思想工作也挺难做的吧！曾经有一位对出版事业很有研究的同志说，我们现在的出版社都是“负债经营”。他是指我们必须承担过去体制下出版社所积存下的问题、包袱和种种麻烦，在这种条件下去改革去管理。我想你们大约也不例外。你作为出版社的一把手，在管理方面有些什么做法或者体会可以谈谈吗？

答：我是1993年竞争上岗的。这些年在出版社管理方面也做了些工作，要不就没法保证出书思路和出书规模的实现。要说体会也有一些。首先是要用“出好书”这个大目标来统一大家的思想。不管原先有什么矛盾有什么问题，在出书这个大目标下总会统一认识、理顺关系。作为一把手必须出以公心，不能名也想要利也想要，什么好处都是自己的，做不到这点就没有了团结领导班子和全社员工的基础。出版社有些思想和做法有惯性，要改变也要讲究方法，要一步步地来，不可能一下子变个样，就好比开车，只宜于点刹而不宜于一下猛刹。其实无论如何做，总会有各种矛盾，所以期望值不能太高，要说一个单位多么好，一个班子多么团结，实际上未必做到。有些问题也不是一个社就可以解决的。这样去认识问题，而且说服大家都这样认识问题，事情就好办一些。制度要订，但订了就必须实行，如果眼下实行不了，宁可暂时不订。比如开会，我们规定了迟到就扣奖金，从班子做起，大家就都没话了。有一次组织全社下去搞调查，事先讲了没有极特殊的原因全部下，但就有三个人不去，那么就扣了他们一个季度的奖金，扣了以后也没人来找领导。如果说治社有什么方针的话，那就是必须支持干活的，不能让干活的人吃亏，不干活甚至捣乱的占便宜，这样做是符合绝大多数职工的利益的。作为社长总编要在出书上亲自策划选题，而且必须策划出立意高效益好的选题。你有决策权，比其他编辑有优势。如果你自己策划不出好选题，别人怎么会服你。我不在别人的选题上挂名，我提的选题，特别好的可以写个“策划”，但策划也不参与得奖励。如果你这样做了，有了成绩也不和别人抢，大家会支持你的。

问：你说得太好了，“出以公心”，“以身作则”，“支持干活的”这三条大概是领导好出版社的根本。有的社搞不上去或老出问题，做领导的往往是没有做到这些。当然除此之外还有思想认识水平与能力问题。在改变出版社面貌方面，我听人说你要求全社尤其是编辑人员要确立四种意识，你能再介绍一下这四个意识吗？

答：四个意识是针对我们社和我国出版业的情况提出的，可以说这是出版社达到高境界和走向成熟的特征。四个意识是版图意识、精品意识、形象意识和仓储意识。

版图意识是指选题的。国家有领土、诸侯有领地、军队有阵地，“版图”对一个出版社来说，就是它较为固定的，甚至独占的图书出版领域，特征是图书的规模化和系列化。一些知名出版社都有其稳固的、别人难以涉足或者涉足也不足与之抗衡的版图，如清华大学出版社的计算机类图书现在就占了全国 1/3 以上的市场。在出版社强手林立的形势下，就需要寻找图书的空隙，找选题突破口，开辟自己的版图。我们出“世界文豪全集”就是这种意识的体现。中国作为一个历史悠久的大国，近现代在吸收世界文化精华方面实际上很薄弱。文豪名著重译、重版之风近年来很猛烈，但展示其全貌的全集几无出版社问津。我们选一流的译者以一流的图书质量推出这一系列，在中国翻译史、出版史、中外文化交流史上都是空前的。我相信会在一个较长时间里，这一领域内别人就很难再来竞争。有人觉得这类书市场面小，但如果把这个市场垄断了，那也是相当可观的。版图意识方面我们坚持三到位，就是选题到位、作者到位、编辑设计到位。选题到位如我前面讲过的，要搞就搞到别人一下子难以超过的地步。这方面也有教训，我们出过《冰心选集》，后来福建出了《冰心全集》，效益比我们的好，还获了大奖，我们的与之相比，在内容上大约是少 15%，就少了这点，明显比人家差了。作者到位是一定要找到公认的最好的作者。如果你书出到一定程度，有了名气，作者就好找了。编辑设计到位是在编辑装印质量上达到一流，也是达到别人不易超越的地步。有了这些，才能占有版图。

精品意识是说图书每一本都要认真编校、装帧、印制，使内容与形式完美结合。这决不是要推出几种或几套所谓的精品书去评奖摆成绩，而是树立一种思想。出版就是做书，就应该使做出来的书是投入了智慧和心血的，达到一种别人还没达到的极致，从提出选题到最后宣传发行都要这样。可以举这样一个例子，在我们搞“红罂粟”、“蓝袜子”、“金蜘蛛”这套女性文学丛书时，装帧设计是从十几个方案中挑选的。为了找到理想的 60 克仿旧纸，不惜蒙受经济损失而推迟开印时间。过春节了我们的编辑还坚持在印刷厂与工人加班，严把质量关。正是这样，这几年我们的书从内容到外表都有了一个很大的变化。

形象意识是创造一个出版社的名牌，使其在学术界，在读书人中间树立起良好印象，这是一种无形资产，是出版社除人力、物力、财力以外的第四资产。要取得这份资产一方面要靠高品位、高质量的图书，一方面也要进行形象设计，该宣传的一定要宣传。外国出版商要拿利润的 20%以上用作宣传，我们才用多一点？有了鲜明的形象，拥有的作者群会扩大，会上档次，读者群也会扩大，市场大了当然也会带来良好的经济效益。我们 1996 年本版书的订货码洋比 1991 年翻了六番就是证明。

最后一个是仓储意识，是指在对图书市场做出正确判断后，合理增加图书印数和库存量。有的人认为库存就是积压，所以出版社都尽量减少库存，这只是看到了问题的一方面。在目前市场经济的条件下，书店采取少订勤添的原则，把储存负担和市场风险转移到出版社。由于我们现在印刷落后，重版周期长，如果出版社没库存，不能及时供货，订数就会作废，哪还会有效益。所以进行客观科学的市场分析，大胆而适当地增加仓储是必要的。当然要是盲目自然会形成积压。仓库储存与仓库积压是两码事，前者是结构合理的活书的储备，后者是死书的堆积。有书走不动才是积压，无书可供是“泄空”。充足合理的仓储表现出的是经营水平与能力，也标志着一个出版社的实力。也可举个例子，《中国现代小品经典》这套书，我们没按书店订数确定印数，也没有采取保守政策印 3000 套保本，而是按市场预测再乘上保险系数印了 5000 套，结果初次订货之后订单接踵而来。我们及时供货，经济效益也上去了。在国外传统销售实践中，净销额与库存额的比大致为 2.5∶1，这是较为合理的，我们现在还达不到。

这四个意识是相互联系的，如果你书不行，占不了一定市场，也就谈不上形象，库存自然只能是积压。四个意识都加强了，才能在众多同行的竞争中立住脚、掌握主动。

问：听了你的介绍，很受启发。你们的思路可以说既符合中国特色，也符合社会主义市场经济的条件，它对所有出版社都是有借鉴意义的。如果从全国出版业的发展看，你认为有什么需要注意的吗？

答：我们处在社会经济转型时期，出版业也面临着调整转轨，所以问题也较多，如选题平庸、重复出版、炒热点，甚至更严重的如买卖书号等等。这些问题的解决需要时间，需要过程，在这一过程中要靠法制的健全、出版管理的宏观调控与加大力度，也要靠出版社自身的调整。如果从发展的角度看，我认为出版社较普遍的毛病是“小社大做”和“大社小做”。先说“小社大做”，一些出版社人力较弱，经济实力也不强，可是在选题上是什么都要搞，过于宽泛，结果形成广种薄收、没有特色。专业分工相同的两个出版社在出书上也可以各有重点，现在的情况是看不出区别来。选题广泛我称之为大做。没有集中火力找突破口就难以占领市场，竖起形象，看起来什么书都有，但每种都印不多，这显然不是实力小的出版社该走的路子。再说“大社小做”，一些有实力、牌子硬的出版社多年来形成了自己的版图，效益也不错，本来可以向更大的新的领域拓展，但又因种种原因迈不出去。例如在古籍出版上占有绝对优势的出版社却没有在普及本上做文章，看着把这块阵地让给了别人，有实力却在选题领域上固守不前，所以我称之为小做。国外不是这样，一些成功的出版社总是一块一块地扩大出版领域，成为大企业的。例如日本讲谈社先是抓教科书，然后进到文学领域，再出画册、办杂志，在每个领域都很出色，占了很大的读者市场。而我们的一些大出版社几十年一贯制，变化有但不大，这应该是令人遗憾的。我们现在的出版业实际上还在一定程度上受着“保护”，但是依靠这种保护去过日子是没出息也没出路的。几十年前我国的一些出版社与国外相比，实力相差不是太多，而现在我们没有出现足以与国外大出版机构相抗衡的出版社，这固然有种种原因，但恐怕思路上有偏差也是原因之一。办出版社如果是毫无目的地随波逐流，是难成大业的。

说到底，我们还是要先从自身做起，我们社有了些成绩，但还谈不上就达到了高境界，也还谈不上就有了多大规模，但我们愿意向此方向努力，在出版业走向下世纪的变革之中成熟起来，创造新的明天。

（原载于《编辑之友》1997 年第 5 期）

追记：发表时这篇的题目是《追求境界、追求规模、追求成熟——访河北教育出版社社长兼总编辑王亚民》。

“专题访谈”是《编辑之友》改版时设的栏目。与其他栏目一样，设置时对其内容是有所预定的，但到实际编若干期后才感觉原先的预定是不准确也不全面的，一切需要在实践中完善、明确和修正。现在人们常用规则一词，于是有什么“游戏规则”、“潜规则”之类的概念。其实编刊物也是有规则的，往高说是规律，而这些规律对大多数办刊人来说，都不是学好了按着做，而往往是干中体会干中总结，可以说是悟而后行。而所编期刊能否很好地体现刊物的宗旨,体现编者的理念,体现读者需要的内容,就在于"悟"得如何与"行"得如何。

"专题访谈"最初只是想通过对某方面较权威人物的访问而传达某些观点、思想的,但如果仅限于此则范围较窄,后来就加入了对某方面(当然是新闻出版)杰出人物的介绍,不过这种介绍不主要立足于成绩,而是着重总结、导扬其理念,当然是有所创新的理念。这就形成了"访谈"中的两个略有差别的类型。这在读者来说是未必感觉到的,但作为刊物主编却需要心中有数。

从宣传、表彰同行业先进典型人物来说,《编辑之友》之前也设过栏目,如"编辑春秋",但影响不大,究其原因,大约有几点:一是从编辑部自身力量讲,不具备在很大范围了解和把握人物典型的能力,依靠的主要是人物所在地的来稿(包括约稿与自投稿),这就有可能推出令人信服的典型(如有的后来是韬奋出版奖得主),但也有可能并非如此(此种例子也有)。二是作为这样一个以学术研究为主的刊物,对人物乃至对某些集体的宣传不是主要内容。它既不会成为读者关注之点,也不会成为各种有关期刊评价体系的考评之点。三是过去在人物介绍上也缺乏在思想理念方面的侧重,使其等同于一般的报刊通讯,形成了游离于本刊宗旨、特色之外的内容。出于上述考量,改版后撤了此栏目,必要的内容改在其他栏目中以别种方式体现,例如"专题访谈"。

采访王亚民是由于河北教育出版社的成绩,而这些成绩的背后是王亚民为班长的这届领导班子理念的变化。20 世纪 90 年代中期,河北教育出版社可谓声誉鹊起,冀教版图书突破以往教辅为主的模式,推出一批有文化工程意义的重头货,在读书界、文化界、出版界引起很大反响,各种报刊上好评甚多,王亚民还成了广西《出版广角》杂志的封面人物。在一些全国性的图书博览会、图书订货会上,河北教育出版社的展区也往往成为吸引眼球的地方。与其他介绍河北教育出版社或是王亚民的文章相比,《编辑之友》这篇访谈不同之处是直接反映了王亚民的思想,这比从第三者角度的描述可能更显真实。河北人民出版社的一位编辑,也是社领导之一的也写过介绍王亚民的文章,在看到《编辑之友》这篇后说,写王亚民的不少,但这篇最好,当然这话中恐怕也有客套的成分。从写作过程看,这篇既不是一次访谈的记录,也不是就王亚民某一文章的改造,而是综合了多次聊天之后的内容整理。

因为有对王亚民的较多了解,2002年创办《中国编辑》时我是力主找河北教育出版社承办的。中国编辑学会决定下来之后委派我出面洽谈,最终促成了此事。王亚民作为这一刊物的第一任主编对刊物的创办做出了很大努力,他从内容到形式都提出了很多新颖的意见,使《中国编辑》在问世之初就以一种不同于其他期刊的形象在业界产生了影响。

在书做得已是风起云蒸之时,王亚民却仍钟情于自己的历史专业。有次酒后他讲,将来要写回忆录,题目就是《误入出版几十年》。虽"误入"但也干得有声有色,这就不易。从那时又经过近十年的辗转,他当了故宫博物院副院长,但还兼紫禁城出版社社长,要说现在离历史近了,大概算得其所哉吧。

胡守文:中国出版业之参照

党的“十五大”高举起邓小平理论的伟大旗帜,促进了新的思想大解放。“十五大”营造的抓住机遇、开拓发展的大气候,使有志于献身中国出版事业的出版人进一步思考本行业在世纪之交应如何发展等一系列问题。近期以来,出版圈内的热门话题“集团化”、“造大船”等等正是这种思考的反映。要发展,需要研究和探索,也需要借鉴与参照,正是为此,我们请中国青年出版社社长、中国编辑学会赴日考察团团长胡守文谈了他的一番见解。

胡守文先简略介绍了访日经过。

胡:我们这次是应日本创价学会副会长、日本东西哲学书院社长嶋崎光次先生邀请,作为中国编辑学会代表团于 8 月 4 日至 15 日访问日本的,代表团成员有张增顺、汪稼明等 11 人。

此次赴日访问,目的明确,就是为了了解和学习日本出版发行界成功的运作经验,为中国出版业跨世纪的大发展作一借鉴。日方朋友对这次访问颇为重视,按他们的说法,这个团有三个特点:一是年轻,最年轻的仅有 32 岁;二是级别高,代表团有十人是各级各类出版社的社长、副社长、总编辑、副总编,均是副高以上职称;三是规模大,这么多人的出版团,此前很少有。小学馆社长、角川书店社长都和嶋崎先生说,这样的事,对他们来讲,都是梦想,不可能做到,但嶋崎先生做到了,也唯有嶋崎先生能做到。这是因为嶋崎光次先生在日本出版发行界有相当影响。他除去担任东西哲学书院社长外,还担任日本博文堂书店的社长。这是在日本最有影响的书籍零售店之一。这次,邀请我们访问的前后,他在日本出版发行界诸如讲谈社、小学馆、东贩等大公司做了大量工作,准备非常周到,三个公司均派出最高级别领导和各部门负责人与我们座谈、答疑。每一公司均参观学习三天以上,对三家公司的大型仓储基地和物流中心,用两天时间,分三次驱车前往(这些基地在远离东京的崎玉县境内)。除去实地参观以外,主要是座谈研讨。访问期间有两个双休日,东道主又请代表团游览了伊豆和轻井泽,表现了对中国的友好感情和对代表团的重视。

这次访日收获之大,可以从总结交流会看出。会上大家谈了很多,会开了五个小时,到深夜一点才结束。

问:你们这次考察的主要是日本出版发行界的几家大集团,用句现在流行的话,是出版界的"大船"。结合他们的出版运作,对出版的规模经营我们有什么可参考与借鉴之处吗?

胡:访日前,国内出版界"造大船"的呼声日益高涨,因此,在访日期间,日本出版界有哪些"大船",这些"大船"是怎么形成发展的,都是我们视野中最重要和最感兴趣的问题。日本出版界排行前四名的社是讲谈社、小学馆、集英社、角川书店,其中小学馆和集英社事实上是一个老板,两社加起来,又大于讲谈社。讲谈社有 38 个子公司,小学馆有 28 个子公司,应该说,均是名符其实的"大船"。和中国出版社现实状况比较,这样等级的"出版大船",我们还没有。日本出版界"出版大船"呈现三个突出的特点:一是符合现代企业制度的以经济为纽带形成的"利益共同体"。这种"共同体"不是听起来响亮,看起来唬人的"招牌",而是实打实的规模经济"集群",是众多子公司形成的经济实体。二是各公司内部形成垂直发展的关系。由于是垂直发展,经济上虽然由子公司独立核算,但赚的钱都是一个老板的,提取多少,存留多少,都是一个大型集团内在的发展壮大,毋须和别的利益集团按股分红。也就是说,利润没有流出集团以外。此一集团可以在另外的集团参股,但那是另外一种发展的概念，而不是集团化的概念。也就是说，日本出版业集团化，基本上是一种内涵发展的路子。三是在规模经营前提下各公司已实现了经营多样化。我们注意到，在日本出版界基本上听不到集团化的呼声。这一方面反映了日本出版业的发展确实已走过了集团化的初始阶段，整个出版界的规模已比较定型了。另外，也反映了日本出版界的冷静。这种冷静，是基于对出版业内在规律的认识和把握，因为任何不冷静或违反出版规律的操作，都会给出版社自身带来灭顶之灾。日本出版界对“集团化”问题并不关心，其具体表现是大社与小社泾渭分明，你走你的阳关道，我走我的独木桥。全国近 4500 家出版社，小学馆市场占有率约 8%，讲谈社约 10%。包括讲谈社、小学馆在内的大的出版公司共有十家，约占到总销售额的 40%。职工十名以下的出版社有 2900 多家。发行业所谓的中盘商共有 45 家，大公司只有东贩和日贩两家。可见在日本出版业，规模经营前提下，是规模经营与非规模经营并存，大社与小社并存，强大与弱小并存。强者靠实力生存，弱者靠灵活生存。

日本出版业的集团化现状，给我们深刻的启示。

第一，我们在集团化过程中，行政的统摄和管辖是一优势，但怎样处理其与经济纽带的关系？是以后者为主，辅之以前者，还是以前者代替后者？出版集团化，其实质和核心是追求出版的规模效应。在中国出版业中，这种规模性是存在着的，但有两种弊病：一是规模只是虚拟的、表层的，或者干脆说是捏合的，从而使集团的规模只有宣传效应而不具实际运行效益。二是在实际运行中表现的偶然性和随意性，使某些个别的出版行为和出版项目又颇具集团化运作特征。这两种集团化运作中的弊病，集中表现为集团的“行政化”。它缺乏的是一个集团赖以生存的经济纽带和靠资本运营来实施规模战略的能量。

第二，到目前为止，我们出版界的集团化，仍是以横向的联合为主要特征或唯一特征，这和日本出版界纵向发展的特点正好相反。日本出版界为什么有纵向的发展，而无横向联合的可能呢？日本朋友讲，这是"基于出版理念的不同"。我理解，这有点类似于中国"道不同不相为谋"的古训。我们横向联合的"集团"，忽略的恰恰是"共同的出版理念"这一基础，而更多的是出于宣传的需要，停留在"造势"的层面。只有建立在"共同理念"基础上的纵向的集团，才有可能得到恒久的发展。所以，我们出版界集团化的过程，似应从目前注重横向联合的主流倾向中，扭转到注重纵向的、自我内涵式扩展的思路上来，同时，将两者有机结合起来。这样做来，虽然不大可能在短期内见效，但它需要出版社自身更加个性化的追求，更需要出版社自身对一系列思想观念进行更新，在跃进中构建自身的经济支柱，在发展中形成集团化雏形。

第三，在出版集团化过程中应保持冷静头脑，不能一哄而上。现实的状况是，出版界人人争说集团化、"造大船"。出版社人人思考集团化、"造大船"。这无疑是一种跃进和发展过程中可喜的舆论声势。但有集团化基础的，有实现可能的毕竟只是一部分出版社，不可能 500 多家出版社齐步走，在一个短时间内都变成集团，都变成"船老大"。因此，这就需要既有"赶潮者"，又有甘于寂寞者；既有敢于扛大梁者，又有甘于做配角者。最重要的是各个出版社要明白自己的优劣势，在出版集团化这样一个浪潮中，迅速作出重新定位。这个重新定位的要求就是：在未来的经营中，究竟是以规模立足，还是以灵活取胜，从而筹划各个出版社未来发展的蓝图。中国出版界今后几年"天下大乱"的局面，重新排座次的局面，似乎不可避免地要到来。应该说，这是依据出版生产力的现状，依据出版规律的界定，在出版界自身引发的一场革命，一场自我调整、完善的革命。

问：你及别的同志都曾做过有关中国出版业发展的前瞻性研究，也较早地提出了出版集团化问题，用你的话说就是要努力实现出版的强国梦。现在参照日本的情况，你认为中国出版业规模经营的前景及发展趋势如何呢？

胡:出版的集团化发展,事实上就是规模经营的发展,其对中国出版业的长远影响是显而易见的。但发展必然带来相关的问题或必然伴随着某些需要解决的问题。这些问题日本出版界曾有过,我们也将会碰到。他们在解决这些问题过程中的得失,值得我们注意和借鉴。

第一,“出版集团”,顾名思义,是以出版为主业的集团。作为集团化进程中的出版主业,必须重视“书刊一体化”或“书刊整体化”的趋势。我们发现,日本的大出版社,如讲谈社、小学馆,其营业额的60%均是来自杂志的收入。小学馆办有69种杂志,年发行册数4.7亿册。讲谈社办有12个杂志编辑局,下设36个编辑部,办有50种杂志,年发行册数达7.3亿册。非常有意思的现象是,讲谈社、小学馆无一例外,均是由最初的创办杂志起步,进而涉足书籍出版的领域。讲谈社1878年创办了名为《雄辩》的期刊,以后又有娱乐性刊物《人人俱乐部》诞生,到1925年发展成著名的杂志社。一直到战败后的50年代才开始出版书籍。小学馆最初亦是以面向小学生按学年分类出版杂志而登上日本出版舞台的。以后又创办了面向小学教师,按学年分类的教育杂志,后逐渐发展成为成系列的从幼儿到一般成人阅读的阶梯杂志集群。以后到50年代,亦才开始了书籍的出版活动。可以这样说,是杂志出版撑起了讲谈社和小学馆的一片天。由最近几年日本经济发展和书刊市场需求变化看,刊物需求上升,书籍需求下降。刊物日益显现出在出版社经营活动中的重要作用。由此看,出版的规模经营和集团化构建中,将杂志的发展作为重要的基础性工程是内在的需求,具有必然性。因此,我们应在整顿、压缩现有刊物的基础上,提倡“刊物归位”,控制社会办刊,合理布局和发展社办刊物,以期形成“以刊养书”“书刊互动”的良性循环局面,并将发展和扶持出版社办刊的思路作为出版集团化建设强有力的措施确定和规范下来。

与此相关的,是要承认杂志编辑和图书编辑界限的不确定性问题,这和“书刊整体性”有关,也是在发展着的一种现象。在日本,“杂志变书”已不足为奇，甚至已成了一种普遍性的编辑出版行为。大量的漫画图书单行本均取材于杂志。“以刊带书”，即以刊物的发行带动图书的发行；“以刊代书”，即以阅读刊物的行为代替阅读图书的行为，已是不争的事实。事实上，我们国家的出版界，也已出现了类似的现象。山东画报出版社的《老照片》，是书还是刊？实际是“书刊一体化”的典型体现，亦即我们常说的“以书代刊”。此前，也还有“以书代刊”的例子，即数不尽的各式丛刊，比较出色的当数《星火燎原》《红旗飘飘》。可见，无论从我们自身的历史看，还是从国外的现实看，不可对丛刊问题一概否定，一刀切。在社办刊物问题没有彻底解决之前，似应对丛刊问题、“以书代刊”问题重新研究和重新认识，问题似乎不在于肯定或否定，而在于如何规范和引导。像《老照片》这样通俗又具收藏价值的丛刊或曰以书代刊，我们理应为之击节鼓掌。重视之，肯定之，规范之，引导之，这不失为一种向“社办刊物”开绿灯的过渡性许可。

第二，要注意新书寿命缩短这一规律性现象及由此带来的一系列影响。我国出版业在五六十年代，曾出版过一批颇具影响力的鸿篇巨作，而且长盛不衰，成为出版社的“看家书”。但“文化大革命”以后，这种“看家书”的产生越来越难，特别表现在长篇小说创作上。原因是多种多样的，但出版社增多，竞争力加剧，作家创作环境和心态的变化，作品在市场竞争中的时效性压力等问题，均使好作品、传世作品诞生日益艰难。不但如此，新书的寿命普遍缩短亦是不容置疑的现象。同类书的增多，市场的可选择性、可替代性产品增多，无疑加快了新书淘汰的步伐。在日本，新书的一般存活期已缩短到三至五年。我国书业界新书存活期是怎样一个情况还有待研究，但从感觉上，这种状况也是存在的。因此，从发展的眼光看，必然会提出一个辩证地处理出版物品种数量和质量的关系问题。作为一个行业，出版物品种少并不等于品种好，好和少是两个不同范畴的概念，各有其特定的内在规定性。在未来规模经济发展的状态下，出版物品种不保持一定数量的发展，最终将会制约质量的发展。所以，在“阶段性转移”已见成效的基础上，应建议行业内适应“十五大”召开后所营造的良好内部环境，以品种、质量、效益并重的思路，以“多出好书，多出精品，多出标志性读物”为思路，提出全新的发展口号。

第三，要注意集团化建设给我国图书结构将要带来的变化。集团化是以个性化发展为生存基础，没有个性化，集团化将行之不远。这种个性化的最显著表现就是出书的特色、品位。日本的大中小型出版社，可以说无一不是以特色和个性立社的。讲谈社是以“大而全”为其特色的，小学馆则是以阶梯性学生杂志构成其特色的，集英社以其知识性漫画为特色，角川书店则以其娱乐性漫画为特色等等。因此，我们应在出版集团筹组之始，就要未雨绸缪。我设想，关键是要明确地提出“标志性读物”这一概念。好书不见得全是精品，精品又不见得全是一个社或集团的 “标志性读物”。这三个概念间既有前后相续层层递进的关系，又有各自独立的要求。我们应超越“不出坏书，少出庸书”这种低标准要求的境界了。这个要求，应是创办一家出版社或出版集团的题中应有之义，而不应该成为对出版社的一种目标追求提出。出版集团在“多出好书”基础上，创造“精品”，进而创造“标志性读物”，这应该是新形势下出版的“三境界”说。当然，精品中也会包含或实现部分标志性读物。

问：出版的规模发展离不开图书市场的繁荣与畅通，也就是我们常说的发行渠道和发行网络。目前我国的新华书店应该说是世界上最大的图书销售连锁店，但是种种原因却总是令出版界不能满意，于是有人参照国外情况，提出要建立中国的“中盘”。按一般理解，这是指大的发行集团。对这一问题，以及中国出版业现实的社店关系问题，你的看法如何，是否需要对社店关系调整？

胡：“中盘”问题的讨论，曾在去年热络过一阵。对“中盘”这一词是否适用于中国发行界曾有不同意见。可以说，这个词对于中国出版界是个新提法，对外国出版界则是个老概念。外来词的引用，非自“中盘”始，因此，我们讨论问题，不必停留在概念的范畴。作为连接图书市场上下游的枢纽环节，“中盘”较之于“发行所”、“批销中心”的称谓，无疑更简洁、形象。从某种意义上说，中国出版集团的生存发展，离开“中盘”的支撑、调节，将会成为一具“僵尸”。因此，发行的改革走向，也就决定着出版集团的存亡。

借鉴日本发行界经验，中国的发行业，无论强调“批销中心”的组建，还是呼唤”中盘崛起”，其关键是要解决机制问题，要从根本上调整、规范店社双方利益。没有这一举措，任何讨论都不可能深入下去。

日本发行界有 45 家“中盘商”，两大四十三小。“中盘商”的折扣收益固定在 8%。这 8%的折扣收益不是垄断性收益，而是在竞争中形成的竞争性平均收益。社店间实行委托寄销制，退货率在 21%—38%之间，平均退货率约在 28%—30%之间。

我们认为，中国出版界要解决发行问题，最根本的措施也是全面推行委托寄销制度。当然，在这一过程中，可实施分阶段步骤。如从重点品种委托向全品种委托过渡，由重点社委托向一般社过渡，由委托中心城市店向委托全行业过渡。这种过渡性的委托，将会对实力比较雄厚的出版社有益，从而对集团化实施有益。委托寄销，也使中国出版业隐性的在库损失变为显性的市场损失。但两相比较，后者比前者更科学，对出版社更为有利。据不完全估计，我们国内出版社因卖书难，积压在库报废率在 20%以上，但这是在没有满足市场需要(表现为买书难)、没有经过读者检验过的(表现为卖书难)隐性在库损失，这是一种出版社不应该承受的浪费性损失。日本出版社的退货报废则是在经过读者检验，满足市场需求前提下的显性市场损失，这个损失是实实在在的，出版社也应该承受的。两相比较，当然显性损失更科学，退货报损率出版社也是应该能够承受的。问题还在于发行界应该自我培养竞争对手，对教材的发行实施“断奶”手术，即教材退出现行发行领域，或教材保留在现行发行领域，另外筹组一家以上的图书发行“中盘”。而新的图书发行“中盘”走行政性结构和组建没有出路，应该进行“公司化”改造，可以设想实行股份制结构，出版社参股，地方批销中心参股，上市运行，从而造成股份制公司之间在图书发行领域的竞争，而不是像现在这样，二渠道和主渠道在图书批发领域的竞争。在新型的股份制“中盘”，可以吸纳多种经济成分，包括部分信誉好、有资本实力的原“二渠道”成员。这样，也就促使“二渠道”作为一个历史概念消亡。新型的发行“中盘”，应杜绝介入出版活动，以避免发行介入出版后所带来的负面影响。

当然，中日两国国情不同，不能机械照搬日本的做法。但日本在现代化过程中出现的问题，足以引起我们的思考。

（原载于《编辑之友》1998 年第 1 期）

追记：这篇访谈发表时题为《中国出版业发展之探索及参照——访中国编辑学会赴日考察团团长胡守文》。当时中国出版界关于组建集团等问题议论很多，这篇访谈中也表达了相应的一些看法，所以标题中有“探索”二字，在介绍日本情况的同时是结合中国国情提出看法的。

和胡守文相识是在《编辑之友》创办之时，我随张安塞去北京时常住在中国青年出版社招待所，胡守文当时好像是该社的总编室主任，晚上多次来我们住所聊天。他是山西人，又是从山西调北京工作的，所以话题较多，给我留下的印象是干练而有智慧，人长得也精神，用当今的话说是够一个帅哥的。当时的他对出版、对文化就有很多见解，有些很新锐的议论，我感到他会是这一界中的一个人物。我很相信第一印象，因为多数都被后来证明是对的，在胡守文身上也完全如此。

到 1995 年时，胡守文已是中国青年出版社社长了，而且还是出版界很活跃的一位社长。他还担任着中国编辑学会青年编辑研究委员会主任。这个研究会凝聚了一批后来在中国出版圈内堪称精英的人物，如上海的陈昕、北京的张增顺、武汉的胡光清等等。由于是老相识又主持了《编辑之友》，我也就成了他们各种活动的旁观者与旁听者。这个“观”与“听”使我受益匪浅，可以说听到了不少信息，学到了不少知识，开阔了不少眼界，拓展了不少思路，从他们那里以及从其他编辑界前辈那里吸取的“营养”使《编辑之友》有了更多的全局性和前瞻性的意识。如果只囿于山西一地，只看到山西的这点事这些人，《编辑之友》是断然不会有多大出息的（山西有关部门的某领导就曾当面嫌我作为山西的刊物而不去宣传山西），不仅不会成为“核心期刊”，更不会在新中国成立60周年时被评为“60年有影响力期刊”了。

胡守文他们的活动常得到中国编辑出版界领导的关注，比如1995年召开“青年社长总编辑跨世纪出版战略研讨会”，高明光（中宣部出版局局长）、伍杰（中国出版工作者协会副主席）、刘杲（中国编辑学会会长）等都亲自到会听大家的讨论。这个研讨会涉及的方面是很多的，现在查了一下相关资料，就有：出版改革的终极目标、解放出版生产力、出版行为规范化、出版物的文化含量与创意、出版社的全面质量管理、建构图书发行市场、出版物的新型态、普及读物出版的意义、电子出版物的趋势与应对、对外合作出版、世界中文图书市场、出版人才培养机制、编辑工作考核、世界出版业与中国等等。十多年过去了，并不能说这些问题全有了答案，只能说这些年的实践使出版界在诸如此类问题的认识上有了进步，或者说为进一步的研究提供了事实和数据。从一定意义上讲，这些问题恐怕会在一个相当长的时间里都有研究的价值。

胡守文不仅是出版改革的研究者、倡导者，而且也是出版改革的实践者，在他主政中青社期间，中青社的图书面貌以及内部运行机制都有很大变化，在不少方面是领风气之先的。他勤于思考，勇于实践，在出版工作上不但有中国眼光而且有世界眼光。《编辑之友》曾多次发表过他的文章及讲话。他在一篇讲话中曾说,“书国新疆土,大可树汉帜。出版工作者应该有一种霸气、一种豪气,横下一条心,赶上国际出版水准,在我们手中实现出版强国梦”。可见其志存高远、奋力不止的精神。到《中国编辑》创办后,他是编委之一,在创刊号上,他发表的文章,题目就是《让思想冲破牢笼》。

在时光已进入21世纪第二个十年之际,中国出版业的集团化已经大成气候,不用说中央,就连地方上也几乎每个省都有了各自的集团。这些集团究竟运行如何,借用此文中的话,有多少“不是听起来响亮,看起来唬人的‘招牌’,而是实打实的规模‘集群’”,恐怕还需要时间的检验。此文中所提到的许多方面是一定还有参考与警戒意义的,例如“行政化”问题,横向与纵向问题,书刊一体化问题等等,毕竟它既有邻国的实践事例也有胡守文们的思考结晶。

絮语章

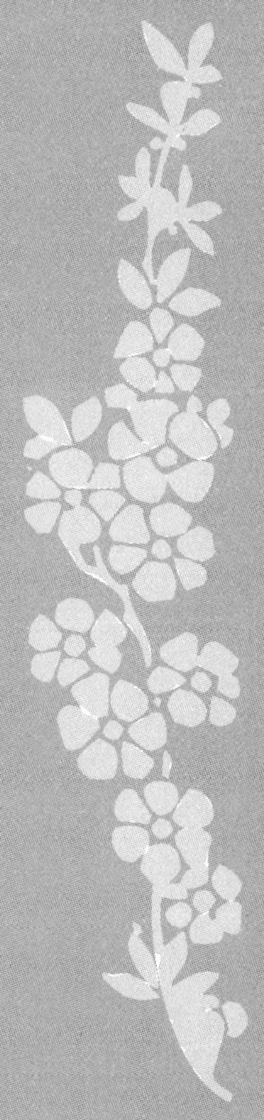

刻意定位

《编辑之友》是中国首家编辑专业刊物，创办十年已连续被评为中文出版类核心期刊，发行量在全国同类刊物中居前列。发表过一批有深度、有影响的学术文章是《编辑之友》的历史优势。但是近年来，各地出现了一批出版类刊物，这些刊物的内容与形式都较为新潮，几家较老的同类刊物也出现了各有侧重的变化。从读者群看，随着市场经济的建立和大批年轻同志进入出版界以至成为骨干，其兴趣和关注点也与以往有所不同。这就迫使我们必须改变刊物内容刻板、形式陈旧、联系实际不足的弱点，而发挥《编辑之友》内容集中、容量大、涉猎面宽的优势。为此我们提出了“保持全国水平，保持学术层次，贴近编辑实际，贴近出版实践”的定位目标。

在具体运作上，我们抓了三个方面：

一是集中。将内容集中到图书编辑与期刊编辑，兼顾专业报编辑上来。这一来与我国现行的出版管理系列相吻合，二来避开了与众多新闻研究类期刊的重复。在将内容集中到书刊编辑的同时，文章的选用也集中到两方面，或是观点创新、理论性强的，或是可借鉴操作、实用性好的，对那种四平八稳，无什么新意的“温吞水”式文章一概不用。在理论文章方面虽说不排除基础理论的探讨，但是要更注重出版对策的研究，这就使刊物内容有了较大变化，用一位读者来信的话说：“有生气多了。”

二是转移。在组织作者和确定读者对象方面，有意识地向中青年编辑转移；在不排斥老出版家、老编辑可贵经验的同时，更注意发现和推出青年编辑的新思路。在研究内容上以传统的编辑工作(即案头编辑加工)向现代编辑活动转移；作为专业性较强的刊物，我们则试图使刊物的读者群体呈现一个枣核形结构，其核心为热心于出版理论和编辑科学者，横向四周是一般出版社与期刊社编辑(包括各种内部报刊编辑)，纵向上是出版管理部门和出版界专家学者，纵向下为关心出版或从事著述的文化人。在内容上则调整为三大块，一是探讨编辑出版理论和对策，二是有关编辑素质的培养，三是研究提高书刊质量，并以此为纲来设计栏目。

三是拓展。从学术刊物拓展为学术文化刊物，坚持以理论研究为主，但又增加一些出版文化气氛，以推出高层次学术论文、弘扬高品位出版文化为口号，通过一些反映编辑心声的栏目给中青年编辑提供沟通、理解的园地，从中也倡导一种积极的人文精神。同时尽可能使刊物关注出版界热点，既通过权威部门解答有关的政策，又反映中青年编辑对深化出版改革、促进出版繁荣的一些意见，以此来增加刊物的可读性与现实性。

(原载于《新闻出版报》1996年4月5日)

追记：编辑行当是随大众传播的发展而产生的，任务是完成传播媒介的制作。传播媒介以往主要是书报刊，也叫纸质传媒、出版物、阅读品。现在传媒种类多了，但出版物仍占主流，而且恐怕离消亡还会有相当长的时间。出版物要面对读者，更准确地说是不同出版物只能面对一个特定的读者群，这就使编辑对任何出版物都必须考虑定位问题。定位的基本要求是选什么内容，用什么形式，给谁阅读和如何使他们阅读。对于连续出版物比如期刊来说，定位更加重要。

1994年，当我来主持《编辑之友》时(创刊之始我就在，后离开了七八年)，正值中国出版业和该刊物主办者山西人民出版社都在推进改革之时，这份刊物自然也需要有些变化，于是根据以往的了解再加上征求别人的意见，形成了一些变革思路。出版社社委会专门开了一次会研究，同意了这些想法。其中最重要的就是调整刊物的定位和强化刊物的特色。正是本着这一目标，1995 年《编辑之友》进行了较大的改版。

1995 年秋，《新闻出版报》联系一批报刊搞一个宣传活动，内容之一是在报上对参与者以不同方式给予宣传，《编辑之友》在被约请者之列。当索要相关材料时，我就把改版时的方案略加修改寄了过去。《新闻出版报》压缩后编发于“社长总编辑笔谈”专栏，刊出时题为《刻意定位　强化特色》。此文所谈是当时的想法，在以后几年的实际办刊中基本奉行了，但也有些调整与变动，这完全正常，不是有句老话叫“计划赶不上变化”嘛。

抱愧读者

今年头两期刊物都误期了。

因误期而被读者(作者)追着询问的尴尬,图书编辑是绝对体味不到的。上下左右难以理清的原因及挣扎不脱的烦恼既难为外人道也难以道得明白,无奈之中,抹不去的只能是一种对读者的抱愧。

在一片询问与关注中,有的分析市场情况、读者心理,担心延期影响刊物信誉;有的郑重告知有关规定,提醒脱期会在质量检查中扣分;还有的古道热肠,表示愿投书有关部门为办好这份刊物呼吁……殷殷热忱,似乎从另一方面显示了这份刊物存在的价值,而"身在此山中"的我们相比下反有些麻木了。抱愧之余,又平添了几分感动,几分感激。

在以图书为主的出版社里办刊有其方便但也有许多不易,本刊今年第一期上赵强先生的文章就露出了这层意思,但那还是指赚钱的刊物,办不赚钱刊物如何,赵先生没讲,其实是不言而喻的。谁都说社会效益第一,可这种无法直观显现的效益要请诸方面真正认可却并不容易。如果说编辑是在"为人作嫁"的话,我们这种刊物就算得上为"为人作嫁者"作嫁了,责任自然重大,使命自然光荣,然而种种缘故,我们却是为挑起这份责任与使命在不短时间里艰难前行。编刊人数远低于国家规定,办公场所是在临时将就,开本、内容、装帧的改变和每期容量的增加又自讨苦吃地加了劳动量,于是工作已无所谓文字、美术之分,无所谓编辑、校对之分,无所谓设计、印制之分,甚至说也无所谓工作日与双休日之分了。但尽管如此，一切做得仍未尽如人意，抛开来信未及时复、来稿未及时阅不论，刊期的延误就足以说明我们的投入不足、奉献不够，因为，我们应该去比比雷锋、孔繁森……

改变这种状况，需要我们努力和争取，也需要一点重视与支持。我们谁也不想责怪，因为各有不同的角度也有不同的难处，最恰当的还是十多年前就时兴过的那句话“理解万岁”。只希望读者的鞭策有助于刊物尽快重上正轨，唯如此，才好回报读者厚爱，也好消除我们心头的这一缕缕愧意。

（原载于《编辑之友》1996年第3期）

追记：这篇是1996年夏写的，以“主编絮语”形式刊于《编辑之友》，当时应该说是办刊很困难的时期。1994年夏我接手刊物，主办者山西人民出版社决定重新组建刊物编辑部，但当时是既无办公室又无人员。此前在前任社长主政时期调整了全社各部门，刊物已不再单设编辑部，而把其归到了一个图书编辑室。如果不是前两年编这一刊物的杜厚勤还在坚持编（他还有图书创收任务），也许就停了。我接手后的一段时间编辑只调来员荣亮一人，工作地点被安排在一个小旅馆内，租了两间房子。这种状况后来我在《“独语”的里里外外和编辑的七七八八》中讲述过。不仅如此，由于当时全国出版业发展进入低谷，图书订数大为萎缩，名为“协作”而实为“卖书号”的行为在蔓延，出版社内部实行名为“目标责任”实为承包性质的管理，新旧矛盾复杂交错……许多出版社如此，我们所在的出版社也难例外，这种环境也在间接与直接地影响着刊物。尤其是这样一份不可能给出版社创造什么大的经济效益的期刊，在社里某些人眼里已与“包袱”差不多了。这些就成了文中一些看起来晦涩的文字，诸如“上下左右难以理清的原因及挣扎不脱的烦恼既难为外人道也难道得明白”，“不短的时间里艰难前行”之类。当然，如果更细说是有许多具体麻烦纠缠的。刊物的作者、读

者不可能了解这些，他们心中似乎把刊物看得太纯洁、太重要了。

正因为有了这种办刊的切身体会，所以更深刻明白了空间环境于人于事的重要。人固然可以改造环境（这种改造也是有限的，而且决不是什么人都有可能的），但改造的前提是先适应环境，否则不等你去改造，你已经生存不下去了，办刊也是如此。

此文中提到的赵强当时是新蕾出版社一个学生作文期刊的负责人，他的文章是《杂志社化是出版社所办期刊的改革之路》。那年在太原举办了全国语文类报刊的会议，承办者是山西教育报刊社。这里有熟人，邀我也过去，一想可以利用这种机会与这一类报刊建立联系，我自然去了。赵强的文章是听他讲话后约他写的。赵强对出版社所办期刊的处境及刊物出路做了比较全面的分析，有相当大的代表性。

大约在两年多之后，新闻出版署关注到出版社办刊的问题，提出了"社刊工程"。

宽容之余

一稿两(多)投以至一稿两(多)发似乎不是新话题,只是现在这种现象好象多起来了。远的不说,去年以来本刊已有若干篇文章与兄弟刊物“撞车”了。

一稿两投历来被出版界反对,而本刊倒是持一种宽容态度,理由嘛,自然可以凑几条:一曰《著作权法》无规定,故不在违法之列。二曰大人物的文章可以几处发表反复选登,小人物又何必卡死。文章既两处采用,质量总不在下乘。三曰这类刊物各有覆盖面(有的发行量就不大),读者重复阅读的情况不多。四曰如文章确有价值,扩大传播也非坏事。五曰既然刊物做不到很快决定来稿用否,自然怨不得作者云云。这些理由也许全是歪理,编辑界一位资深前辈对此的态度就是很不认可的。

有人说一稿两投者主要是想多得稿酬,我看未必。以写论文所费力气与可得到的稿费相比实在不相称,更何况又不是每写就能发表。就我们平时编刊所见,得知文章别刊采用而立即来信告知,见到两处采用而赶紧致歉者大有人在,那种有意两投者毕竟个别。对后者,以后“慎”用其稿也就罢了。

宽容不等于提倡,兄弟刊物老有文章“对车”总不合适。要避免此种现象光靠编辑不行,面对日益比手写稿多的复印件、打印件总不能先搞个“外调”罢,所以关键还在作者。编者宽容些,作者也不妨大度些。首先还是遵循文坛的通行规则办事,不要一稿两投。即便非要同时投几处也可明确声明一下。如果稿件真是上乘，我看对任何刊物来说都是会先争取抢到手的。这不是还可促使编者对来稿尽快定夺以适应刊物间的竞争吗？不知诸君以为然否？

（原载于《编辑之友》1996 年第 5 期）

追记：刊物离不开作者，作为办刊人对作者是应该持些宽容态度的。当然，这种宽容不是表现在对稿件质量上。至于稿件质量，那是必须“铁面无私”的。虽然在现实社会中难以做到，但也必须去做。在我主持《编辑之友》期间，为此也是得罪过人的。早期的《编辑之友》似乎不存在这方面的问题，因为上世纪 80 年代还没有为评职称而发文章的事，但是 90 年代以后，当大批“职称论文”涌来时压力就大了。有一位写的文章不行但还有些来头的作者在电话中就直接冲我嚷过：“你们办刊物就应该为作者服务，编辑的文章不给发叫什么《编辑之友》？”到我卸任后，还有人送过话来：“这下没人求你了吧？当时让你帮帮忙还不肯……”但对这类人我不屑一顾，对没去“照顾”他们也不后悔，因为如果迁就那些所谓的论文，就对不起读者，也会失去更多作者的尊重，刊物也就不可能有当时达到的那种影响。在全国编辑出版界，我们的刊物乃至当时编辑部的每个成员在很多场合都是得到尊重的，这和刊物的选用稿比较严格不无关系。当时也不止一次听到别人说（尤其是省外的），要上《编辑之友》是不容易的。

对作者宽容是要对作者尊重，在可能的情况下体谅作者的难处，能提供方便的时候尽量提供方便，对于确有某些需要而文章又不错者给予最快的处理。例如为支持河南大学申报硕士点就赶发过他们的若干论文。对于一稿两投的宽容我认为也在此列。写出一篇像样的研究论文不是容易的事，尤其对于在编辑出版一线从事实际工作者，所以要一稿两投，其主要动机是希望能早日发表，不会是为得到稿酬的。这一态度，在此文中已经表述清楚了。而且一般来说，一稿两投者往往是普通作者,有点名气的用不着这样,对“弱势”者不也该同情点嘛!

编辑与作者的关系,或者说出版社与作者的关系是很有些研究头的。看旧中国一些老出版人的文章,有句话是“作者是出版社的衣食父母”,这话不错。因为只有作者提供好作品才能给出版社的生存提供条件。到了计划经济时代,出版社一律成了“官”办的,这话就不怎么灵了。倒是还有一句老话用来形容出版者与作者的关系比较合适,就是“店大欺客,客大欺店”。这个“大”自然是名气大、来头大。虽说很少有人愿意承认,但实际就是如此,一些出版者也有了衙门习气,其实这是很不对的,以后总有行不通的一天。

文中提及的资深前辈是上海的王华良,他曾在出版社工作过,后去复旦大学主持学报,以后有不短时间是在编《编辑学刊》。他在编辑学研究方面是有成绩有影响的。1995年,他与山东大学刘光裕教授合著的《编辑学理论研究》出版,我书架上就有他签名的“指正”本。我们有过多次见面的机会,尽管我们在一些办刊理念上有小的差异(不是仅为对待一稿两投的态度,包括其他方面),但对他本人的人品与学识我至今都是很尊敬的。

小像境界

本期发了一篇《编辑境界论》,作者是唐山河北理工大学学报的副主编。细心的读者会发现,该文作者今年已连续在本刊露面了。文章如何,当然是见仁见智,作为第一读者,倒是觉得本篇中情感似乎太多于思辨了,自然,这也是与作者的前几篇相比。

令人感慨的倒是作者的来信,大意说,他反复读了本刊“自题小像”栏的各篇,越读越有种冲动,终于下笔写了这篇很费劲的东西云云。这倒是我们不曾料到的。

“自题小像”专栏开辟有两年了,40 来位编辑同行在此登台,倾述不同的人生旅途与感悟,体现了本栏弘扬编辑的人文精神,让中青年编辑有机会展现自我、交流思想、沟通心灵的初衷。一期期下来,似乎也有点意思了。

说实话,类似栏目兄弟刊物也有过,只是或发行量不大或未能坚持,反倒显得本刊独占“风光”,以致有热心者建议将此栏诸篇适当时结集出版,并说这可以真实地反映这个时代的编辑一族,挺有意义的。

与本刊其他栏目相比,“自题小像”的来稿量不算多,有的来稿又写得太“认真”,像业务自述,不太合用,而本栏原本是要大家用随意的轻松的语言来谈谈自己的,谈谈身为一个编辑的境遇、思想、情感的。所以作为编者还望大家踊跃赐稿,用两千字左右来写写自己,对个人可回顾、总结一番,对本刊可开一“境界”,对有志于编辑社会学、心理学等方面研究的学者又可提供一些灵感与素材,如此利多,何乐而不为？

（原载于《编辑之友》1996 年第 5 期）

追记：《编辑之友》创办时就兼有学术与文化二性，如最初的“编辑春秋”栏，就是宣传编辑的。出于当时条件，被介绍者自然多为老编辑或带“长”者。到 20 世纪 90 年代后期，无论出版界的骨干还是本刊的读者都转移为较年轻的一代，“自题小像”一栏就是顺应这一变化的。栏名取自鲁迅的一诗名，每期刊文两三篇。此栏选文有三点要求，一是作者只限中青年编辑，二是以第一人称写，三是文字要灵动些。其中第三点稍为难些，有些约来或自投的稿件未采用主要是碍于此。

现在要说明当时这一栏文章的情况，随意就手头方便选一篇的片断就可看出，这是刊于 1997 年第 6 期《有傻妻相伴的拙编辑》中的：

> 说妻傻，是因为她嫁给了我这个货真价实的二等残废。说得详细点儿，十二年前，即在我二十五岁任部队某团俱乐部主任那年，因公失掉了右手。妻初为履行公务护理，后因护理够格，遂被鄙人录用为妻。妻以妙龄之年华，拟终身服务于残疾人，勿庸赘言，傻妻是无懈可击的科学结论。
>
> ……
>
> 在我挥泪告别军营那阵儿，同情加照顾，谋个理想的栖身之所(接受单位)是大有选择余地的，譬如某某权势显赫机构，某某经济实惠部门，但对这些我既无眷恋之情，也无沉迷之意，而偏偏钟情于某所一无权二无钱的典型清水衙门——成人高校，并义无返顾地以身相许，一门心思去捕捉“拙诗”中“学海扬帆”的意境。对此，有人大惑不解，叹曰：“这人精神也完了！”
>
> 走进学府，先是当了两天半跑腿学舌的秘书，随后就跳槽堂而皇之地干起学报编辑来。初为编辑，真可谓拙到登峰造极的地步，坐那儿不仅是肢体失衡，心里更觉偏，原因是高

中文化，即“拙诗”中云“才疏学浅”。不过拙有拙的干法，更何况鄙人也不是个等闲之辈，毕竟还曾是位经受部队十余载淬砺过的军人。

……

此文作者王忠双，是吉林省经济管理干部学院科研处处长兼学报主编，2007 年他出版《编研丛论》（吉林人民出版社）一书，将此文作为“开篇语”。

编发这一栏目的文章，常使人感叹不已，例如另一篇《蓝天情结》：

十八岁那年秋天，我由一名陆军士兵被挑选进入航校；六年后，经过种种特殊训练，我成为一个飞过四个机种、掌握三种气象的飞行员。为了祖国的尊严与和平，我用青春更用生命赢得并拥有蓝天。

然而蓝天若何？并非人间仰视所及。它主恬静，怀高远，容万物，兼浩渺；它亦惯炎凉，伏雷电，藏陷阱，变风云。它亦柔亦刚，其教化可脱萎琐者俗，坚懦弱者志，广狭隘者胸，开愚钝者智。天，可谓是以死为燃料炼制生的熔炉，它可以成为勇者的舞台，也可以是怯者的坟墓。十数年间，九天穿越，天地往返，生死数度，是蓝天赐我呼啸而前的顽强品格，是蓝天将我这平凡生命炼制出几许亮色。

……

但我未能见容于当时。在批右倾的恶浪中，我不知勇气何来逆时而动，以拒绝参加无常而连番的“声讨”，公开表示了一个青年共产党员的愤慨，自然免不了被隔离与审查。好在此种恶境时间很短，“左” 还来不及将我打杀，“四人帮”旋即垮台。当我从审查中解脱还沉浸在惊喜之中，憧憬着飞行事业的未来时，不料，我应得到褒奖的正义之为竟被织成罪名，在一次整党运动中作了处理。粗通一点历史的我，何以不知这“欲加之罪”！我抗争，我申辩，奈何乾坤初定，极左盛行，小平尚且未复出，我辈安能幸免。呜呼！从此，我告别了战友，告别了战鹰，告别了蓝天。

我开始在另一个“空域”，作一种顽强的“飞行”。

……

很快，我转业地方，因为“前科”，我只能配当“改造”的角色。我最终被人看中是年轻而健壮的体魄，于是有了在印刷厂建标题字库，当保管、采购及调度的经历。一个偶然的机会，我考上电大，非我所愿，习语文专业。此时我被处理已有七载，终得中央一负责同志过问，错案才被推倒。我的人生有了新的转机。

……

其时，不惑之年的我心如止水，只是人民以我等身的黄金代价育我，深恩未报万一，编辑工作何尝不是回报的一种途径、一种方式呢！固然编辑职业寂寞，但较之于血洒长空的战友，我何以求？至难不假，至死未必。因此，这编辑职业于我，不是选择，而是承诺——对军人生命刚度的一种检测、一种考验、一种托付与希冀。

……

此文刊发于1995年第5期。作者李立范，在武汉一所高校当编辑。

在《编辑之友》设此栏的同时，湖北《出版科学》也设过“编辑自画像”，意思差不多。后来，我曾有一设想，将这类文章集中起来汇成一书，书名不妨叫《编辑一族》，作为一种特别的记录，其时代特征与可读程度该是肯定的。这一想法没能付诸实施，倒是被人作为素材写入小说了。2009年，河北教育出版社出版了《抚摩生命》，这是任火——也就是写出《编辑境界论》的那位——写的自传体小说。书中《陋室洞天》一章中，有一个比较长的情节是一个《编辑挚友》杂志社出了一本书，叫《编辑魂魄——百名编辑自题小像》云云。

关于收摘

所发表文章被有影响的文摘或索引类刊物的收摘情况，一直是评价学术理论类期刊学术水平的标准之一。在应对每年一度的期刊评审时，我们也对本刊去年的收摘率进行了统计。按照要求，统计分两个层面：一是以全年计算，按全年本刊发论文 120 篇计，被转载、摘录、列入各类索引者占 86.6%。另一是随机抽查，以 1996 年第 5 期为例，本期论文 21 篇，《新华文摘》摘录一篇，《人大报刊复印资料》全文转 3 篇，列为索引 12 篇。仅此两刊统计，收摘率已达 76.1%。能有这等成绩，当然首先依赖作者的支持，其次也靠文摘刊物编者的厚爱。我们对各位作者与文摘刊物的编辑同行，是深表谢忱的。

收摘率高些自然是好事，往大里说有助于这些论文的传播，往小里说有助于扩大刊物的影响，或者更功利些说，对我们这份刊无论在本省保持"一级期刊"的地位（山西自 1993 年起实行期刊分级管理），抑或在全国稳占住"核心期刊"的"座次"，这都是有利的。尤其是后者，收摘率高低有着决定性意义。

收摘率是刊物水平的反映，但这种反映并不是全面的。因收摘率高些就认为刊物办得不错，则太缺乏自知之明了，起码对《编辑之友》是如此。编辑出版科学研究还是一个年轻领域，与传统的一些学术领域相比，其研究的广度深度都有差距，而这一领域发表研究论文的阵地又较少，我们于是占了便宜。这应了那句话：世无英雄，遂使竖子成名。

论文发表后被转摘、摘录，在一定程度上表明论文引起了社会反映，用于出版界惯用的概念，就是有了社会效益。但这种社会效益其实也如同物理学中的虚像，并不就代表论文真实的价值。对人文社会科学来说，真正的社会效益是影响了人们的思维、概念、价值观以及行为方式，从而推动社会的文明进步。这种效益的生成需要时间，有个过程。也许到某一天，当我国的编辑出版事业发生了某些变化，而这种变化的产生又曾得益于此前的某些研究时，那才真正显示出当初的研究确实产生了社会效益。而眼下的收摘，也只是短期的热闹而已。举个极端的例子：上世纪六七十年代那个特定时期，某些文章是大报小刊全要转载的，二三十年过去又如何，一堆反面教材而已。所以对收摘率之类，还是既肯定又不必太看重为好。

对于刊物的编者来说，应该做的还是以质取文，凭我们有限有水平，尽力推出自认为有价值的论文，以此不辜负肯翻阅这份杂志的读者。曾有某刊同仁提出要“期期精彩、篇篇可读”，这似乎很理想，但实际根本做不到。就我们这份刊来说，对拿到刊物的任一位读者，能有兴趣读上三篇，就已经很使我们满足了。努力编好每一篇文章，至于它们命运如何，是否能被收摘云云，我们既管不了也不去寄期望。我们相信，只要认真耕耘，总会有所收获。

（原载于《编辑之友》1997 年第 4 期）

追记：说不清从何时起，对社科类杂志尤其是学术理论期刊的评价与考核指标中有了转载率（收摘率），并以此证明刊物的社会效益。这有一定道理，但未必全对，就如用图书评奖来说明图书的社会效益一样。

《编辑之友》的转载率一向较高，但这决不是编者水平如何高，它与同类刊物不多，而《编辑之友》又是同类中年龄较大的“长者”有关。

有这一优势，就易被注意到，即便像《新华文摘》这样被公认选材甚严的文摘刊，也常“照顾”《编辑之友》。在我主持刊物的那几年，曾有过2000年第6期《新华文摘》一次转载两篇、摘录一篇的记录，能到这种程度是令许多社科刊的同行很为羡慕的。

由转载率引申而来的是“核心期刊”的评定。自北京大学某部门牵头搞“核心期刊”评定以来，《编辑之友》就没有落榜过。后来南京大学又搞了个“中文社会科学引文索引来源期刊”(CSSC1)，《编辑之友》仍在其中。据说这后者全国只选了五百来家，山西进入者只有六刊。这两项评选影响似乎不小，在一些高校的职称评审中是以论文发表在“核心期刊”和“来源期刊”为标准了。其实，这是不正常的，也许只是中国现行国情下的现象。关于这个问题，《南通大学学报》的主编钱荣贵深入做了研究，并为此出版了《“核心期刊”与期刊评价》(中国传媒大学出版社，2006)一书。对他所持的批判观点我是深为赞同的。在主持《编辑之友》期间，我也曾多次多场合表示过对“核心期刊”之类评价的不以为然，尽管自认为这是出以公心、出于良知，但也未必取得支持。一位办刊同仁，也是较熟悉的朋友就与我讲：你当然好这么讲，反正你们(指《编辑之友》)，是既得利益者，得了便宜好卖乖嘛！

深深一躬

中华民族不像大和民族，现在很少行鞠躬礼了，然而面对案头这一纸纸来信，我首先想到的是，应该站起来，对写信的他(她)们深深地鞠上一躬!

这一躬深含自责，因为正如这些读者来信批评的，刊物在编校上还存在不少差错，近期更甚。固然有种种难以道个明白的原因，但白纸黑字留下的差错是难咎其责的。南京教育报刊社的朱从卫先生信中写道:“作为《编辑之友》这样的杂志，是不应有如此多的疏忽的。我们作为喜爱她的读者也深感遗憾。”殷切之意深深敲打着我的，也应该是目前所有办刊人员的心，而不仅仅是觉得脸红。

这一躬也满含感谢，不单是感谢这些读者认真地看了这份杂志，更感谢在批评之后表示的信任与宽容。重庆西南师大出版社的米加德先生在就差错详细列表之后仍说:“《编辑之友》是目前有较大影响的编辑出版类期刊中最优秀的。”“我爱读《编辑之友》，我社编辑都喜欢看，每期杂志到后，大家争先恐后地借阅，常常因为人多而看不上她。为了期期与她相约，我自费订阅了一份，明年我仍会续订。”如此大度，我们还能说什么呢?哪怕就为了读者的这份情意，我们也该去努力、去改进。

这一躬还企求谅解，并不是谅解编刊的不足，而是想给大家说，也许在读者心中，给编辑同行办刊物者应该是比一般编辑更强的编辑，其实根本不是如此。在一个出版业说不上先进的地区去办这种刊物本身就未必适宜，更不要说编刊者自身的素质还有极大的差距。这是实话，并没有丝毫的谦虚和矫情。刊物能有些影响全靠了作者与读者的支持，而作为具体编刊者的我们（首先是我），充其量也只是从作者的来稿和读者的来信中不断学习，争取有所提高而已。当然，这不意味着自我宽恕，更不是为编校中的出差错辩护。

办这种期刊，我们深知不易，而众多作者及读者的支持、监督，正在不断给我们以鞭策和教育，使我们催促自己，以便尽可能少留下些遗憾，也少留下些惶愧。“加强管理，优化结构，提高质量”是党对新闻出版业的要求，自然也是我们这份刊物的目标。能不能做到这字字千钧的十二个字取决于诸多因素与条件，而我们作为具体编刊人员，首先当从提高质量做起。这是我的，也应该是目前所有编辑部成员的共同认识。

对于来信的以及没有来信的读者，对于熟悉的以及还不熟悉的朋友，请允许我在深鞠一躬之后也学习别人的做法说句：“请多多关照！”

（原载于《编辑之友》1997 年第 6 期）

追记：搞出版，必须有读者与作者的支持。二者相比，读者尤为重要。作者固然可为出版提供内容，但这内容如果读者既不肯花钱买，又不愿花工夫读，则出版就毫无意义了。这是出版的通理，只不过在当代中国有时例外。很长时间的计划经济和大一统的行政管理，使一些书刊是公款出版公款购阅，这时的读者支持是无关紧要的。某省一刊物编辑曾给我讲过她的亲历。她们刊物是权威部门主办，有系统保证发行的。每次出版后都很快被运走了。有次她到基层，在××部的办公室发现有几期她们的杂志连包还未拆。基层同志见她注意到了，忙解释最近忙所以还没顾上发……她讲到这时说：“我当时心里真是一阵悲凉啊！”此例也许极端，但也决非个别。不用理睬读者（真正的读者而不是掏钱购买者）还可以无忧无虑地活下去的报刊不少——起码过去曾

如此。但《编辑之友》不同。虽也创办于计划经济条件之下,但它没有行政的权威(主办者只是一个出版社,而同类刊再不济也是省出版局主办),没有学术的权威(除去出版管理部门外往往是学会、协会或科研院所),没有理事会的支持(这里没有贬低别刊理事会的意思),靠的只是一个出版社的力量和自身的内容质量。从这一意义上讲,这份刊物是一直通过市场生存的。在相当长的时间里,这份刊的发行量居全国同类刊之首,全凭了读者捧场。明白这些,就知道,我们对读者的感谢不是客套,不是虚情假意,而是真实的,发自内心的。

贵在务实

最近出版界开过两个很值得一提的理论研讨会，一个是中国编辑学会的学术年会，一个是由中国期刊协会、新闻出版署培训中心等召开的期刊理论研讨会。两个会议有一个共同的特点，是与会者带着在实践中引发的问题就编辑审稿与期刊发展进行了认真的理论思考，从而对中国出版业的改革提出了许多有深度有新意的见解。会议的议题是务实的，参加者的态度是务实的，提交的论文也是务实的——这些，读者可以从本期选发的部分论文中有所感受。

本期“出版研究”栏较集中地刊发了几篇探讨“三审制”的文章。其实对这次年会的议题而言，这只是一小部分。只不过“三审制”目前执行中问题甚多，虽经各方多次强调但似乎收效不显。这一现象早在几年前就已引起出版界有识之士的关注，现在研究审稿理论自然又有所涉及。本期各篇见仁见智，对帮助我们作进一步思考该是有益的。

理论研究常常被认为是虚的，于是过去有开“务虚会”的说法。但是只有植根于实际并可以对实践有指导或参考作用的理论才能常青常新。我们不能放弃编辑基本理论的探索，但是我们更应着力于出版现实对策的研究，因为后者与出版界的实际工作者关系更大。我们赞赏理论研究的务实态度，也希望在我们这份刊物上体现一些务实的精神，那就是从中国出版业面临的现实出发，讲真情况，摆实道理，否则，“加强”喊得天响也只是口号而已。宣扬成绩固然有助于提高自信，但正视问题才更利于继续进步。实事求是，是邓小平理论的精髓，在编辑

出版理论研究领域也当如此。

（原载于《编辑之友》1998年第5期）

追记：这期集中刊发了几篇研究“三审制”的文章。与当时同类报刊上常见的强调加强三审制，提高书刊质量的文章不同，我们的这些文章是讨论三审制本身的，或者说是有质疑性质的。这反映了我作为主编者的倾向，从浅层次讲，是赞同于这些研究的，所以随后也写了《三审制，并非简单的话题》一文（见本书）。但深层次的则是认为编辑出版研究应该从讲实话讲真话开始。如果一切只是空讲道理，只是按照政策、规定去做点阐释，那就失去了研究的意义，也失去了办这种刊物的意义。科研也要躲禁区、雷区，那还叫什么科研，还能有什么创造？虽然这样做很难，但只有这样才能办出个有些长进的刊物，我是坚信这一点的。

邹韬奋先生当年办《生活》周刊时曾说过这样的话：“最主要的是要有创造的精神……刊物的内容如果只是‘人云亦云’，格式如果只是‘亦步亦趋’，那是刊物的尾巴主义，这种尾巴主义的刊物便无所谓个性或特色；没有个性或特色的刊物，生存已成问题，发展更没有希望了。要造成刊物的个性和特色。非要有创造的精神不可。”（见邹著《几个原则》）这些话是真理，起码是现在还没过时的真理。

办刊要肯思考，要能形成自己的理念，这是刊物主编者最重要的素养之一。不要说刊物内容，就是关于刊物的其他说法也不可“人云亦云”。举个例子，有个广被认同的口号是刊物要“立足本地，面向全国”，这个口号对吗？未必。要面向全国就必须从全国着眼，如果本地没什么值得全国关注之处，那立足本地的结果是永远也走不向全国的。我们的做法是“面向全国，照顾本地”。事实证明，这才是行得通的。

追求无悔

读者诸君见到本期刊物时,大约已近年尾,每逢此时,除了筹划新的一年外还难免要回顾一下这过去了的三百多天。环望世界、放眼全国当然需要,但更具体的倒是要自我检视,作为社会的一员,"我"今年做了些什么。身在出版圈内承负着编辑这一社会角色,是组织编发了一些有利于文明、促进进步的精神产品,还是弄出了些平庸之作,甚至文化垃圾?是混了一年还是认真编了一年?……扪心自问,能不能说一句,起码今年无愧。

——所以想到这些,缘于本期刊发了刘杲同志的讲话。作为中国编辑学会会长,他提出了编辑工作的最高追求应当是出版传世之作。这真是振耳之言,是很值得我们仔细体味认真思考一番的。这些年我们出版业看起来蛮热闹,书市连绵不断,评奖此起彼伏,好书啦、精品啦好像多得不得了了。可这中间真正能立得起来传得下去的又有多少?恐怕连这些书的出版者也心中无数。历史的冲刷往往不可预料,不要说现在一种书难以印个几十万上百万了,就是当年铺天盖地印发了无数的小红宝书,不是说个没有就没有了吗?不信,现在去找几本试试看。

推出传世之作决不是容易的事,但是这个目标却是应该大讲特讲、大树特树的。它不仅应当是编辑个体的追求,更应该是出版单位群体的追求。对于那些社长总编来说,是不是也该把此作为一个目标、一项施政纲领呢?当然,具体做起来还要有切实的途径。本刊年初发过中国青年出版社社长胡守文的谈话，他提出从“好书”到“精品”再到“标志性出版物”的三境界观点就很有些思想。照此做下去，与推出传世之作就会相靠近的。

从编辑的追求不禁想到一本书，这就是北京十月文艺出版社推出的《思痛录》。这是一本回忆录，不算厚，但事却谈了不少。作者韦君宜先生完全够得上当代中国的编辑家、出版家。她从 1939 年在延安编《中国青年》到 1988 年从人民文学出版社社长任上离休，在这条战线上滚战了半个世纪。书中有一章的题目是《编辑的忏悔》，讲的是“文化大革命”后期特殊年代里违心编书出书的事。这要说已是历史，可对今天仍在编辑岗位上的我们，难道不是一种警示？推想以后，会不会有朝一日回首往事，也得来个“编辑的忏悔”呢？不用远说，前两年为买卖书号推波助澜，混迹其间图利忘义者中，不也有不少是有编辑名分的吗，检点往事会不会也有些许悔的感觉呢？

一年将终，编发了刘杲同志的讲话，感慨良多。但愿在新的岁月里，编辑同仁都能立足自我，提高目标，远离平庸，避免忏悔，这对个人对国家对社会主义的出版事业都会大有益处的。

（原载于《编辑之友》1998 年第 6 期）

追记：关于这篇，有两点是需要说的。一是这里有对形势的感受。上世纪 90 年代后期出版界是比较热闹的，除“喜讯”（文中所提）外还常有“险情”，动不动就传来某书某刊出了问题的消息。看看出版管理部门对编辑的要求（口号）也反映了这一点。高层提出要“守土有责”，我们省则提出“做贡献，不添乱”——这口号总让人多少感到有些不伦不类。当时出版单位开始改革，其突出之处是讲经济效益了。对出版单位的多数编辑来说，市场变化莫测，头上又有经济指标，于是逐利之风弥漫，为了赚钱就不太顾出版物的质量（从内容到编较）了，想要无悔不很容易。

二是对刘杲文章的感受。刘杲关于编辑最高追求的思想公开发表应当是始于《编辑之友》。他的观点在中国出版史上以前是没人提出过的，这一思想的影响不说别人，起码对我是很大的。以后两年间，我有幸被邀至某些会上讲话时，就多次转述过他的观点，仅在河南记得就有军队系统出版单位的会、社会科学联合会系统期刊的会，以及高校学报的会等等。不仅如此，按我的理解，由于出版物性质之差异，“传世之作”该主要侧重于图书编辑，而对于期刊来说，仿照刘杲的提法，我认为编辑的最高追求是推出“领世之作”，这一看法也多次与同仁讨论过。

到了 2011 年 10 月，在北京举办了“刘杲同志编辑思想研讨会”，已经退休几年的我是看到《中国新闻出版报》11 月 7 日的整版报道后才知道的，当然深为能开这样的会高兴。报道的重头文章是由记者王佳欣撰写的《“中国编辑，我们的荣誉与责任”》。文章分为四节，小标题分别为《核心理念：编辑乃崇高职业》《最高追求：编辑出版传世之作》《学科贡献：推动编辑学发展》《编辑规律：变中有不变》，对刘杲编辑思想这几方面的归纳大致还是不错的。

在第二节中有这样几句话：“山西编辑之友杂志社的前主编孙琇同刘杲聊天时，向及出版人终极的追求是什么，刘杲说就是出版传世之作。所谓传世之作，就是一代一代人都要读，百读不厌。”读到此，我很吃惊，仔细看这版报纸，提及的其他人都是与会者，我是唯一例外。没想到刘杲的这一重要观点在提及时竟然与我有关，记者如此写，最大的可能是刘杲特意讲的，这使我心生感慨之余再次感受到了一个受尊敬的老出版家的胸襟与人品。

选稿四弃

因为主编《编辑之友》，所以常常被问到稿件能不能用以及需要什么稿件的问题，回答虽往往因稿因人而异，可细想也还是隐含了点带规律性东西的。编刊不同于编书编报，如果用最简单的两个字来表述，我想编报重在“采写”，编书重在“取舍”，而编刊则重在“选编”。编刊首先是选稿，选是完成每期刊物的基础。现在强调编辑策划，但这要看出版物的性质，对于我们这类学术理论类刊物来说，是难以由编辑去策划作者的研究内容和研究成果的。当然这不是说编刊没有自己的编辑思想，缺乏编辑思想的人其实并编不好刊物，用句新潮的话，还是必须有编辑主体意识的。编刊者的主体意识就反映在如何选稿及如何编排上。看上几期用什么稿又怎么编排，有心人是不难体味到编刊者的思想与倾向的。

编刊先要选稿，选稿不外乎看内容也看形式，具体点就是论述什么题目和论述得如何。课题固然重要，但论述得如何却往往成了我们这两年中有些来稿弃而不用的主要原因。这并非轻重倒置，而是因为这些文章于读者实在无益，说句不过分的话，八股气不少。

概观这类稿件，较典型的是这样四种。一曰综览型。这类文章一般是题目很大、涉及面也宽，诸如“面向市场经济的图书出版”、“论提高图书质量”，问题不可谓不重要，然而题目一大，只得分若干点，每点一小段文字，结果只是点到为止。这一来不仅什么也论述不透，而且又不可避免地只讲了些原则，自然也就有了不少套话。二曰通用型。这类文章题目具体了，论述起来也头头是道，猛一看还真不错，但是如果把文中某些词语略作改动，就可以变成另一篇论文。例如“新时期的编辑素质”、“系统论与编辑工作”、“××类刊物如何办出特色”等，如果把第一文中的“编辑”改成“教师”，第二文中的编辑工作改成其他类别的工作，第三文中刊物换了类别，再读还是基本可通。三曰例证型。这类文章的特点是摆出观点后则举例说明，如讲出版要重视信息，下面就举某某出版社如何抓信息创了效益，接下去说一观点又举一例子，全文支持每个观点的不是分析论证而是一个个例证。如果谁肯把例子重找几个还会是一篇不坏的文章。四曰讲义型。此类文章题目不错、论述有序、旁征博引、头头是道，如果作为讲义，肯定合适，但作为论文看，则缺了很重要的一条，即作者自己的见解，而这一条正是论文的灵魂。

除了这四种还有其他，但似乎是这四类更多。平心而论，只要有几分奈何，我是不愿编发这种文章的——尽管有时也很难。类似我们遇到的这几种文章兄弟刊物大约也有同感，我想如果我们都对之开红灯，或许会对倡导一种严肃务实的理论研究之风有些好处，不知诸同仁以为然否？

（原载于《新闻出版报》1999 年 7 月 22 日）

选稿四取

前不久曾就《编辑之友》来稿中一些问题谈了点看法，因为主要是从某些稿件不被选用的角度讲的，故题为《选稿四弃》，发表在7月22日的《新闻出版报》上。是不是讲清楚了本来也没把握，但后来据湖南一刊物编辑来电话称，认为是有道理的。他们主编特意把其中几句划出来让他们看，说这不仅对我们这类刊物适用，而且也适用于各种学术理论刊物——这自然是过誉。

因为有了那篇小文，于是有人建议也谈谈本刊选稿的标准。这倒难了，套用那句名言，不幸的家庭各有各的不幸，而幸福的家庭却是相似的。似乎也可说，不用的稿件各有各的原因，而选用的稿件却是相似的。但这相似又是什么，大约不外乎论点明确、论述严谨、条理清楚、文字流畅之类的评语。

如果具体一些，仿照“四弃”之说，倒也可以提出个“四取”来，各用一字来概括，就是新、实、深、耐。“新”，容易理解，是指论题要新，论点要新，写法上也不妨新些。编辑出版工作就那么多，真要都找新论题也不容易，但即便是老问题也希望有个新的视角，或者说用新的方法去研究，最好能给编者（当然更给读者）“眼睛一亮”的感觉。“实”，就是说所研究的问题实在，所讲的是实事，如果总结出些经验规律的话也较实用，尤其是一些谈实际工作的文章，更希望读者可以借鉴。如果说新观点给人以启示的话，实际体会就是希望有些可操作性。“深”是指研究的深度，我们曾在几个场合表示过大家宁可用小题目做大文章而千万别用大题目写小文章的意见，也就是这个意思。有的文章论题也较新，可惜没做深入探讨，只是点到而已。用句出版界的行话，这是把个好选题糟踏了。目前的文章中定性分析的多而定量分析的少，这其实也是不深的一种表现。事先既没深入调查(包括查资料)，写时又没深入思考，文章自然难有深度。“耐”，是指耐久耐读。期刊不同于报纸，时效性应该长些，所以没有些耐久性的文章还是不发在刊物上为好。除了内容时效外还要写得耐读，这好像是讲可读性的，但又和可读性不一样，我倒是觉得还该有个“耐读性”的概念——当然这是另外的话题——总之是觉得有些好文章是应该能引起读者再细读一次的欲望的。

以纸为载体的传统出版物是书、报、刊，书自然还包括画在内。这三者作用不同，特征不同，在本质内涵上也不同。在若干年前曾听一位知名作家有个比喻，说人的思想好比气体，如果用语言讲出来就成了液体，如果再用文字写下来就成了固体，细琢磨是很有道理的。套用这个比喻，我觉得，在信息的集散、知识的完备、流传的远久等方面，报纸就如同气体，刊物如同液体，图书则如同固体。如果想把刊办得像报一样，或是想把刊编得如书一样，就好像硬要让液体转为气体或是固体，实际都是一种定位的错误，也是身为编辑者之大忌。

报纸极少有人肯保存下来。对于某些较感兴趣的内容，人们也是剪报而保存之。书则是要么保存要么处理掉(例如以废纸卖掉)。而介乎书报二者之间的刊物，则既不敢奢望读者长久保存，又不能希望读者如剪报般剪刊，所以如果不能有些新、实、深、耐的内容，则刊物本身的价值就值得怀疑了，这应该说是符合办刊规律的。

（原载于《新闻出版报》1999 年 12 月 23 日）

追记：编辑工作的直接对象是稿件(作品)，选什么样的稿件和发表(出版)什么样的稿件代表和反映了出版者的理念与取向，也体现着

出版单位或媒体的形象与水平。这道理似乎很简单,但真要对稿件说出个子丑寅卯来没有实践是不行的。在主持刊物四年(相当于一个大学本科的时间了),过眼了无数稿件之后,才有了点感悟,当然也是仅就这一刊物或者说这类刊物而言的,于是写下了这两篇“絮语”。《选稿四弃》刊于1999年第1期,《选稿四取》刊于同年第3期。当时的想法是将刊物的意图明白告知读者、作者,从而拉近编、著、读之间的距离,用时下的流行语,是增加透明度和亲和力。刊出后有朋友表示有兴趣,说想法有新意,鼓动我再展开些,这样对原文又做了点补充修改,送给了《新闻出版报》。

出版界常讲文章要有“可读性”,细想这一概念并不妥贴。既是文章就能读,即便是诘屈聱牙,也只是读来使人厌烦,并不是不可读。由此我倒觉得该有另两个提法,那就是易读性与耐读性。易读是要使人读得顺当并形成阅读之快感;耐读是要经得起再次甚至多次阅读,而且还可从中不断产生新的发现与感悟,凡称得上经典者都有此效能。这也是逐渐感悟到的。随便举个例子,小学时就读过《西游记》(跳过不识之字与难懂之句),但30年后偶然再读才发现,原来大圣并不万能。“金猴奋起千钧棒”之下被消灭的也只是白骨精这类江湖“成才”者,而有背景有关系者再兴妖作怪最后也会另行发落不致要命的。人界如此,仙界、妖界原来也是如此。

抄袭有术

我国历有不屑作文抄袭之传统，故有“文抄公”之喻。查《现代汉语词典》，对文抄公的解释特别加括号注明有戏谑意。戏谑者，大约是为了保全一点文人的面子，但既为文抄公，在圈子中怕也不好挺直腰板的。社会发展至今，文章抄袭已经不仅仅关乎个人品质，也涉及侵权问题了——这点众人皆知无需细说。从学术研究看，反对抄袭，实际是建立学术规则、净化学术市场的大事（是否可称市场另当别论）。这就要求编辑认真把关，但更要求作者自律、自重。

说以上这些，缘于近来收到两封来信。一封来自中国工运学院学报总编辑赵健杰先生，信中说本刊 2000 年第 2 期南京一作者写的《学报编辑的精品意识》一文出自他 1998 年 6 月 26 日在《新闻出版报》发的《编辑的精品意识》一文：“经过认真对照，发现 × × × 的文章多处观点来自我的文章，甚至一些小标题也原封不动地照搬。”另一封来自河北理工学院学报副主编任火先生，说被《新华文摘》2000 年 7 期转发的本刊 2000 年 2 期长沙一作者《理论期刊的根本出路是推出科学精品》源于他 1999 年发于《出版发行研究》第 3 期上的《科学精品的基本特征》一文，并指出在论述精品的四性（新奇性、实验性、精确性、完美性）和精品意识的三方面（清醒的使命感、深厚的文化感、强烈的责任感）时，从标题到正文几乎一点不差。如果不能证明世界上真会有完全相同的思维，那这两例只能是抄袭无疑。两信指出抄袭者也没有在文后列出参考文献（或许是不太方便罢——笔者设想）。读此两信，编者顿感汗颜，为自己，也为别人。

因为目前一些政策的引导，如评职称之类，把一些文化人弄得心急火燎，自己写不出就抄别人的，不得已，逼良为盗，倒也可怜。其实，写一篇文章句句都是自己创新也难，所以有句话叫“天下文章一大抄，看你会抄不会抄”。可如果连抄的技术都没掌握就要评什么副高正高，是不是也太欠点火候了。对付抄袭，有的刊物是十分严励的。有份编辑类期刊就曾对已发表了的抄袭文章发表撤销的声明。严肃是严肃了，甚至有点“剥夺××权力”的味道，但就此希望杜绝抄袭，怕也难。古人尚尊抄袭者为公，我们何妨也宽容一点。

鲁迅先生有过一句名言，大意是捣鬼有术，也有效，然而有限，以此成大业者古今无有。如果套用一下，是否可以说抄袭有术，也有效，然而有限，以此成学问者（成职称不在此列）古今无有。

如不错，则愿文抄公戒！

（原载于《编辑之友》2001 年第 3 期）

追记：抄袭行为将来是否还有，我们没资格说，但眼下是难以绝迹的。利用先进的数字网络技术发现和防止抄袭已成为编辑工作（尤其是学术杂志编辑）的一项内容。新的说法是“检查论文的复制率”。抄袭的主观原因不消说了，客观原因则主要是评职称所“逼”，遭“逼”就去抄袭当然不成理由，但“逼”出来的现象也够写一部《二十年目睹之怪现状》了。就我所亲见者举两例：

一为我曾收到的一信，是显示抄都不想抄的。全文不长，隐去姓名及单位后照录如下：“您好！我是××××××的一名编辑，你们的刊物我经常拜读。贵刊登载的论文观点新，文章质量高，可借见（鉴）性大，指导性强，充分反映了编辑的组稿及策划能力，体现出极高的办刊水准。本人曾想过给贵刊投稿，但由于自己水平有限，最终没有付诸行动。贵刊的办刊水平及影响在国内编辑的心目中占有极重的分量。我想出一定量的版面费，在你们准备刊发的某一论文(2000 字以上)的作者后面加上我的名字，以论文第二作者的身份见诸贵刊，不知这一想法是否可行，望您在百忙之中给予考虑。”

当时接到此信，于我真是百感交集，是来信者的无能(在编辑位置上又真写出来东西)、无奈(被“逼”)、无畏(敢于公开提出别人只能暗下操作的事)，还是读信者的可怜(没法帮别人)、可悲(编辑出版界竟然到了这种程度)、可叹(毕竟是遇到讲真话的)，说不清楚。

二是我曾见过的一文，显示了还可以有别的抄法。2003 年编辑学会年会我去了，见到交流论文中有苏州大学出版社吴培华的一篇，是论编辑出版教育学科建设的。到 2004 年 3 月，此文刊发在某编辑类刊物上，不过作者名换了，是也参加 2003 年会议的另一位。我想，吴先生够仗义的，送给别人总是为帮他评职称吧。谁知 2005 年又有机会见到吴培华，才知不是如此，而是在不知情下被“拿”去了。后又听说，那位还果真评上了正高职称。这倒是更使人感到可怜、可悲、可叹又可敬了。其可敬者不在其他，在于有这种“拿”的勇气。颇有意味的是拿去别人论文的这位几年前还出过一本书叫《现代编辑素养××》。提到此事，不由得想，以后诸位再写论文，包括参加学术会议的论文，是否还该考虑有安保措施呢？

无法选择

1835年,德国特利尔市中学,一位17岁的年轻人在他的毕业作文《青年人如何选择职业》中写下了这样一段话:“我们并不总是能够选择我们自认为合适的职业,因为在我们能够对它作出决定性影响之前,社会上的种种关系已经在某种程度上把它规定好了。”这一独特的想法使当时的阅卷老师大为吃惊,他们还没遇到过有这种思维的学生。尽管他的观点不被老师接受,但他们还是给了他高分。这位年轻人就是卡尔·马克思,后来影响了人类历史进程的巨人。

当然,当时的马克思还不是科学社会主义者,但他已经天才地显露出辩证唯物主义思想的萌芽,已经触摸到了世界事物发展的规律。世界是物质的,物质是运动的,运动是有其自身规律的,人的主观意识只能去发现和适应规律,只有当主观意识符合客观规律性的时候,事情才能成功。这是经过无数实践检验了的真理。

即使到了今天,青年马克思的话还是很对的,我们仍然难以完全按自身意愿去选择自己在社会中的位置。作为社会的人要生存就得有职业,职业首先是谋生的手段,其次才是为社会做贡献的舞台。无法自我选择并不意味着坐等命运的安排。人毕竟有意识,有主观能动性,所以还要去选择。中国有句古训是“谋事在人,成事在天”。“谋”就是主观努力,就是选择;“成”则由天而定。这里的“天”其实可以理解为客观规律。

不过“谋”总是有限度的,因不能自由选择,才提倡“干一行、爱一行”,才提倡敬业精神。这里的业恐怕主要是职业,一般人难上事业的高度。过去常用“当一天和尚撞一天钟”来指责一种不进取的态度。其实细想，“当和尚撞钟”并非不敬业，因为当和尚就该撞钟，而且应该去努力撞得准些、亮些，不同凡响些。如果和尚都这样，不也就钟声嘹亮，气象万千了吗？至于是否改建钟楼，再铸新钟，则是方丈去筹划的事了。

人无法按愿望去选择职业，当然也无法按设想去选择与职业相关的其他。比如作为编辑，你可以认真编好一份出版物，但却难以决定这份出版物的命运，而它的命运，同样也是“社会上种种关系在某种程度上已经把它规定好了”的。话扯远了，还说眼下罢。编发这 2001 年最后一期，如果也用撞钟来比喻，自我感觉是尽力撞了，还比较响，因为本期若干篇重头文章还是有些深度的。当然，希望这钟声传到听众那里，有些“余音绕梁，三日不绝”的效果。即便达不到，一日不绝也是好的。

（原载于《编辑之友》2001 年第 6 期）

追记：这是我主编的最后一期《编辑之友》上的“絮语”，不难看出这里已暗含告别之意。编发此期本来已做了停刊的思想准备，后来没停是另出现了情况。对是否坚持办这份刊物已多次泛起争议了，尤其是出版社的经济效益在市场变化中日渐凸显之后。作为刊物主编责任只是主持刊物本身，刊物办不办有主办方领导定，引用句古话，这事“肉食者谋之，又何间焉”？

2000 年在迎接新千年时，我曾在刊物封二上安排了一段“迎新词”，其结尾是：“展望下个世纪，——太长了，就说十五年——我们却难有什么漂亮的承诺，不论刊物如何，但中国的编辑出版事业仍会继续向前，她的存在如果还有人记起，这，对于编者将是难以泯灭的慰藉。”说 15 年是因为创办 15 年了，这里表达的已经是上述心绪。

就在这篇“迎新词”刊出之后，刊物环境发生了极大变化：先是主办者山西人民出版社领导易人，接着是省新闻出版局主导了几个出版社的合并，“整合”成山西人民出版集团(筹)。就在整合一年多之后，刊物的事开始被考虑,虽没给编辑部交代,但相关信息还是传来了,就是用此刊号改办他刊。这消息并没给我造成“震惊”,无所谓嘛。有外界朋友闻讯问及此事,我也并不隐讳,而告之有可能停办。与我的态度相反,这一消息倒是在外界尤其是在省外引起了关注。上海的雷群明在其主编的《编辑学刊》上有意透露出《编辑之友》可能停的消息,而 2002 年邮局征订目录上《编辑之友》的缺位似乎更证实了这一消息。一时间询问者不断,有热心者表示将向有关方面呼吁,要求这一刊物办下去。凡我接到此类电话,都是既表示感谢又劝他们不必如此,这种态度甚至引起好心朋友的不解与不满。其实我是真心这样认为,并非故作姿态。在我看来,主办方的当家人考虑经济利益也无可厚非,而一个刊物生死盛衰也是符合规律之事(我国现在刊物只生不死本来就不正常),至于个人也没有非把某事做到永久的道理。

大家对《编辑之友》的关爱使我觉得这样一个刊物还有存在的必要,就在刘杲约我见面,想了解一下《编辑之友》的情况时,我开始“游说”中国编辑学会创办刊物。我随后当然也不止于仅向会长提提而已。果然,到年底就取得很大进展,我成了酝酿中的新刊《中国编辑》的主要谋划者与操作者之一,只是在当时,还不便公开这些活动罢了。

《编辑之友》后来的发展是有些戏剧性的。辽宁省一位颇有声望的大学学报主编高起元就《编辑之友》的问题上书新闻出版总署署长石宗源,还真引起署长重视,特批有关部门出面过问,《编辑之友》终又保留下来(据说也有另办新刊进展不顺的原因)。当时有人还认为别人上书是我鼓动的,这纯为误解。如果知道我已在为新刊奔忙还会这样想吗?

《编辑之友》还要办,我以年龄为由推掉主编之职,到 2001 年的最后一天,新主编被任命。原先编辑部的几位都没留下,都转到了出版社内(当时是集团筹)的其他部门。

孩子·牌子·台子

记不确什么资料上讲过，国外有种说法，如果想让谁破产，就叫他去办期刊。话是讲得绝对点儿，却也反映了一种现实：要使一本刊物在激烈的市场竞争中立起来、活下去，确实不易。

这种体验我们没有。岂止我们，改革开放前中国所有期刊的老总们也都没有。计划经济下办刊自然也靠计划，由主办单位掏出国家的钱，靠行政手段往下发行，在不少办刊人看来是天经地义。于是，即便实在没什么人爱读的刊物，也照样有滋有味地活着。更何况刊号在中国本身就是资源，就是出生证、身份证，一旦拥有，别人其奈我何？直到社会主义市场经济时代来临，刊物老总们才逐年体会到了竞争的压力，品尝到了要让读者买账的艰难。

办刊的学问、办刊的规律、办刊的理念、办刊的技术开始引起重视，逼着出版人去学习、去关注。就在我们对此尚未入门时，竟荣幸地争取到了承办这样一份服务同仁的刊物的任务，于是上阵了。这倒符合一位伟人的教导，在游泳中学习游泳，在战争中学习战争。我们没有多大的神通，但乐于学习，乐于实践，好在还有点在编辑行当中摸爬滚打几十年的经验，以及为中国编辑研究做点贡献的赤心。

实践需要理论，行动必须思索。我们在行进中调整、完善、锤炼着自己的办刊理念。新创办一份期刊，犹如新生了一个婴儿，她不仅给我们带来欢欣，带来幻想，带来希望，更给我们带来呵护，抚育她健康发育、长大成才的使命与责任。

孩子的成长需要众多的关爱。如果说我们是这孩子第一任的保姆,那么,幸运的是在我们身旁还有一大群人。他们中有孩子的接生员,更有保健、营养、教育等诸多方面的精英。这些人组成的编委会是孩子健康成长的保障,也是我们信心与智慧的坚强后盾。

孩子的成才开始于早期教育。古人“三岁看小,七岁看老”的说法蕴涵了一定的哲理。所以,我们在刊物的塑造上反复思考、反复论证,总希望她有个性,有特点,能为社会所喜爱,为读者所欢迎。老编辑家夏丏尊先生上世纪 30 年代关于“杂志办人”与“人办杂志”关系的经验之谈,给我们启迪,也给我们警示。

“孩子是自己的好。”这句老百姓的大白话反映着世俗的心理:谁都希望自己抚育的孩子出众、能耐。我们自然也不例外。孩子百日时亲朋的大堆祝福、夸赞自然使人高兴、令人感激,但如果由此而认为这孩子必定是个天才,那只能表明我们是糊涂虫而已。孩子总有不足之处,弥补尚待时日,完善更须努力。苛求当然算不上明智,但更不能以任何孩子都有缺点为由来自寻宽容与安慰。

新创办一份期刊,犹如新竖起一块牌子,牌子上的名字是标志,是心愿,更是期望。我们明白,夸富者未必富,叫贵者未必贵。要使牌子与内容尽可能一致,还有待岁月,更要付出心血和汗水。

我们清楚,由我们来竖这块牌子也只是一种机遇。我们会百倍珍惜这种机遇,更会紧紧抓住这种机遇。环顾业内外,高手如云,名刊如林,我们时刻告诫自己,一定要谦虚谨慎,多多请教学习。在这块牌子下,作者、读者多是我们的同行,更是师长兄弟,贴近他们的生活,吸取他们的智慧,用真诚换取支持,这块牌子才能名副其实,才能立于中国报刊之林,存于广大同仁之心。

立牌子容易,但如何使之成为品牌、名牌,使之光泽鲜亮,弥久不褪,却大有学问。为这个目标,我们必须一腔诚信,从点滴做起。成功的期刊品牌离不开自我宣传,但更重要的是读者的口碑。我们将团结更多的作者,认真对待社会各界的反馈,严肃、认真地编好每一篇文章,出好每一期刊物。我们相信,好人会有好报,辛苦不会白费。

品牌不仅在于名字,内涵才更具实际意义。“学术氛围,前沿视野,理性思考,人文情怀”是刊物的目标,也是我们这些办刊者的追求。我们希望的是,随着一本本期刊的积累,这16个字能在读者心目中与牌子融为一体。也许这一天还很遥远,但只有为此努力过、奋斗过,我们才觉得光阴没有虚度,内心不会有愧。

新创办一份期刊,更犹如搭建了一个新的台子。这台子是讲台,是戏台,也可能是演武台、评奖台。我们的任务是整修台面、夯实基础,使之亮丽、时尚、壮观,为更多的人能在这一方台子上一展风采而服务、喝彩,为他们送上清香的茶,捧上祝贺的酒。

台子是一个空间,在这里可以发表精妙的演说,可以展示优美的歌舞。理性的阐述、感情的倾吐,我们都会为之主持,为之报幕。理论的争鸣能让思考更有深度,节目的多样会使色彩愈加丰富。人民的利益、先进的文化是宗旨,是信念。在这样的前提下,应该是阳春白雪与下里巴人共存,五彩纷呈,精品迭出,供编辑同仁在此驻足,使精神升华,为身心加油。

这个台子,既提供给老将,也提供给新秀。我们希望更多的人通过这个台子成为大腕、名角。对于那些一时胆气不足、技艺不精者,我们不仅有鼓励,还会扶一把送一程。我们希望这方台子成为中国编辑人前进的记录,成为事业成功者记忆中温馨的去处。

守护好台子是我们的职责,编排好节目是我们的义务。大幕一次次升起落下,在别人眼里,我们又何尝不是在讲话,在表演,在展示才艺,在披露心迹?面对台上台下无声与有声的评判,我们告诫我们杂志社的每一个人:不求最好,但求更好,即便不能奢求优秀,但也决不能满足于及格。如果有一天我们无法兑现这一诺言,我们将选择平静地离开,为了事业的发展,把台子让给更优秀者守护。

孩子,要在呵护中长大;

牌子,会在磨炼中闪光;

台子,将在掌声中高耸……

这是我们的理念,这是我们的梦想。不,不是梦想。看着从试办到创刊的这一期又一期,虽尚多不足,但总在迈步,总在前行。

其实,这些又何尝不是任何一本新期刊主编者的心迹呢?

(原载于《中国编辑》2003 年第 3 期)

追记:《中国编辑》创办之初,有两篇反映办刊思想的文章应该是比较重要的,一篇是代发刊词《我们是中国编辑》,中国编辑学会会长刘杲所写,另一篇应该是这篇。此文发表时署名王亚民、邓子平,他俩是河北教育出版社的正副社长,就《中国编辑》杂志而言,是主编和执行主编。这篇文章刊出后,反响还是不小,刘杲专门写来一信,信中说:

> 我不仅赞成你们的观点,而且欣赏你们的文采。我的这封信是对你们文章的共鸣和延伸。正如你们的文章实际上已经提到的,杂志的方方面面都离不开编辑这个中心,或者说离不开编辑、编辑学、编辑活动这个中心。比如说吧,学术氛围,离不开编辑在学术研究上的开拓创新、百家争鸣;前沿视野,离不开编辑在事业建设上的深化改革、加快发展;理性思考,离不开编辑在思想认识上的求真务实、探源溯流;人文情怀,离不开编辑在道德境界上的以人为本、服务人民。在我看来,无论是讲精神世界中宏大的文化建树,还是讲现实社会中广泛的人际联系,编辑都是一个完全开放的生气蓬勃的社会群体。因此,强调杂志以编辑为中心,不是对杂志的收缩和限制,而是为杂志的更大发展确定一个扎实的基础,好比腾飞太空的宇航火箭需要一个坚实可靠的发射基地。我的理解,你们认为可以吗?

> 你们的文章有一个形象生动的题目:《孩子·牌子·台子》,列了“三子”。读了你们的文章,在我脑子里浮现了一个印象,叫做“三言”:宣言、誓言、箴言。我觉得,作为主编和执行主编,你们的文章堪称——追求崇高的宣言,坚实承诺的誓言,自强自励的箴言。我相信,这是大家都会欢迎的。

信中提到的“学术氛围、前沿视野、理性思考、人文情怀”是这个刊物当时打出的宣传语,我提出而得到大家赞同的,每期印在目录页上。那么,这篇文章与我又是什么关系呢?这要从创办《中国编辑》讲起,或者更追源头,从我接手《编辑之友》讲起。

我是在《编辑之友》发展遇到些困难的情况下被安排接手的。当时主办单位山西人民出版社领导明确给我讲,让你来负责是希望在你手上有个突破。分析自身刊物乃至全国同类刊的状况,我认为利用刊物已积累的资源找国家权威单位合作是出路之一。这一想法得到党和国家出版管理部门的领导如伍杰、宋木文、张伯海,出版界前辈如戴文葆、吴道弘、林穗芳等的赞同和帮助。从刊物和拟联合单位的性质上考虑最适宜的是1992年成立的中国编辑学会,学会当时并没办期刊。当时还在新闻出版署工作的张伯海不仅帮我们完善想法,而且在我们还未与中国编辑学会领导正式联系之前就主动给学会负责人打去了电话。学会会长是曾任过署领导的刘杲,这是位很严谨、慎重、负责、智慧的老同志。此前我们就已认识,经过多次接触、沟通(事后想其实我们也接受了多次考察、了解),终达成合作意向。时任社长宋富盛代表出版社也草签了协议,主要内容有重组领导机构及编辑部,改名《中国编辑》。然而,由于后来出现了一些未曾料及的情况,这一合作在进行中搁浅。尽管如此,刊物与学会在不短的时间内保持了较密切的联系和较默契的配合。

到2001年《编辑之友》出现可能停办的问题时,刘杲会长十分关注,专门约我去了解情况,并愿尽力给予帮助。我的态度则是不希望通过任何途径来“挽留”这份刊物，而是竭力游说重提旧事另办一刊。此事又经过多次磋商，当时这主要是在刘杲、邵益文和我之间，最终刘杲拍板，并确定了创刊的大致方略，在初步确定联系承办单位的意向之后委托我出面接洽。河北教育出版社对此事表示了积极支持，随之从人力到物力都安排了很大投入。其后在刊物申报过程中也颇有周折，比如刊名的确定就不容易，因为当时一般是不批准带有“中国”之名的报刊的。

刊物批准后，学会组织了刊物第一届编委会，刘杲当时明确说不搞那种挂名的编委会，所以办刊之初，是认真开过几次编委会会议的。编委会由 24 人组成，有我，但我是其中特殊的一个。其特殊有二，一是编委会成员都是当时出版界、编辑研究界、高校出版教育界叫得响的人物，论学识、论资历、论职位、论水平、论影响都是我远不能比的，所以我自嘲是“混迹其间”；二是我还有另一种身份，就是受河北教育出版社之聘，具体参与刊物的编辑工作。王亚民曾动议给我“特邀主编”的名义，我说算了，当时我还没退休，还算是山西人民出版社在职人员，不必为此再惹出其他麻烦。有没有虚的名头对我无实际意义，也不会为此而减弱编辑部诸位同仁对我的尊重和某些待遇。

筹办刊物的直接负责人是邓子平，编辑部主任是郝建国，还有张辉等几员干将。对于这份新刊，大家都很尽力。我当然更不例外，用王亚民的话说，老孙是有份情结在的。几年间我常往返于晋冀，印象最深的是 2004 年 1 月 1 日上午我就是在石家庄返太原的车上度过的。

就在创刊号出来之后的编辑部会上，我讲了一些我认为应该树立的办刊理念，就是这“三子”。讲完邓子平当即肯定，并马上建议用文字写出来，以主编名义发表。他对我说，这要请你当“枪手”了。因为思路已经明确，又有多年摆弄刊物的积淀，所以当晚在宾馆一气呵成这篇文字，题目就定为《孩子·牌子·台子》。

在一次研讨会上的发言

今天省科协出面召开这样一个会,足见省科协对这次非时政类报刊出版单位体制改革的重视,会前就给了我们科技报刊总社的介绍与主要议题,更可见工作之认真,对这种负责、认真态度,我个人是很钦佩的。

在这次改制中,山西科技报刊总社将成立传媒集团,而且是山西报刊此次拟组建的五家集团的第一家。这是一次大事,是顺时而为,也是顺势而为,对报刊总社来说,将是一个里程碑。这次会议的中心是讨论改革、创新,刚才多位领导和专家已谈了不少意见,对于我这样已离开第一线的人来说,实在讲不出多少东西,只能就有关成立山西科技新闻出版传媒集团说点看法。

我想讲的可以说是五句话:好基础,要清醒,需拓展,敢尝试,多研究。

先说好基础。山西科技报刊总社组建集团是有基础的。这个基础应该从两方面认识,一是实践,一是理论。实践上看,山西科技报刊已发展成一个有相当规模的实体,有六个事业单位,两报五刊四内刊,12个网站50多种手机报,还有网络电视、流动科技馆等一批从事科技传播的单位和手段。我先后有三次机会到他们工作现场参观过,给人的印象是确实有个样子了。虽说地方挤一些,但听说不久就会有新楼了。这是很好的物质基础。但正如大家刚才谈到的,还有个精神基础同样重要,这就是郝建新提出,社委会认同的发展理念与发展思路。我听石宝新总编讲过，没有能全记下来，但印象很好，觉得很明确也很实在。这个精神基础是很重要的，一个集团没有一个形成共识的理念，就不会有向心力、凝聚力，即便是集了也会“集”而不“团”。所以我认为这个好基础首先是个好的现实基础。

为什么要说理论上的基础呢，因为集团问题不是我们首创，国外已经有一套相对成熟的理论与实例。对于中国出版集团化问题，我还是多少有点发言权的，由于主持那份出版理论刊物，所以接触这个议题也较早。1995 年在北京召开“跨世纪出版战略研讨会”我是参加的，这次会出版界的一些高层领导也去了，人数大约 40 人，这次会上议题之一就是集团化。以后几年，出版方面的一些媒体与会议多次讨论集团化问题。《中国出版》在 1997 年到 1998 年组织了专题讨论，因为我有些不同意见，当时《中国出版》还约我写了文章。我认为集团化问题应该冷静些，不能一哄而起，比如必须解决事业还是企业问题。现在十多年过去，当集团化成为改革方向时，转企业还是成了必须走的一步。由于集团化问题的讨论，使我们对国外有了一点了解。以日本为例，它的出版集团化程度是很高的，它们一些大集团的形成主要是两种途径，一是自我扩张，一是自我联合。自我扩张是一方面自身向新领域渗透，分出子公司，另一方面兼并同一领域的或新领域的小公司。互相联合是在谁也吃不了谁的情况下联合到一起，但这种联合的基础是牢靠的，运行是较稳定的，人家不会用其他什么力量去把几家拉到一起成立集团。现在搞集团化，多年前有位出版界的老领导就说过集团是对的，但用不用“化”值得研究。我现在仍觉得这个看法有道理。我们中国爱用“化”，化就是要一统、一律、一致，往往就忽略具体情况、具体差异，往往就只有一种手段，行政手段。就以出版来说，国外也不都是集团，是航空母舰与小舰艇并存的，各有各的运作方式。与其他某些即将成立的集团比，我觉得可能山西科技报刊总社更符合集团成立的规律，所以说理论上讲基础也是好的。这点不容易，应该珍惜。我们现在的一些口号是有可研究之处的，比如讲做大做强问题，现在是把二者联系起来了，其实做大与做强是两个概念，结合在一起固然好，但并不是大了就强，也不是要强只有大，小也有强的。什么是强，能应对环境变化，能生存发展就是强，这是自然界的规律，也是社会规律。恐龙够大吧，但灭绝了，老鼠小吧，有几千年历史了，《诗经》中就提到它，现在全世界也消灭不了。社会上也如此，有些中国几十年已绝迹的东西不是说有又有了吗？能说其生命力不强？

第二要清醒。是不是山西科技报刊总社现在就搞得很好了，是不是成立集团就完全有个新样子，比原先又大又强了？我看恐怕未必。对此大概该有个清醒的认识。一般地讲，往往是取得成绩之后容易扩大自信，感觉不到不足之处，于是少了自知之明。个人如此，团体如此，有时一个组织一个国家也会如此。历史上这种丧失清醒导致灾难的例子多得很。就以我们国家的历史讲，如果没有新中国成立之初的胜利，大概也不会有“大跃进”，不会有困难时期。改革开放以来出现过不少风云人物，最初确实走在改革前列，但后来盲目扩张自我膨胀垮台了。前两天电视上介绍《我家住在黄土高坡》的作曲家苏越，最后办公司盲目扩张，结果沦为了诈骗分子。所以当成绩很大时保持清醒是很重要的。

但要清醒也不容易，有时不清醒是被“逼”出来的，被“推”出来的，当一个单位有了成绩，成为典型时，有时上面会要求成绩大些，再大些，现实做不到也要做，因为与政绩有关，结果弄得先进者自己也不清醒了。有时是舆论在推动，一些媒体过分夸大的宣传也会使人失去清醒。这种教训不少，比如过去大寨就有过类似情况。

说到这里想多说两句。国庆节前我在北京参加了中国刊协的一个会，是研究编中国期刊发展史的。会议间隙一位出版界同仁讲到现在有些地方讲成绩是讲总产出值是多少，讲销售总码洋多少，很不理解。产出的东西堆在库房没销售出去能有利润吗？他说有人拿“大跃进”的做法在显示跨越发展。我已经不怎么过问出版界的事，所以不知他讲得对不对，但如果真如此的话，大概是有意不清醒的。

第三是需拓展。外国新闻出版集团往往涉足多个领域，有些和新闻出版并没有直接关系，如旅游、房地产，我随中国出版代表团去过新加坡联合早报集团，它就是如此。山西科技报刊总社现在已经进入不少领域，但还可以再拓展，比如在教育与图书两方面都可以做。教育是很大的一个领域，或者说一个很大的市场，可以做的很多，报刊总社现在一些惠农措施已有教育的成分，但在教育方面动脑筋还是可以大有空间的。报刊总社已经有了不少媒体，包括新媒体，但图书还没有。以前也编印过一些科普小册子、挂图什么的，应该说有基础，现在可以试着把图书做起来，往远些看，集团应拥有自己的出版社。要进入这一领域可以先走文化公司的路，运作图书。图书的发展现在也走到了一个历史关头，电子书等的出现，使传统图书必然衰落，但离消亡好像还较远。图书出版必须走另外的路子。图书未来的趋势会小众化、个性化、多功能化，比如家族出书、纪念性出书等。大家不知注意到没有，这几年民间出书正悄然兴起，北京已经有专门从事这方面的公司，我觉得这个市场新成立的集团应该去抢占。由于有科协为后盾，科技图书有比较大的资源，集团在没有自己出版社的条件下不妨学习民营书业的办法，开发图书然后与正式出版社合作。

这是方向上的拓展，在现有业务上也需要拓展，比如总社已经有一套影像制作的设备与人员，但外面知道的不多，完全有宣传和扩大业务的必要。

第四是敢尝试。邓小平强调发展是硬道理，所以一切要从有利于发展出发。有些事不能等政策规定好了才去做。改革开放初期流行过一个说法“用足政策，用活政策”，实际上是政策不禁的就可以做，我们现在就缺乏这种思维，当然这和大环境有关，也不是一个单位想做就可以做的。多年之前我听某省一个同志讲过一个笑话，他说改革开放要往前走，中央对有些事是睁一只眼闭一只眼的，人家广东是看闭哪只眼,我们是看睁哪只眼,上海是琢磨下一次闭哪只眼睁哪只眼,北京是在讨论该闭哪只眼睁哪只眼,差距就是这样拉开的。这是笑话,但也值得深思。

说点具体的吧。民营文化公司、工作室的兴起已经有十多年了,它们组织书稿然后找出版社出版，这在出版界过去是能做不能说的事,因为有“卖书号”之嫌,但现在似乎已成为出版社发展的一条途径。最近偶然见到一两个出版社的总结材料，与文化公司的合作都写进去了,说明这已成一条经验。我不清楚这在政策和管理方面有什么规定没有,但我想图书出版可以这样做,期刊可不可以呢?往好里讲是利用社会资源,这方面可不可以去尝试走出一条路呢？前两天在全省报刊审读工作会上我也讲了这个意见。其实山西期刊中这样尝试的不是没有,只是还处于地下半地下状态。

这次会的议题之一是期刊改革创新,我觉得总社现在这些期刊有原先有的,有新并过来或正在并过来的,情况都不一样,需要分别具体研究。有些办得不行的完全可以重新定位,彻底改造,包括改新的刊名。前面韩世范主编讲了他们改造两个刊物的情况,完全可以借鉴。现在有些刊物不是为读者办的,是给作者办的,是为评职称发论文服务的,这种办法眼下还可以过,但长久恐不是出路。现在有一个巨大的发表论文的社会需求,不妨称之为“论文市场”,或者说得高一些是“学术市场”,当然学术本来是不该与市场连在一起的,但这一市场是客观存在的。报刊总社这几个刊中有的就是适应这一市场的,不需要忌讳,问题是不能就这样办下去,要考虑一旦形势变化以后怎么办。我们编《山西期刊史》时就注意到,有些一时很火的期刊由于形势的变化而必须另找出路,比如一些面对学生的教辅类期刊。

最后讲多研究。现在提倡学习型社会,新成立集团也该成为学习型集团。学习不能只是学,还需要思考、研究,只有思考、研究才能与本身工作结合起来,才能有进步,所以需要倡导一种研究之风。尤其现在员工中年轻人多，他们思想更为活跃，肯定对一些问题会有新的见解。从集团来说也应该创造研究的机会，提供平台，比如可不可以办一个内部小刊物，发表点大家的研究文章，也是一种交流与促进。从员工个人讲，写点研究文章为评职称也是个准备。

其实就科技传媒而言，可研究的东西很多，举个例子，我翻阅过咱们的《科幻大王》，现在改名叫《新科幻》了，就有个感觉，以前科幻作品都要讲究有科学知识的基础，现在有些好像不那么严格了。社会上现在有种异幻作品，科幻作品是否可以与异幻结合，二者是什么关系，这些大概能说清楚的人不多，应该是值得研究的。当然也许这只是我个人的感觉，编这份刊的同志心中有数。

因为情况了解得不多，又没有具体参与实践，所以这些意见不一定对，但科协的领导和报刊总社的同志盛情难却，只好讲了这些。谢谢大家。

（原载于《山西科技传媒》2011 年第 14 期）

追记：退下来之后，我还不断参加过一些与出版有关的活动，只是活动空间较前缩小，主要限于山西了。每次都是被叫去或者说被请去的，虽不算主动，但态度却并不消极。既“被”，说明自己在这方面还有些可用价值，总不好给脸不要脸，不去“发挥余热”的。

此类活动名目多样，如研讨、座谈、审读、论证、评议、培训、论坛、联谊等等，每次有专题，参加者一般有出版管理部门的领导、出版单位负责人，以及被冠以“专家”名号的如我等退休人员。这些活动的名称中都有“言”字，也就是要讲话，而对于已不在实际工作第一线的我辈，则更是如此，任务是做君子之所为——“动口”。凡遇此，我多是事先或临时列了提纲的，虽明知这时的发言应景成分很大，但还是自我定了两项原则，一不讲空话，二不讲假话。讲空话唱高调谈大道理是要有资格的，自己没有，何况当年在岗时也没对那些空道理表示敬畏或感兴趣,如今更没必要去仿效了。而不讲假话则是要从人家实际工作的角度考虑,为人家的发展能谈多少看法谈多少看法,能提什么建议提什么建议。处于领导位置贯彻政策者往往是讲不可这样不可那样的,而我则讲点可以这样或可以那样。也许正是这种态度,好多情况下我的意见还是受到同行认可的,这也是我多次参与此类会的基础。这类发言往往过去就过去了,即便有的意见付诸实施了,也极少有人再把发言整理出来,如这篇者罕有。这篇是在山西科技报刊总社期刊改革创新研讨会上讲的,时间是 2011 年 10 月 13 日,后来发表在他们的内部小报《山西科技传媒》上,刊出时编者给拟了个标题《审时度势谋良策,借力发展抢先机》,有些太宏伟了。

发言中提到的郝建新是该报刊总社的社长,那年他刚被选为山西省科协副主席。这是位很有些闯劲也很有些智慧的同志,山西科技报刊总社正是在他主政时期迅速发展起来的。还提到的韩世范是山西资深科技办刊人,他以办一份科技刊物起步已经发展到主持着三份医学期刊。他们都是在山西报刊界很活跃也很知名的人物。

深思章

当代中国的出版研究

20 世纪中国出版业的一个重要历史现象是从 80 年代兴起了对出版自身的科学研究，经过 20 年来的发展已取得很大进展。

目前，出版学以及相关的编辑学、书评学、校对学、发行学等正逐步形成各自的理论体系并得到学术界的认可，其中编辑学的发展尤为显著，在一些较权威的工具书中已列有“编辑学”的条目。全国 20 多所高等院校开设了与出版相关的专业。

出版科学的提出应该说早于 80 年代。1933 年有位学者杨家骆主编《中国图书年鉴）时，就将计划中的第十八编定为“出版学研究概说”，后来由于抗日战争等因素，该计划未完成。他所提出的“出版学”在以后很长时期没有引起人们注意。

80 年代出版学研究的兴起是有其历史准备和现实原因的。从历史上讲，中国有悠久的图书编纂与出版历史，纸和印刷术的发明更为世界出版业的发展做出过极大贡献。历史留下了丰富的编辑图书和出版图书的思想和经验。现实方面，则是由于中国社会进入了改革开放的新时期，出版业空前繁荣，许多新的问题出现了，不仅需要研究对策，而且需要从理论上予以说明，于是一些出版界资深人士开始倡导出版学研究和编辑学研究。这种行动得到了国家上层领导的支持。1983 年由中共中央、国务院发出的《关于加强出版工作的决定》中明确提出了要加强出版理论的研究。

在 80 年代初期，这种研究表现为在一些报刊上发表文章和在一些会议上进行呼吁，还未形成一定规模。但到90年代以后，情况发生了很大变化，除了大量著述、论文产生之外，最显著的是出版理论研究有了学术团体（或者机构），有了研究阵地，有了研究队伍。

从学术团体来看，大致可分三类：一是明确以出版理论研究为主要活动宗旨的学术组织（其中不少是以编辑学命名），如中国编辑学会、中国科技期刊编辑学会，地方性的有上海编辑学会、湖北编辑学会等。二是行业性团体，也有把开展出版研究作为其活动内容之一的，如中国出版工作者协会、中国期刊协会、各省市的地方出版工作者协会等。另外还有某一类型出版物的行业性组织，如中国人文社会科学学报学会、中国高校自然科学学报研究会、中国语文报刊协会等。三是专门性研究机构，有中国出版科学研究所，还有一些高等学校办的编辑出版研究所，或者叫出版科学研究所，如南京大学、河南大学、山西师范大学、河北大学等。这些团体与机构以其成员的分布在全国形成了出版研究的组织网络。

阵地是指研究成果发表交流的场所，主要表现为期刊和学术讨论会。这20年来出版研究成果的发表主要见于三种期刊：一是出版或者编辑研究的专业期刊，这是成果较集中的，主要有北京的《出版发行研究》《科技与出版》《编辑学报》，山西的《编辑之友》，上海的《编辑学刊》，湖北的《出版科学》等；二是国家以及地方的出版工作指导类期刊，主要有《中国出版》和各地新闻出版管理机关办的期刊，其中较突出的如广西的《出版广角》；三是其他学术刊物，主要是各个大学学报的社会科学版。学术研讨会则有全国性的、专题性的（如出版史）、区域性的（如几个邻近的省相联合）、地方性的（如某省市甚至某个出版社）、系统性的（如高校自然科学学报）等不同规模或形式。期刊的发表与会议上的交流不但促进了研究成果的深化，而且吸引了更多研究者，使研究队伍不断有新生力量加入。

出版研究专业期刊在推动研究的普及与深入方面作用是很重要

的。以《编辑之友》为例，这是中国创办最早的研究编辑出版工作的期刊，从 1985 年公开发行至今已出版 96 期（到 2001 年 7 月），以每期所发文章内有 20 篇为研究论文计，则已发表论文 1900 多篇，作者应在 1500 人以上。如果考虑到目前中国有 500 多家出版社和 8000 种期刊，则可以看出参与研究者的规模是很可观的。《编辑之友》以及其他专业期刊发表的大量论文为出版理论研究以及出版学、编辑学的建立作了理论上、队伍上和舆论上的准备。

从研究队伍看，经过了三个发展阶段：最初是一批出版社资深编辑积极倡导与参与。他们自身多有较长从事出版的经历与丰富的经验，所以当时的研究多以经验的描述、总结和归纳为主。随后是一批较年轻的编辑出版人员加入，其中尤以期刊编辑特别是大学学报编辑为多。他们思想开阔，不少刚完成大学的学业。他们在研究中开始引入一些在 80 年代中后期刚传入中国的学术思想，如信息论、系统论等，为出版研究增加了现代色彩。到 90 年代中后期，一批高校出版专业科研人员和攻读编辑出版专业的研究生逐渐成了出版理论研究中的新生力量。他们学术基础扎实、知识面较宽、接受新事物快，他们的研究对出版学、编辑学的深化起了不小的推动作用。应该说，当今中国出版研究的队伍已经形成了出版界与高等学校的结合，社会科学编辑与自然科学编辑的结合，老中青的结合。这三个结合，是学术研究的实际需要，也是 20 世纪末中国出版研究态势的一个重要特点，它对学术发展具有很重要的战略意义。

综观这 20 年来的出版研究，其方向大致分为两个方面，可以称之为现实对策研究和基本理论研究。

现实对策研究是针对出版业在不同时期的发展状况，面临的形势和遇到的问题进行研究，从而在理论上予以探讨，提出对策。这类研究由于与现实结合较紧，更容易引起直接从事出版或出版管理的单位与人员的关注。

从20世纪80年代开始的改革开放，使中国经济得到了迅速增长，社会主义市场经济体制的提出和逐步建立，为出版发展提供了新的活力，创造了极好的机遇，但同时也出现了许多新的问题。这些问题在一定时期形成了出版界关心和议论的热点，自然也成了出版研究的热点。例如出版由以出版社或者说编辑为中心转到以市场和读者为中心问题；出版物的社会效益与经济效益的关系问题；如何提高出版物质量问题；图书的重复出版和资源浪费问题；图书出版中买卖书号问题；出版社经营管理中的责任制问题；加入世界贸易组织后出版业的前景问题；出版集团化问题；期刊的市场化问题；高校学报的改革问题等等。针对这些问题的研究不仅试图回答现实出版的需要，也为出版学和编辑学的建立积累了素材，从另一角度也勾画出了这些年中国出版发展的轨迹。

就以《编辑之友》近两年所发文章看，如《从选题竞争到价格竞争》(1999.4)、《面对我国图书市场的新一轮竞争》(1999.6)、《对期刊产业发展走向的若干思考》(2001.1)、《关于出版产权制度改革的几个问题》(2000.2)、《体制改革是出版业转型的首要课题》(2000.3)、《出版集团上路后的回顾》(2000.4)、《改善中国出版文化的生态环境》(2000.5)等都是出版现实对策研究方面的力作。

基本理论研究则是从建立完整的独立的学科理论体系出发，对该学科的一些基本概念、基本规律等进行研究。在这方面，以编辑学的研究最为深入，也最有代表性。

综合各个学科的发展历史，一个较成熟学科的理论体系一般需要五个层次，这就是：第一，本学科领域内的事实和经验；第二，揭示本学科研究对象本质的概念系统；第三，本学科特有的研究方法；第四，从已有知识上提出的假说、一般原理、原则和定律；第五，高度概括与系统化的结论。按这一标准衡量，编辑学还相差很远，但研究者们已经朝这一方向作了很有成效的探索。

如果概括20年来的编辑学研究，最突出的成绩可以归纳为两个方面：一是在一些与学科有关的问题上进行了深入研究，在研究中形成了不同的观点，在“百家争鸣”中又促进了研究的深入。这些问题有编辑有学无学问题、编辑学研究对象问题、编辑学的性质问题、编辑工作的基本规律问题、编辑的起源问题、从编辑起源而引发孔子是否编辑家的问题、编辑学研究范围问题、编辑学与其他学科的关系问题等等。

中国编辑学会作为一个学术团体在组织和推动这些问题的研究中发挥了积极作用。除每年就编辑出版工作的某一专题组织年会研讨外，中国编辑学会为推动编辑学的建立在十余年间就组织过六次学术会议，尤其是90年代以来更集中研讨了编辑概念、编辑学研究重点、编辑学学科定位、编辑学理论框架、不同传播媒介编辑学的交融等问题。有的编辑专业期刊，如上海编辑学会的《编辑学刊》还在一个较长时间连续组织过某一专题的讨论。

举例来说，就“编辑”这一基本概念，20年来研究者提出的界说不下百种，至今仍有很大的争议。其中有代表性的如：

戴文葆提出：使用物质文明设施和手段，从事组织、采录、收集、整理、纂修、审定各式精神产品，使之传播展示于社会公众。

刘光裕提出：利用传播工具的传播活动中，处于作者和读者之间进行的种种前期工作。

王振铎提出：根据社会文化需要，使用物质载体和技术手段，对精神产品进行组织、采集、鉴审、选择和编序加工，并缔构成一定的文化符号模式作为社会传播媒介的活动。

叶向荣提出：组织、审阅、编选、加工原创作品，以在整体上构成新作品（编辑作品）的再创造性著作活动。

任定华提出：信息、知识有序化、载体化和社会化的业务活动。

邵益文提出：根据一定的思想原则，以相应的信息或著述材料为基础，进行创意、优选和优化、组合，使精神成果适于制作传贮载体的创造性智力劳动。

仔细分析这些界说，不难看出研究者们的努力。

编辑学成绩的第二大方面是对编辑实用技术研究的进展，有的还初步形成了自己的体系，其中最典型的是钱文霖等研究的科技编辑方法论。它要解决的是科技编辑面对不是自己专长领域的文稿如何审阅并发现其中错误的问题，实用性很强，目前在科技编辑界反响较大，好评甚多。还有就编辑工作的某一环节深入研究的，如赵航的专著《选题论》。由于编辑学自身不是纯理论学科而是应用学科，所以现在已出版的书名中有“编辑学”字样的一百多种著述中有相当一些仍属于技术实用型，或者说这些书中有很大一部分内容是讲实用技术的。如果加上对编辑工作某一方面进行研究的大量的论文，应该说在编辑技术的研究上已达到很广泛的地步。

出版学先被提出而结果编辑学异军突起是一个很能体现中国国情的现象。这虽是以编辑为中心的中国传统出版观的反映，但更深层的原因却在于当代中国的出版体制以及出版研究发展的时代环境。从古代看，中国很早就有出版，但出版市场不发达，写书编书印书始终是文化人的事。在近 50 年中，出版完全服从于计划经济体制，出版长期被划归宣传文化领域，强调的是意识形态和宣传教育性质，出版的市场属性和产业属性被完全抹煞和忽视。于是，无论是在出版业中的地位、作用还是自身素质，编辑从业者都大大高于出版业中其他管理者或经营者，这使得从事出版研究的主力也是出版业中的编辑人员。加之在出版研究兴起的 20 年中，一些不断进行的反对错误思潮的斗争（如“反对精神污染”、“反对资产阶段自由化”）以及对出版业的治理整顿等又在强化对编辑人员政治、业务上的要求，更使得在相当长的时间里，出版工作几乎被等同于编辑工作，结果从一门学科建立的角度看，是编辑学走在了出版学之前。

任何领域的研究都不能不追溯历史，出版研究中同样开展了对出版史料的挖掘、整理、研究工作。这方面较突出的成果是《明代出版史稿》（缪咏禾著）与《中国大学科技期刊史》（姚远著）。前者就中国历史上出版繁荣时期明代的图书出版中编纂、刻印、流通的诸方面进行了梳理，后者则对近代200余年间的2100多种科技期刊全面分析，并且对中国最早的期刊是哪种提出了与众不同的新说。在众多研究者的推动下，由中国出版科研所负责组织的“中国出版通史”大型编纂工程也已启动，预计分8卷，300万字，完成后将是中国出版研究的又一重要成果。

中国的出版研究20年来成绩是巨大的，但是在发展中仍存在一些不足。首先是学术上的沟通与交流还不够。由于研究者从事社会科学读物出版或科技读物出版的性质差别，以及中国编辑学会与中国科技期刊编辑学会之各有侧重，所以大致形成了两大研究群体，各自都有研究阵地但相互间交流却较少。典型的例子是“编辑学”的国际用语，很长时间得不到统一。1986年已由中国编辑学会的林穗芳命名为Redactology，但十年之后在科技期刊编辑学会的有关材料上“编辑学”仍使用另外一个词Editology。

其次是在资料挖掘、准备上的不足。一些研究者急于发表观点而忽视资料依据，无论是历史资料还是国外资料都谈不到充分占有。在研究现实对策时不少人讲与国际接轨（如在大学学报改革方面），但系统完整有数据有事实地介绍国外出版的资料却不多见。对历史资料也同样，前面提到的上世纪30年代曾提出“出版学”的资料也是直到2000年才有学者查出的。

再次是理论研究与实际结合问题。由于这20年正是中国出版业大变化的20年，所以出版研究时时有赶不上出版现实之感。虽不能要求科学研究马上指导实践，但如不能与实际紧密结合则难引起更多出版从业者的关注。如何使理论有效指导实践仍是今后出版研究中的一个课题。

知识经济时代的到来给出版业带来的是深刻的革命,中国社会的转型也不断给出版研究提出新的课题,带来机遇与挑战,总结20年来的经验,在已有的基础上不断前进,有中国特色的出版科学、编辑科学完全有希望在新世纪走向光辉的峰顶。

追记:这篇是个大题目,按说这类题目不是我辈可以抟弄的,我敢去碰,当然还得益于几年主持《编辑之友》。2001年第10届国际出版学术会议由韩国出版学会承办,在首尔(当时还称汉城)举行,中国方面由中国编辑学会组团,经新闻出版署批准,代表团由七人组成,学会常务副会长邵益文带队,其余人员有阙道隆、杨陵康、王建辉、郝捷、伍旭升和我。通知要求先报参会论文题目。我当时头脑一热就报了这么一个,论文初稿完成后利用其他会议之机,让几个关注编辑学的朋友先看了看,反响还不错,这使我对自己的观点增添了信心。论文先提交中、英文文本,然后汇总到北京统一再译韩文文本。

会议是10月26日至29日开的,宣讲论文时有同声翻译。这一国际出版学术会议开过多届了,但山西以前好像还没有人参加过。对我来说,虽后来还参加过国际研讨会,但这是第一次,尤其是在国外。这次会上国外代表中有的是有过交往但未曾见面,如韩国的李锺国教授,经我手曾刊发过他的论文。这次会上他特意送我一本他的著作。他会简单的汉语,这本书除了前面题的"惠存"之类的话外,全看不懂。我周围也没懂韩文的,然而盛情总该留住,于是这本书成了我书架上的一个收藏品,直到如今。

这一年我还参与策划了"编辑出版学科建设及全国高校编辑出版专业负责人联席会议",是9月底在山西师范大学召开的。关于这次会也是有些前因的。全国有出版相关专业的高校之间有个联席会,各校轮流承办。到2001年本来是南开大学坐庄的,但某些原因南开不能开了，这使南开传播学系主任赵航很伤脑筋，用句后来时髦的话是很纠结。赵航向我诉苦，我建议另找一高校并提议山西师大。山西师大新建了相关专业，负责其事的有学报的畅引婷、文学院的张才明等。我随之出面与他们联系。师大很积极，当时分管副校长是曾当过语文报社社长的齐峰。他果断拍板并亲自抓了会议的筹办工作。我们又与山西省新闻出版局、新闻出版署人事教育司、中国编辑学会等相关方面进行了沟通，终于促成了会议的如期召开。齐峰与出版似乎是有缘份的，到2007年他出任了新组建的山西出版集团的第一把手。为配合那次会，《山西师范大学学报》要刊发几篇相关论文，我这篇在提交汉城会议的同时也给了他们一份，结果刊发在了学报第4期上(季刊)，题目改为《当代中国出版研究述评》，同时刊发的另外两篇是邵益文和赵航的。所以可以说我这篇东西是在国内、国外同时发表的。

当时，原在新闻出版署工作的戴齐鸣去了中国出版对外贸易总公司主编《出版经济》，我因为办刊与他相识，得知他也办刊后曾联系互相支持。他的刊物上有“业界观察”栏目，我以此文为基础改写了《出版科学的发展与观察》一文给他。文中增加了一些关于出版经济的内容，但第二年这一文章刊出时他改出的题目竟与此文题目巧合。

编辑学研究二十年之回顾

(应中国高校自然科学学报研究会第八次学术年会之邀的讲话提纲)

一、发展

我国把编辑学作为一门科学的提出,是在20世纪80年代,但提出“编辑学”这一概念要早得多。

1949年3月,广州自由出版社出版《编辑学》,作者李次民,系广东国民大学教授。全书22章,20万字,主要讲报纸编辑,有专章论杂志。这是迄今为止发现最早提出“编辑学”的。

1956年,中国人民大学出版社出版苏联倍林斯基的《书刊编辑学教学大纲》。但从俄文原文看,没有“学”的意思,是“编辑工作”。

1965年,香港海天书楼出版余也鲁的《杂志编辑学》。该书以后几次再版,有相当影响,但内容仍是具体操作研究,严格说还不是“学”。

1981年,台湾出版张觉明《现代杂志编辑学》。书中第二章为“编辑学概述”,其中为编辑学下了定义。这似乎是较早为此下定义的。

众所周知的原因,两岸数十年极少交流,此书在大陆“内部印行”已是1987年。

真正把编辑学作为一门科学研究,始于80年代。

一门科学的发展,一般要经过四个阶段:倡导期(发动期)、深化期、攻坚期、创立期。各阶段的特点及主要目标不同。

编辑学的研究目前顶多是进入深化期。

20年来的研究，用一句话概括：努力立“编辑学”以学。

如果从时间上分，大致可认为80年代初始为发动期，1992年后为深化期（1992年中国编辑学会的成立使中国有了全国性的编辑学学术团体）。

80年代的倡导发动又大致可分为两个阶段，以1984年中国出版科研所的筹建和1985年《编辑之友》的正式创办为界。

第一阶段，1980年4月起，一些资深编辑在《出版工作》（内刊）上呼吁建立编辑学；1982年，王于野为《韬奋与出版》写序，提到要建立出版学；1983年，胡乔木致函教育部提议在高校试办编辑专业；同年钱学森也指出“编辑工作是一门科学”。

当时出版学与编辑学界限不明，经常并提。

1985年2月《编辑之友》创刊号上发一组文章，对编辑学进行了鸣锣开道式的宣传。第2期开辟“编辑学讨论”专栏，发李荣生、高文超《建立中国编辑学刍议》一文。当年《新华文摘》全文转发，在更大范围引起关注。

第二阶段表现为编辑学术团体的出现与编辑学及编辑工作研究阵地的形成。1986年、1987年，上海编辑学会、中国科技期刊编辑学会先后获准成立，两会分别办了《编辑学刊》《编辑学报》。

我国期刊中以“编辑”为名的三刊格局形成，并在此后十几年中积极推动了编辑学及编辑工作的研究。

有了团体，有了阵地，吸引了更多关注者与研究者，也有了争论。

当时主要讨论编辑学有学无学问题及如何研究这门科学。

无学的论调当时十分有市场。在教育部为胡乔木信而召开的专家论证会上，反对编辑有学之声不绝。在制定各专业职称时，国家某有关部门负责人公开反对建立编辑职称系列，理由仍是编辑无学。老编辑家戴文葆曾写一文批驳，并隐含其人之名说这是“只知‘守一’，不知有二”。

1992 年中国编辑学会成立,极大地推动了编辑学研究。

在此前后,全国性编辑学术会议召开了五次,分别为 1987 年在乌鲁木齐,讨论为什么研究编辑学;1990 年在衡山,讨论编辑概念;1994 年在郑州,讨论编辑学研究的重点;1995 年在成都,讨论编辑学学科定位;1997 年在银川,讨论编辑学理论框架。

进入深化期之后,成果明显,原因有三:一是学术团体的组织推动作用;二是高校研究力量的介入;三是各地出版科研的开展尤其是职称评定中对专业论文要求的促进。

二、成果

积 20 年之发展,成果可以概括为七个方面:

(一)形成了一支研究队伍

由三方面的人组成,一是坚持就编辑学的基本概念、基本原理、基本规律或编辑史等进行研究者,他们多有编辑学方面的专著。这部分人的代表如刘杲、邵益文、林穗芳、刘光裕、阙道隆、王振铎、任定华等,河南大学、华中理工大学等形成了研究群体。

二是就编辑学的某一方面,或者说从编辑工作的具体环节入手研究者,代表如钱文霖研究科技编辑方法论,赵航对选题的研究。

三是结合自身工作就编辑学的某一问题参加研究,发表了较有分量的论文者。这部分人以较年轻的具有较高学历的编辑人员和高校编辑专业的研究生为主。其特点是偶而为之,坚持深入者不多。

(二)出版了一批著述

据邵益文统计,到 1999 年,已出版的书名有"编辑学"字样的著作达 60 多种,尚不包括其他无"学"字的此类著作。已出的相关著述可分为六个方面。

一是一般编辑学。多从基本理论上研究。如《编辑出版学概论》(叶再生)、《编辑学概论》(向新阳)、《编辑学原理论》(王振铎、赵运通)、《编辑学理论研究》(刘光裕、王华良)。

二是分类编辑学。根据出版物不同而定。如《图书编辑学概论》(高斯、洪帆)、《科技编辑学通论》(司有和)、《杂志编辑学》(徐柏容)。

三是应用编辑学,是对编辑工作环节的研究。如《科技编辑方法论导扬》(钱文霖)、《实用编辑学》(阙道隆)、《选题论》(赵航)。

四是编辑研究工具书、资料书。如《编辑实用百科全书》(边春光)、《中国现代编辑学辞典》(孙树松、林人)。

五是编辑史研究。如《中国书籍编纂史稿》(韩仲民)、《中国编辑史》(姚福申)、《中国古代编辑家小传》(伍杰)。

六是编辑出版专业教材。代表性的是列入教委"八五"规划的一套十八种,由辽宁教育出版社出版。

除书外,刊物上发的文章更是大量的,较集中的是三家"编"字号刊物。其他出版类报刊及大学学报上也有。

论文大致分两个层次:一是就编辑工作某方面研究,但不只是经验,还有了理论性;二是探讨编辑学的普遍原理与规律。

还有一些是对编辑学研究方法、方向等发表意见,以及编辑史料研究。

刊物论文为编辑学的建立作了理论、队伍、舆论准备。

刊物论文的特点有:①大量的对实践的总结,为编辑学提供了素材;②从编辑工作研究拓展到出版相关环节研究,给编辑学扩大了空间、启发了思路;③能不断结合变化了的形势,提出新视角、新观点;④与编辑学著作比,某些方面更具尖锐性与超前性。

需要说明,研究编辑的文章不全是编辑学论文,如《编辑之友》则分论文为两大类,即编辑基本理论与出版现实对策。

(三)讨论了一些问题

1.编辑有学无学问题。

如前所述。但不承识编辑有学的观点至今未绝,原因是多方面的,有编辑自身的问题。

2.编辑学研究对象。

确立研究对象是一门学科建立的基本前提。

一是过程说。研究编辑过程,又有不同理解。

①过程即“编辑六艺”(选题、组稿、审读、加工、发排、读校)。

②出版物从选题到印制的过程。

③从原始精神产品的选择到进入社会传播的过程。

二是原稿说。编辑面对原稿,学也应研究原稿。

编辑工作各环节都离不开原稿,原稿是他人的精神成果,把原稿变为成品是编辑领域的特殊矛盾。

三是关系说。编辑活动与各方面的关系。

认为编辑就是组织与协调各种关系,编辑学就要研究关系。

四是规律说。研究对象应是编辑活动的客观规律。

五是主客体说。研究对象应是编辑主体、客体、主体作用于客体的反映形式。

3.编辑学的性质。

性质决定在学科体系中的定位问题。

一是综合性学科说。

一切依靠载体传播的内容都需编辑,内涵包括书报刊音像,外延涉及社科、自科,是综合学科。

二是边缘学科说。

编辑学涉及众多学科,相互交叉、渗透而在边缘地带形成编辑学。

三是基础学科说。

探索、揭示编辑活动的本质规律,建立完全适用于各种学科的科学体系,所以为基础。

四是综合性边缘学科说。

有传播就有编辑,但又涉及诸学科,故综合而边缘。

五是二重学科说。

既有规律等理论层面研究，又有技能、工艺的研究，有理论与应用二重性。

六是应用学科说。

以应用为目的，实践性强，同其他应用学科一样。

4.关于编辑概念。

一个学科的理论体系一般要有五个层次：①事实与经验；②揭示现象本质的概念系统；③特有的研究办法；④原理、原则、定律；⑤高度概括与系统化的结论。

可见，概念之重要。

对“编辑”这一基本概念，20年来争议最大，研究者提出的界说不下百种，从《编辑学概览》（朱美士主编）和《编辑学概览（续编）》（向新阳主编）两书中就可见一斑。

例：戴文葆：“使用物质文明设施和手段，以事组织、采录、收集、整理、纂修、审定各式精神产品及其他文献资料等，使之传播展示于社会公众。”

刘光裕：“利用传播工具的传播活动中，处于作者和读者之间进行的种种出版前期工作。”

王振铎：“根据社会文化需要，按照指导方针，使用物质载体和技术手段，对精神产品进行组织、采集、鉴审、选择和编序加工，并缔构成一定的文化符号模式作为社会传播媒介的活动。”

叶向荣：“组织、审阅、编选、加工原创作品以在整体上构成新作品（编辑作品）的再创性著作活动。”

张觉明（台湾）：“搜集材料（文章、故事或草稿）将之汇集在一起，加以鉴别、选择、分类、整理、排列和组织等处理过程。”“从工作实情说，是先辑后编。”

任定华：“编辑是信息、知识有序化，载体化与社会化的业务活动。”

邵益文:“根据一定的思想原则，以相应的信息或著述材料的基础,进行优选、创意和优化、组合,使精神成果适于制作传贮载体的智力劳动。”等等。

就编辑概念问题有过大量的论文。

5.编辑起源问题。

由编辑概念界定而生。

一是起于殷商,甲骨文中有“编”字,甲骨文书有版式。

二是起于春秋,孔子有编辑实践和编辑思想。

三是起于五代、北宋,有了出版才有了编辑。

6.孔子是否编辑家问题。

与编辑活动起源相关。

一是是。有删诗书,修春秋等活动,古代著编校合一;有编辑思想“述而不作”“不语力怪乱神”等。

二是非。编纂是古代著作方式之一,与出版无关;孔子是否删诗史学界早有否定。

7.编辑学研究范围问题。

是否可以有涵盖各种媒体的共同规律,普遍编辑学。

8.编辑学与相邻学科关系问题。

如与出版学、传播学、目录学、方志学、新闻学的关系。

除上述外,还有一些。

尤其是编辑学研究中某些具体问题(小问题,与实践更近的问题)则争议更多。编辑劳动性质、编辑人员素质、编辑主体作用、编辑学者化等等。

(四)培养了一群人才

编辑学研究带动了出版界的理论研究,一般编辑人员也开始注意结合工作写论文,从实践到理性思维,走向成熟。直接反映是走上负责岗位与提升职称。

高校编辑专业培养了一批本科生、研究生，有的已很有成绩。（举例）

（五）带动了相关学科

如出版学、校对学、书评学、发行学等。这些的提出大致都晚于编辑学，其研究者中有些也是从编辑学研究开始。

（六）促进了编辑规范

规范化是编辑工作的必要内容。规范有利于知识的传播。编辑研究中一些学者着力于各种规范的研究（尤其科技编辑），促使出版物规范化。这些年规范发展很快，有的已从一般规定成为国家标准，如数字用法。

（七）得到了社会承认

编辑学渐渐被认可，新版《辞海》已有“编辑学”条。一些大学学报也常开有关栏目，刊发编辑人员研究自身工作的文章。

一些发行量较大的社会刊物也关注起编辑理论，如《女友》设研究室，搞期刊研究，主动访问高校编辑专业和编辑学研究专家，出简报出书。

类似的还有，如《人生与伴侣》现也设了研究室。

三、问题

1.社科方面与自科方面，或者说两类编辑都在研究编辑学，但二者的沟通、结合很不够。

中国编辑学会为代表侧重社科多，中国科技期刊编辑学会为代表侧重自科。

刊物形成不同侧重，《编辑学报》为自然科学方面的编辑研究，《编辑学刊》多为社科方面编辑研究，《编辑之友》两者兼顾。

典型的例子，在编辑学国际用语上，起码到1996年仍有两个不同的定名（参见《编辑之友》1996年2期），分别出自两个学会的两名研究者林穗芳与丁光生。

在编辑学学术活动上也往往是各搞各的，力量分散。两类不同的编辑研究学术交锋少。

2.对编辑学的“俗化”问题。“俗化”一词也许不当，是指把一些不属于编辑学的内容也归于“学”了。

编辑学与一般的编辑工作研究不同，与出版现实对策更不同。

有“编辑学”字样的书出了不少，但未必称得上“学”。一些谈规范之类的内容只归纳、反映具体操作层面。

如把任何谈编辑工作的文章都称编辑学论文（在职称评定中这种看法较普遍）不妥，会导致编辑无学。

3.编辑学研究内容应广泛，但一定要在真问题、实问题上下功夫。

邓小平不主张讨论姓“社”姓“资”就是反对搞虚问题，编辑学研究也该如此。

不实问题反复讨论的事不少。如出版物“特殊商品”问题，编辑“学者化”问题。

再如编辑知识结构问题许多人提出看似有理的观点，其实是适用于一切行业的，没有特性。

还有的把问题搞得更宽泛、玄乎，如有论者研究人大脑中的编辑机制。

4.与编辑工作实际结合及指导实践问题。

编辑学研究 20 年也正是出版（或更大范围讲传媒）大变化的 20 年。不能要求理论马上指导实践（尤其还不成熟的学科），但如结合不了实践，就难以引起更多人的关注。

如何解决或如何认识这一问题，尚有困惑。

5.研究力持续发展问题。

深化期还不能说结束，有持续发展问题。后继要有保证，在于队伍、组织、阵地。目前三者都不足。队伍来说，新的研究者（尤其年轻力量）稳定加入的态势还看不到。组织，只靠学会不行。阵地（报刊），现有的少且经济上无保证、无后劲。

四、前景

任何科学的发展不会直线，会有高潮、低潮，不能希望一浪高一浪。

市场经济、高科技(如网络)、教育改革、加入世贸……都会对出版冲击，编辑界一度可能功利化增强，更关注现实对策，编辑学有可能被冷落。

一些新情况新问题很可能对原有的或现在研究的结论形成质疑，甚至颠覆，比如传播过程中编辑的作用。

但有冲击也就有新领域，会拓宽编辑内涵，实际工作的编辑在了解、适应新形势中会有新的困惑，新的感悟，从而丰富编辑学内容。

到一定时候，会感到理论的需要。如同 20 年前改革开放从而产生编辑学一样，编辑学研究会有新发展。

各种传播载体的交叉、渗透可能有助于产生普通编辑学（共性的)。

道路是曲折的，前途是光明的。

成就属于年轻的、精力充沛、知识面宽又肯于坚持、肯于发现、肯于思考的研究者。

注：本提纲吸收了邵益文先生《20 世纪中国编辑学研究》一书及甘奉先、张聚元、杨勇等先生有关文章中的一些观点，谨致谢意。

（原载于《编辑之友》2001 年第 1 期）

追记：2000 年秋，高校自然科学学报研究会筹备第八届学术年会，主持其事的是学会副理事长高起元和学会学术委员会主任吴石忠两位资深学报编审。按惯例，会议一是要征集论文，二是要准备几个主题发言。于是他们与我联系，要我就编辑学研究的发展和现状作一主题

报告。这种题目本来不是我辈有资格讲的,中国编辑学会这方面的专家多得很,但当我将此意回禀时,却被婉拒了,其理由之一是在学报界对《编辑之友》是比较看重的。这使我想到两个方面,一是《编辑之友》的影响,二是在编辑研究方面,社科类编辑与自然科学(或称科技类)编辑之间沟通不够。这后一方面是形成我对编辑学研究现状观察的某些观点的基础之一,以后曾撰文谈过。

既盛情难却,只好做点准备,写了这篇提纲。不过这只是一部分,因为要引起更多与会者的共鸣,还得结合点与他们更近的实际,于是另一部分是对期刊(当然主要是学报类期刊)现状及改革的一点分析。后来会上的情况也证明大家确实更关注后者。其实,答应在会上发言还有一层想法,就是借此也宣传我主持的这份期刊。记得有位老先生就对我说过:“编辑出版方面的学术会议你一定要来,你来本身就是刊物的广告。”实践中我体会此话确实有些道理。

会议是当年 11 月在开封召开的,河南大学承办,与会者 130 余人。这个讲话的反响是出乎我预料的,在高校自然科学学报研究会所发的简报以及有关报道中都有所反映。例如河北科技大学的一份刊物 2001 年第 2 期关于这次会的报道就如此,一段原文不妨照录如下——当然其中有些是溢美之词。

> 著名编辑学家、《编辑之友》主编孙琇编审应邀在大会上作了题为《编辑学研究之回顾与期刊发展的思考》的专题报告。孙琇主编在报告中,回顾了我国编辑学研究的历史,指出了 21 世纪编辑学研究面临的主要任务,提出了学术期刊的最高追求和行动总则。孙主编令人深省地指出,学术期刊包括大学学报有一个明显现象——严谨有余,开拓不足。学报应在自身的发展上大做文章。……学术期刊发展的两翼,一是期刊学术的发展,二是期刊经济之发展。中国高校自然科学学报系统花了很大功夫在期刊规范化上,但不要走入误

区。期刊规范不可没有，但不要被规范卡住。学报主编要在提高学术期刊学术质量的基础上，抓好期刊的自身经营，要有经济效益观念。孙琇编审的报告，因其情之切切、言之凿凿，句句触及我国学术期刊尤其是高校学报的难点和痛处，给高校学报同仁上了一堂生动的编辑学理论与实践课，赢得与会代表长时间的掌声。

编辑出版研究一二三

在一年多之前的一次出版研讨会上，我曾就编辑出版研究讲过些看法。当时是有感而发，"感"既来自会上也来自会下。会下即多年主编一份编辑理论刊物的体验。讲后有朋友赞同并建议整理成文，但自度即席发言恐有盲人摸象之误，所以一直未敢动笔。后来又参加几个会，也拜读了更多论文，觉得当初的感受或许有些道理，于是归纳为一二三诉诸文字，欲请教于同仁和方家。

一个区别

我国的编辑出版研究是在20世纪后20年逐渐发展并形成规模的。其研究内容涉及编辑出版的方方面面，其中尤以编辑学的研究较为突出。1999年有学者统计，含有"编辑学"三字的书名已有62种，当然这还不包括"编辑社会学"、"编辑语言学"之类的书。如果把研究编辑工作的书都统计起来，大约是在200至300种的样子。至于论文，把发表的与在各种研讨会上交流的都加起来，数量早已逾千了。这是编辑方面，如加上对出版其他方面的研究，那绝对是洋洋大观的。成果是不少，但如果概括一下，实际是两大类：一类可谓基本理论研究，一类可谓现实对策研究。两者有相通之处，也互有联系，但毕竟不是一回事，不能笼统地把二者都称为编辑学或出版学。

按说二者的区别并不复杂。前者是在实践总结与经验概括的基础上探寻规律，目的是建立独立的系统的学科体系（当然最终是服务于实践）；后者是针对现实问题或新的形势寻求理论上的说明，目的是指导实践，促进发展。前者等于或者说接近于学术研究，后者相当于或者说较高于工作研究；前者的学术色彩更浓，后者的实用功能更强。

由于现实对策研究距实际生活更近，所以容易为业内较多的人所关注，而其对出版事业发展与繁荣的重要性也可以用一句话来概括，那就是：出版需要理论支持。应该大力推动针对出版现实的理论研究是不言而喻的，但问题是这种研究还谈不上是出版学或者说编辑学。如把这些研究都归之于出版学、编辑学，那只会削弱以至模糊这类学科的建立与独立。这并非危言耸听。把现实对策研究混同于编辑出版学的情况太多了，不仅普通研究者与一般论文作者如此，有些出版界担任一定领导职务或者有一定影响的专家也如此。比如：说是谈出版学而实际讲目前出版的具体问题；在专业或非专业的报刊上，冠以出版学、编辑学的栏目下实际放着的是根本算不上“学”的文章；一些名为编辑学的书，内容实际是编辑加工技术与规范的描述，等等。这些无不是认识混淆的反映。当然，也许有人认为这无关大局，反正是与编辑出版有关嘛，但试想，如果我们把如何记账的研究也统统归之为数学学科时，数学还存在吗？

是不是需要建立编辑学、出版学，或者更进一步说编辑学、出版学够不够得上一门学科，这一问题 20 年前就有争论，而至今也没有完全解决。有人会觉得这无关紧要，也无关自己。其实不然。当今天出版界一批批人员取得专业技术职称时，他们大概不知，能有出版职称系列，正是当年一批编辑出版界前辈以其对编辑学、出版学的研究成果和认识水平进行力争的结果。当时，国家有关部门的负责人就是以“编辑无学”、“编辑学不能成立”为由来反对建立出版职称系列的。如果编辑学不成立，自然也无须有什么编审、副编审了。建立编辑学、出版学的学科体系不仅关乎大局、关乎事业，同时也关乎每个从业者的个人利益。

当然，一门学科的建立不是容易的。一门学科的确立，在于是否把有关知识按一定的层次结构和逻辑结构组织了起来，形成本学科独具的理论体系。20年来的努力，如果用一句话总结，就是：努力立“编辑学”、“出版学”以学。

怎样才能够得上“学”？科学学的研究告诉我们，一门独立学科的理论体系应当包含五层结构：一是足够的事实和经验材料；二是揭示复杂现象本质和共性的本学科的概念系统；三是本学科特有的研究方法；四是本学科在已有知识上提出的假说、原理、法则和定律；五是高度概括与系统化的理论结论。一门学科得以确立，还有两项标志：其一是该学科成为一种社会建制；其二是其研究课题基本固定，研究方法基本形成和成熟，并有其学术自主性。用以上这些标准去衡量，编辑出版成为成熟学科还有很长的路要走，相关专业在高等教育中有了一席之地也只是部分地表明社会建制在形成。所以，努力推进编辑学（出版学）的学科建设和理论创新仍十分重要。中国编辑学会第三次全国代表大会就将此确定为工作重心和前进方向。

这里丝毫没有贬低现实对策研究的意思，即使是最基础的具体工作研究对学科建设都是有益的，造成一种思考和探讨问题的氛围对出版业的发展以及每个从业者素质的提高都有积极意义，但是决不可把什么都归之为编辑学、出版学，强调对两类研究的区别才能有利于出版研究的健康发展和相关学科的确立与成熟。

二种结合

建立出版学的呼声最早发出而结果是多年之后编辑学渐成气候，这本身就是一个很能体现中国国情的现象。从历史来看，中国出版发源很早，但有规模的出版市场形成甚晚，出版长期是文化人的事，出版业的主导者是编辑。20世纪后50年的出版体制更强化了这一特征。出版业市场功能的萎缩与意识形态功能的扩大，使编辑人员在素质、地位、作用上都高于出版业中其他人员。计划经济下的出版不需要在经营、市场等方面多下功夫，不断进行的路线斗争、思想斗争直至近些年的治理整顿，又在强化着对编辑的要求，以致在很大程度上出版工作就被当做了编辑工作。在进行出版研究时，编辑无论是智力资源还是材料积累，自然具有先天优势。

我国的出版在管理上分为图书出版与期刊出版两块。图书出版以社科类出版社为主，期刊出版中占相当大比例的是科技期刊（含大学自然科学学报）。这样，在出版研究的初兴阶段就自然形成了两个研究群体，前者以从事社科图书出版的资深编辑家为骨干，代表人物如戴文葆、宋原放、林穗芳等；后者以从事科技期刊出版的资深编辑家为骨干，代表人物如翁永庆、丁光生等。随后成立的学术团体也基本上与之相对应，前者有1986年成立的上海编辑学会，1992年成立的中国编辑学会；后者有1985年成立的上海科技期刊编辑学会，1987年成立的中国科技期刊编辑学会。在学术刊物上代表这两个不同方面则分别有《编辑学刊》与《编辑学报》。这一格局可以说已延续了十多年。在研究上，前者在编辑科学理论框架、概念等方面很有进展，后者则在编辑技术、规范上颇多探索。应该说无论是基本理论方面还是现实对策方面，二者的研究大方向是一致的，然而互相之间却较少沟通、交流，更少有学术争鸣、观点交锋，说严重点，蛮有“鸡犬之声相闻，老死不相往来”的味道。

不妨随便看几个现象。一是两类研究者都各自开过很多次研讨会，但似乎没有联合召开过，参加每一方面会的也总是那些相对稳定属于这一群体的人员。二是对于“编辑学”这一概念的国际用语，这边林穗芳先生提了一个，得到中国编辑学会的认可，那边丁光生先生提了一个，被中国科技期刊编辑学会采纳。哪个更好更合适姑且不论，但奇怪的是各自提出十年之后（到1996年），仍在各自的圈子中流行且似乎互不知晓。三是由中国编辑学会的专家撰写了关于中国编辑学20年来发展的总结性长篇论文，应该说是写得很认真也甚为全面的，但是对另一群体这些年的研究却几乎没有涉及；而另一群体中我所接触过的不少编辑学研究者，却对上述的这一总结并不知晓。四是已出版的专著不少明显带着只着眼于某一群体的痕迹，有一本涉及面已较广的编辑学专著在呈献页上也只是“献给高校学报同仁”，等等。

科学需要交流。都在这块土地上，都在进行编辑出版的研究，各自为战总不如协同作战好，所以需要倡导和推动这样一种结合——两类编辑的结合。

随着高等院校开始设立编辑出版相关专业，一支高校研究力量逐步登上出版研究的舞台。他们的组成是这个专业的教学研究人员与高校学报编辑人员，也包含一部分在校学生尤其是研究生。这支力量有其优势，他们知识基础好，有经过训练的研究能力与写作能力，而且处在一个高等院校的学术氛围之内，在查阅资料上有较方便的条件，也能较客观地从外面观察编辑工作与出版事业。近年来一些有分量的论著不少出自他们。但是这支研究力量也有自身的不足，由于毕竟没有或较少编辑实践，即便是学报编辑也因为学报的特殊性而缺乏如社会期刊那样的多方面实践（起码在如何适应读者市场上未必认真考虑过），所以对问题的研究易出现纯理论或者说脱离现实的缺憾，以致出版界有人戏称其研究为“编辑玄学”或“经院编辑学”。对一些貌似有理的资料、数据，他们缺乏辨析能力。例如对一份根据目前各出版社的码洋、利润等一系列数据来研究出版社竞争力的材料，一些高校的研究者认为很好，而出版界却大多对此不以为然。再比如高校研究者利用报刊的增减变化来分析研究读者市场的变化，研究方法并没有错，但在我国现行报刊审批制下，报刊的变化并不取决于读者和市场。

对于出版界的研究者来说，其固然有实践经验丰富的优势，但在时间上、精力上、研究环境上、研究条件上却难以与高校相比，这个现实应当承认。至于那种“没干过编辑出版的人还能研究什么编辑出版”的看法则更显得褊狭，会做生意能赚钱与研究经济学那是两码事。出版界应该充分利用高校的优势，用句时髦的话说，要借助其智力资源。这不仅对现实出版问题的研究有益，对学科建立也许更有意义。编辑学出版学发轫于出版界，但学科理论体系完善和成熟的使命也许会最终落在高校同仁肩上。出版界应欢迎高校方面来参与出版研究，高校也需主动与出版界联系，让理论研究走出校园，从实践中了解出版，弥补在书斋中看资料的不足。正是如此，需要提倡和促进这第二种结合——出版界与高等教育界的结合。

值得提到的是，在促进这两种结合，特别是出版界与高校的结合上，中国编辑学会已作了不少努力，最近更在学会内成立了教育专业委员会。这对推动编辑出版理论研究和队伍建设肯定会产生积极影响。

三点希望

20年来出版研究是与时俱进的，这尤其表现在现实对策研究上。社会主义市场经济体制的提出与逐步建立，对出版业提出了新的要求，也提供了新的机遇，许多新问题自然形成了研究的热点。不同阶段、不同课题的研究在试图回答现实问题的同时，也为编辑学、出版学的探索积累了素材。从出版研究的进展也可折射出出版业改革前进的轨迹。但是形势迅速变化等原因也影响到了研究领域。有的课题本身就不够科学，功利和浮躁心态更妨碍了研究的深入；评职称报成果在推动更多从业者投入研究的同时，也催生出一批浮躁之作、应景之作、重复之作。所以，回顾以往，展望今后，我觉得对出版研究应该提出这样三点希望：一是问题要真，二是基础要实，三是探究要深。

先说问题要真。改革开放以来的巨大变化，首先归功于邓小平倡导的解放思想、实事求是，对那些长期以来被奉为至高无上而实质上无益于国计民生的所谓问题，邓小平的态度是不讨论。正是这种英明决策才使我们甩开了包袱，迈开了大步。试想如果今天凡事仍去研究那个曾经“关系到方向路线”的姓“社”姓“资”问题，哪里还谈得上迈入小康社会？可见，只有在真问题上下功夫，才能发展，才能进步。

不能说我们的出版研究没有针对真问题，但起码是在一些不值得讨论的问题上兜了不少圈子。研究者本身倒可能是无意识的。

也不妨举点儿例子。出版物是不是商品的问题是很热闹地讨论过的，现在好像是“特殊商品说”被多数人接受了。但这个结论就对吗？大可怀疑。按马克思主义的观点，特殊商品只有一种，那就是劳动力，另外还有一个商品的特殊形式叫货币。出版物好像是不包括在其中的。实际上，社会生产中可被称为“特殊商品”的多了，食品、医药、炸药等也都在各自的领域被称为“特殊商品”。这样一比较，我们对出版物这一性质的研究辛辛苦苦了一番，价值何在？其实谁都明白，只要进入流通领域，通过货币交换才能到达消费者手中的物品就是商品。出版物再有意识形态成分、精神文化内涵、宣传教育功能，也不是白送人的，如果是，那倒成传单、广告、产品介绍了。除了出版物的性质之外还讨论过出版社的性质，是企业还是事业。其实这有什么值得研究的？20世纪30年代许多出版社都是企业，新中国成立之后那是规定其为事业的，在现行体制下何为企业，何为事业，不全是“上级”给予规定的吗？再比如，编辑学者化问题，吵了十几年了，至今还有人写这类文章，其实这也谈不上是个真问题。这个问题的起始源于两点：一是作家王蒙在20世纪80年代初倡导“作家学者化”；二是编辑从评定职称感到要提高自身的社会地位。这个问题的研究文章够编一大本厚书了，可至今除了一堆空洞的奋斗目标与方向之外，又提出什么切实可行的途径与标准来了吗？或者说在什么地方有多少编辑经过这十多年的努力已达到“学者化”了？有人会说这一讨论与研究促进了编辑队伍素质的提高，我看未必。如是，那何不推而广之，也来倡导“教师学者化”、“医生学者化”、“公务员学者化”、“领导干部学者化”……来个全民素质大提高呢？从学者化又延伸到对编辑素质的研究，这方面的文章更多了，但是把这些研究归拢起来，其中大多数是罗列了一堆别的职业也该有的素质。不信的话，找一篇谈编辑素质的文章来，略作改动就可以变成一篇谈教师（或者其他职业）素质的文章。

当然,也不能全盘否定类似上面问题的讨论。如果说它们在出版研究中还有过积极作用的话,可能就是一条,引起过大家的关注。要深入研究编辑出版,先要研究一下哪些问题是真问题,是有价值的,值得深入研究的。从另一个角度看,用现代的问题逻辑来判断,任何问题都有它包含或者假定的前提,而这前提未必是真实的。提问的前提不真实,那个问题就是假的。对那类不成其为问题的假问题,还是“不讨论”最好。

再说基础要实。还得提邓小平一再强调的那句话:实事求是。实事是基础,实事才能求出是来,求出规律来,求出真理来。这个问题从根本上讲是科学思想与科学精神的问题。科学思想、科学精神包含客观的依据、理性的思考、平等的争论,然后是实践的不断检验。客观的依据是基础,依据不客观,再下力气也是白搭。山里的树木生长是“自然”规律,温室中的花木培养是“人工”规律,把这两个规律交错,肯定是不行的。可类似的情况在出版研究中并不鲜见。数据是最简单的事实了,于是常见引用数据来论证我们出版业的发展速度和发展规律,前面提到的用数据来研究出版社竞争力的也属此类。数据可能不错,但对出版社而言,有的全靠计划的教材,有的只有本版图书,而本版图书中有的是靠市场销售,有的主要靠作者包销(补贴),这之间的竞争力能一样吗？再比如用出版物数量的增减来论证出版业的发展,但实际上这种增减目前不见得与出版资源与市场需求有关,要说有关也只能是和现行管理体制及某一阶段的政策有关。图书品种增长了是市场需求吗？也不是。试想如果把书号控制放开,再多批准成立些出版社,马上就会出现图书品种的大幅度增长。可资证明的是期刊数量。前些年,小的院校只能办内部期刊,现在取消内刊,只要是高等院校就可办学报,把学报单归一个系列给予刊号,于是马上新增了一大批正式出版的学报(期刊)。如果以此来说明我们期刊的飞速发展,实质意义何在?但问题是类似的认识不少。我曾在某高校的讲座上听一位新闻出版专家讲英国期刊有 7000 种,我国现有 8000 多种,以此说明我国期刊不少了。这就让人很不明白,这种研究的科学性是什么?

不独数据,在一些事实上也同样。目前我国图书市场的盗版之严重是尽人皆知的,那么,研究市场就不能绕开盗版这个问题。尽管盗版的数额规模难以找到统计数据,但视而不见是不行的。研究者以出版社统计出的图书总册数来说明我国人均购书数自然容易,但有意义吗?这种不太注重资料翔实的研究还不少,许多文章提出的结论其实并没有认真查寻历史的或国外的资料(当然这中间有相当难度)。不少人以我国目前期刊有 8000 多种说明空前繁荣,可实际上有学者认真统计过,我国在 20 世纪 30 年代期刊有 8561 种,40 年代有 7754 种。再比如,出版学的提出,很长时间内一直认为是改革开放之后的事,可有学者到2000 年时发现,20 世纪 30 年代,杨家骆在规划《图书年鉴》时第十八编就是“出版学研究概况”,“出版学” 的提出起码是 20 世纪 30 年代的事吧!1980 年台湾出版了张觉明的《现代杂志编辑学》,书中第二章为“编辑学概述”,专有一节讲“编辑学定义”。这本书 1987 年大陆已引进出版,但是在我们讨论编辑学的定义时却似乎没见人提到他的观点。当然,其观点对与不对可以讨论,但怎么都不提这个事实呢?又比如,近年在科技期刊中一个热门课题是与国际接轨,但是真正介绍和研究国外科技期刊运作情况的却很少见。当我们一厢情愿地在着力各种规范、争进核心期刊时,国外同行是否也如此呢?至少一位接触过国外医学出版界人士的学者告诉我,国外医学出版市场主要是靠医药公司支撑的,医生免费可读到多种医学期刊与专著。这个事实恐怕也是不少写研究文章者不了解的。

我们不能苛求研究者们,也不能要求每篇论文句句都是真理,但是,提倡一种认真调查的态度,尽可能使所依据的材料客观真实,避免想当然和随便下结论还是应该的。

最后说探究要深。科学研究最忌轻浮之风,要真正取得点成果,一定要独立思考、深入思考。由于目前学术评价体制与人才评价体制上的不合理、不健全,在出版研究中还不可能杜绝前面提到的浮躁之作、应景之作、重复之作,但总该希望大家的研究都深入一些,多出现些先使人眼睛一亮而后又可掩卷深思的力作。

如何才是深,很难说,但不深的研究却好判断。以论文讲,不深者,我曾在一小文中归为四种模式。一为综览型。其特点是题目较大,内容句句不错、处处点到,可哪一点也没深入论述,更难看到作者的独到见解。二为通用型。这类研究看似有理有据,但如果掉换某些概念完全可变为另外一篇文章,研究编辑规律、编辑素质的尤易滑向此类。三为例证型。通篇论文以例证说明观点,通篇文章是论点、事例,再论点、再事例,最后来个结语,如果把例子一换也能再成一篇论文。四为讲义型。这类文章写得头头是道,最大的缺陷是找不到作者本人的新见解,没有本身的观点,罗列一番前人的或别人的结论只可称为讲义而谈不上研究论文。这四种类型归纳得是否准确以及还有无其他类型,可以再讨论,但说这些都是没有深入研究之作大概是无异议的。

研究要深,主观态度很重要。这里想起了海尔集团的一件事:就在多哈一声槌响,中国加入世贸的第二天,有记者问张瑞敏:“WTO 对海尔意味着什么?”张瑞敏的回答令人吃惊,他说:“我不知道。老实说,你说这些企业谁知道 WTO 的具体内容。”这是什么态度?是务实的、真诚的,不哗众取宠而实事求是的。相比之下,我们出版界有多少人肯或者说敢取这种态度?对中国出版应对 WTO 这一热点,文章有一大批了,不能说都没见地,但是泛泛而论的也不少,如果拿上三个问题“WTO 是干什么的,WTO 主要协定是什么,中国在新闻出版上的承诺是什么”让那些论文作者们答一次,有人会讲清楚,可说不出个所以然的怕也不在少数。以其昏昏的研究当然深不了,深不了的研究也难以使人昭昭。不只是表现在一个 WTO 上,在出版界是有股粉饰太平、自我陶醉之风的。明明是出版业外的力量策划运作成功的图书报刊,但正式出版单位却堂而皇之地拿来邀功评奖、总结经验，这种情况还少吗？出版研究要务实，就需要对这些现象甚至包括出版社提供的材料进行一番“去粗取精、去伪存真、由此及彼、由表及里的改造制作工夫”（毛泽东《实践论》）。尽管业外资本进入新闻出版还有着巨大的政策鸿沟，但在公开层面讳莫如深的同时，私下里却有着不少操作。对诸如此类的情况，理论研究就需要有一点儿清醒的正视的态度。举个现成的例子，一本炒得很火的“奶酪”书，就有过两篇介绍，一篇讲该出版社如何推出此书，而另一篇讲一个文化公司如何抓住此选题进行市场运作。两者之中哪个更接近真实？我看是后者，起码在该书的封面上就有那一公司的标记便足可以证明（虽说设计者的精妙安排使人不易注意到）。如果说出版中还有哗众取宠之举的话，出版研究却绝不可随之追逐浮华，要保持实事求是之冷静心态。

消除浮华之风，不要追求“已发表论文多少多少篇”，而作些踏实的研究该是大力提倡的。搞建设反对“泡沫经济”，搞研究同样也要反对“泡沫学术”。要促进研究的深入，除了作者自身努力外，那些掌握论文发表权、推荐权、评选权、编选权的报刊编辑、主编、学术团体负责人以及各路评委等也有很大责任。他们对众多论著的衡量尺度与评价标准事实上会对学术发展起一种示范和引导作用。

理论研究是一项艰苦的工作，也是一项光荣的事业。它的发展需要多方面的条件，其中也需要对研究状况的研究。这种研究可总结成就，也可评说不足，当然最好还能探求规律。本文够不上这类研究，但只求给这种研究提供点儿材料，目的自然还是一个，希望编辑学出版学也罢，现实工作研究也罢，都能更好地创新、进步、健康、繁荣。

（原载于《中国编辑》2003 年第 2 期）

追记：2001 年 8 月在哈尔滨召开了中国编辑学会第六届年会。那几年这类会我几乎是都要参加的，但从不提交论文，也不会在大会上

发言,仅是代表《编辑之友》而去。任务大致为三点:一是联系同行,宣传刊物;二是获取信息,扩大视野;三是发现新论,争取好稿。这样会下的活动往往比会上的还多。但这次会例外了,好像是在休息时与学会秘书长程绍沛讲到对一些发言的看法,认为有的是空对空,程绍沛就建议我讲一下,并随即安排在大会发言,当时所讲的大致就是这篇文章中的意思。其中一些观点,如出版研究中要提出真问题不要伪问题等等,在以后的一些场合(如高校编辑出版专业联席会上)也讲过,还得到了些响应。北京大学的肖东发先生在他的发言中对此就很表赞同。到《中国编辑》筹办时,执行主编是邓子平,他坚持要我写写编辑学研究,认为我在这方面有发言权。推不过就敷衍了这样一篇,但自知这种说三道四未必准确也未必讨人喜欢, 所以无论如何不同意上创刊号,结果刊发到当年第二期也就是总第二期上。

建立编辑学概念体系随想

关于编辑学的研究，近两年已经有了很可观的进展。一些编辑学会的成立和学术讨论会的召开，一批有见地有深度的探讨文章的推出，加之编辑研究刊物的出版和高等院校编辑专业的试办，都是十分可喜的。在这么短的时间有如此进步，着实令人鼓舞。它证明建立有中国特色的编辑学既顺应了我国编辑工作发展的形势，也符合广大编辑人员的愿望。建立这一学科既是必要的，也是可能的。但是，从编辑学讨论的总体看，编辑学的建设，当前尚处于它的“学前阶段”，即潜科学时期。其主要依据是，作为应当具有独立的科学形态的编辑学，尚未形成自己的完整的理论体系，首先是还没有确立一套自己的概念体系。所以，在正确估价编辑学建设现状的同时，寻找其建设中的主要障碍并进行探讨，对于激发我们的研究热情，加快编辑学研究的步伐，无疑是有十分重要的现实意义的。

一、探讨编辑学概念体系之必要

任何一门学科都有其特定的研究对象和研究内容。而这种研究的深浅，或者说判别一门学科是否成熟与衡量其成熟程度的主要标志，则是在这一学科的理论中是否把有关知识按照一定的层次结构和逻辑结构组织了起来，形成了一个本学科独具的理论体系。各门学科的发展，可能经历了各自不同的里程，但是其最后所以形成学科，都必须具备这一特征。

科学学(一门研究科学自身发展规律的学科)的研究告诉我们，一门独立学科的理论体系，一般包括这样的层次结构：足够的事实和经验材料，揭示复杂现象本质和共性的概念系统，本学科特有的研究方法，建立在已有知识和材料上的假说、一般原理、原则和法则，符合客观规律的定律，高度概括和系统化的理论结论。

事实和经验材料只是科学研究的基础，本身还不成其为科学，只有从事实的研究中确立揭示其本质与共性的一系列有机组合的概念之后，才有可能形成一门关于这些事实的科学。

科学概念之重要，在于它是“人脑的最高产物”（列宁语），是由感性认识向理性认识过渡的桥梁，是思维借以飞跃的翅膀，是抽象思维过程的起点，是科学思维的基本单位和基本形式。各门科学都是人类的认识成果，而属于这门科学的一系列概念，即是这一认识成果的标志，是对这一科学研究内容与结论抽象化和概括化后的结晶。任何一门新学科的诞生或一个重要的新理论、新学说的创立，必然伴随着新概念的产生或旧概念新含义的进展。无论是自然科学还是社会科学，其各种原理、定理、规律、原则都是由科学概念组成的。所以也可以说，概念是以压缩的形式表现大量知识的一种手段。

概念体系不仅是一门科学理论体系的重要组成部分，而且是建设某一理论体系的起点。当然这并不意味着只有先去划定一堆概念名词以后才能进入理论上的研究，而是说任何一种理论都必须建立在它自己的概念之上。至于在实际研究中，人们的认识往往要经过多次反复，经过较长的时间才能实现从感性到理性的飞跃，所以概念体系也是逐步提出并随着研究的深入而得到补充，最后趋于完善的。强调概念体系之重要地位与作用，还由于概念是学术交流的语言，如果内涵含混势必形成研究中的混乱，争鸣也会变得无的放矢。

在建立编辑学的讨论中，许多研究者已经开始注意这一问题。例如孙培镜在《图书编辑学的几个概念和理论问题》（载于《编辑之友》1986 年第 2 期）一文中，对新闻出版界司空见惯的“编辑”这一概念做了考证与限定，提出了明确的定义。这种研究态度是很值得肯定的。不同类型的编辑人员往往从本身经验出发去理解这一概念。但实际上，书籍、图片、报纸、期刊的编辑工作却是大相径庭的，更不要说属于最新信息传播手段的广播、电视的编辑工作了。作为一门科学的编辑学自然首先应当对“编辑”这样一个最常见的概念进行研究，探求一个科学的定义。

纵观目前编辑学讨论的情况，在概念体系的研究中，除重视不够外，还存在一些问题，诸如：

1.对概念体系的研究对象和范围不明确，或者说还缺乏起码的限定。作为一门科学，它的概念应有基本概念、一般概念、专用术语等不同档次，对编辑学来说，也应该有一系列概念分列在不同层次上。但目前对此还没有一个较为一致的认识，当然更谈不上探讨它们之间的关系了。

2.对概念的认识没有摆脱直观感性经验的影响，没有能采用逻辑的方法来揭示这些概念的内涵和外延。这种现象的表现比较明显。前面提到的对“编辑”的理解，基本上就属于此。

3.搬用日常概念较多，缺乏必要的扬弃和升华。在编辑实践中，有一些日常使用的概念是长期流传和被广泛应用的，它们的意义带有约定俗成的性质，例如常说的“编辑加工”就是这样。但是如果把它们引入编辑学理论，似应做一些严肃的科学论证，做一番必要的筛选以至改造。

4.移植其他学科的概念时，出现生硬的照抄或者勉强的套用。编辑工作的特殊性决定了它与所有的学科都有联系，这在研究建立编辑学时也为借鉴一些新的科学方法和移植其他学科的概念提供了方便。但是如果仅仅是用新的术语来图解目前的编辑实践，却是不可取的。

上述问题(可能提得不全面不准确)的存在并不奇怪。在科学史上任何一门科学的形成总是曲折的。编辑学的建立，也许要经过几代人的努力。但从现在就注意加强编辑学概念体系的研究,对于加快它的进程肯定是会大有好处的。

二、研究编辑学概念体系之内容

任何一门学科的概念体系总是首先由它的研究对象决定的。

科学研究的区分,就是根据科学对象所具有的特殊的矛盾性。因此,对于某一现象的领域所特有的某一种矛盾的研究,就构成某一门科学的对象。编辑学作为一门独立学科,其研究对象应当是编辑这一社会现象。这里的编辑指的是编辑工作,或者称之为编辑劳动的一种社会实践活动。编辑学就是从编辑这一社会实践中探讨作者的精神产品(著作、图稿等)转化为社会的物质产品(仍保持其精神产品特点的书籍、图片等)过程中的矛盾运动及其特殊规律的。这首当其冲的是必须弄清编辑这一劳动(实践)的特点、性质、作用及价值。它理所当然地是一个最基本的概念,是整个编辑学理论体系的逻辑出发点。

对于这一基本概念,需要探求它的本质特征。尽管各类编辑的内涵十分复杂不一,但作为一门科学的基本概念,却只能取其共性为内涵。有的同志可能不同意这一观点,认为人类认识是从个性到共性,并可以举例说在编辑学建立之前已经有了诸如《报纸编辑学》之类的著作,所以没有必要非去先研究共性。这一看法并不妥当,主要是对科学理论体系的理解失之偏颇,把一门科学混同于一本或几本专著了。我们不妨看看与编辑学最邻近的新闻学的情况。“新闻学”这一名称的提出至今已 60 余年, 世界上研究新闻和新闻学的著作已称得上汗牛充栋,但时至今日,新闻界的同志还认为新闻学谈不上形成了严密而完整的科学体系。相形之下,尚在孕育中的编辑学就不用说了。

与其他学科一样,编辑学的概念体系,也应包括四个方面的内容:

1.基本概念。这是编辑学理论体系的基本知识单元,它决定着编辑学的结构、功能及方向。

2.一般概念。这是在编辑学理论体系中起重要作用的知识单元,它分布于各组成部分,直接关系到各项原理、原则和定律的建立。

3.术语。这是属于编辑学的一系列含有明确定义的专门用语,是本学科学术交流的基本语词。

4.以上三者的逻辑结构,即它们之间的联系与区别。

在这四方面内容中,基本概念应当是未来概念体系的基石,也应该是目前研究中的突破口。

顺便要提到的是,对于整个编辑学的框架结构,已经有了不少设想。有的认为是编辑业务、编辑理论、编辑史三个部分;有的认为是编辑战略学、编辑社会学、编辑人才学、编辑工艺学四大部分;还有的认为是编辑主体、编辑客体、主体作用于客体产生的实践这样三个系列等等。这些设想都有一定道理。但除有的是想借助于系统工程的原理外,其他总还在一定程度上囿于传统观念和实际经验的影响。如果借鉴一些新学科的分类,还可以走另外的途径,如以编辑工作的收集信息、制订选题、组织稿件直至推荐图书、取得反馈等为内容建立编辑职能论;以编辑的一般工作常规、特殊工作方法及未来工作预测等为内容建立编辑方法论;以编辑培养、编辑组织等为内容建立编辑管理论……这样的组合打破了时空限制,或许更有益于使编辑学研究趋于现代化。

当然,无论以何种框架去建立编辑学,概念体系的研究都是少不了的,基本概念更应该是这一研究的重点内容。

三、建立编辑学概念体系之途径

现代科学发展的趋势之一是理论的日益抽象,这反映了科学认识的不断深化。概念作为一种科学抽象的产物,它代表着人们在不同认识阶段的思维水平。根据人们认识发展的一般规律,在概念的发展上大致也可分为三个阶层:最低层是日常自然形成的概念,可称之为口头概念。它使人们的交往(尤其是思想交流)成为可能。但由于其约定俗成的产生过程而使其本身的内涵、外延都不严格。中间一层是出现于书面文字中的概念。它已经有了较明白的涵义,而且使人们的交往突破了时空限制。但其主要方面仍承袭口头概念,明显带着直观经验的痕迹,可称之为经验概念。最高层是科学概念,它用抽象思维反映普遍的客观,但又不局限于任何一个具体的实际,这也就是作为某一学科内容之一的理论概念。三层次的关系正显示了概念从初级到高级的形成过程。建立科学的概念体系就是要在一二层的基础上,舍去非本质的、偶然的、个别的属性,抽出本质的、必然的、一般的属性,严格遵照揭示概念内涵与外延的逻辑方法,按照定义必须相应相称的原则,认真进行抽象思维,建立最高层的科学概念。这可视为任何学科,自然也包括编辑学建立概念体系的途径。

一般来说,科学概念的建立过程往往包含这样几方面的工作:一是将长期混淆不清的概念区分开;二是用正确的概念取代错误的概念;三是提出新概念;四是不同学科概念的互相渗透与移植。这几方面归纳为一点,就是从不同的途径去确立新的概念,即正确认识客观的概念。用句成语来说,是殊途同归。概念总是来自观察的客观性,它的作用就是可以引导人们进一步正确地认识客观世界。错误的概念也是来自客观的,只是在形成过程中加进了人类认识的主观片面性,所以有可能把科学研究一时引入歧途。而一旦确立一个新的正确概念,则往往会对科学的发展发生催化作用,引起某些大的进展。这在科学史上可以找到不胜枚举的例证。比如,当人们在"燃素"的概念指导下研究燃烧过程时,曾长时期徘徊不前,而用"氧化"取代"燃素"以后,关于燃烧过程的许多化学问题就迎刃而解了。再比如,爱因斯坦提出了"自发辐射"与"受激辐射"两种发光方式的概念,就导致了本世纪重大发明之一的激光器的诞生。虽说我们还无法预料编辑学概念体系未来的情况,但概念的研究对学科的发展有明显的促进作用当是无疑的。

如果更具体点,编辑学的概念研究似乎可以从这几方面着手:

1.整理沿用概念。对于现在编辑行业中通用的口头概念和见之于有关编辑出版的文件、著作中又被编辑实践认可的书面概念进行逐步的“鉴定”和“加工”,其中有的可以在限定其科学定义后继续使用,引入理论;有的可以进行改造,去掉其直观性,加强其本质内涵,使其抽象化、概括化。

2.创造新的概念。新学科的建立必然需要新的概念,新概念的树立会大大促进科学的发展。在讨论编辑学中,我们应该积极地去做建立新概念的探索。有些同志已经在这方面做了可贵的尝试,如冯国祥提出的“编辑力”就是在基本范畴上的积极尝试。

3.移植别科概念。现代科学发展使各学科之间互相渗透,发生交叉,于是出现了一些被称为边缘学科、交叉学科、综合学科的新学科。这些学科中不少概念是用移植的方法建立的。编辑学的建立也完全可以采用其他学科的研究方法以至研究成果,包括移植一些理论概念。只是正如前面提过的,这种移植应当有所创造,并从编辑学的特定研究对象出发,防止形成生搬硬套。

当然,不言而喻,这些具体方法的应用,一是不能各自孤立,二是必须放在马列主义思想观点和思想方法的指导之下。尽管对编辑学之前要不要冠以社会主义有不同看法,但编辑学的研究总不能离开中国的国情。所以在探讨建立编辑学概念体系时,不妨也以现代化和民族化为目标,就是说既要着眼于我们现在所处的世界新的技术革命的时代,又不能丢弃我国悠久的文化渊源与编辑历史。这样努力下去,才有可能使未来的编辑学既有中国之特色,又能与现代科学的前进同步。

(原载于《编辑学论集》,中国书籍出版社,1987 年 10 月)

追记:这是我写的第一篇(也是为数极少的)所谓编辑学论文。

全国首届出版科学讨论会 1985 年冬召开,张安塞代表《编辑之友》赴会,随后由山西人民出版社出版了会议论文集。1986 年同样的会要开第二届了,张安塞决定我俩去(最后他因事未去),并提议写论文。这对我是个难题。全国喊起编辑学来还不到三年,发议论者多为出版社的老编辑(社龄老)。而我虽混迹新闻出版有年,但到出版社则还是因准备创办这份刊物才调来,接触到编辑学更是编这份刊物之后,实在谈不上有多少研究与思考。但这种理由是不好讲的,况且我也不相信就突不破这么个难关。别人从图书出版实践出发,我不妨找其他角度。最后从三方面找到了可借鉴之处:一是刊物的作者中有研究科学学者,曾给过一些资料;二是编发过倡议编辑学研究可仿照翻译学的文章;三是由于当时我在太原大学文秘专业兼课,接触到一点文书学方面的东西。这几点的融合就凑成了这篇文章的基本思路。

会在武汉开,因为《编辑之友》的影响,会上不少人主动来联系。会议中间我们搞了个“小动作”,有半天没参加会议讨论,另找地方串连了20来人搞了个无主题沙龙。说无主题其实聊的主要还是出版,是湖北的同仁帮忙召集的,来者有会议代表,但当地并未参加这次会议者也不少。这些人后来不仅成了这份刊物的“堡垒户”,许多还成了出版社的骨干乃至领导。现在想起名字的有胡光清、易学金、徐耀明、冯方华等人。

还说这篇论文,虽是取巧写成的,但“命运”却不错。中国出版科研所从60篇论文中选出30来篇出版了《编辑学论集》(中国书籍出版社),这篇入选并排在靠前位置。书未出来之前,借“近水楼台”之便在《编辑之友》上也刊发了此文。到1989年,山西省举行首届社会科学研究成果评奖,在省版协主席李平的支持下,此文送去参评。可能占了编辑学是个新领域的便宜,它竟然也被评上了个三等奖。到我评职称时,它又当了回“代表性”论文。从参会、入集、刊登、获奖到评职称,一篇文章连用五次。这使我又悟出一个“歪理”,就是写论文可以“少写多用”,有一篇就成为有点响声的一篇。这歪理也不是完全没有道理,从后来的编刊体会看,从事实际书刊出版的编辑在写论文上就是没有那些院、校、所的专业教学、研究人员有优势,所以只能做到少写但尽力写得成功些。当然,“成功”与否也不是个人可决定的,但认真些总还是能做到。

没想明白的一些问题

一

编辑活动有无规律？肯定是有的。世间万物都应有其规律。问题是人们是否发现和认识到了，或者说是否准确总结和概括出来了。规律是什么？有些外文中“规律”“规则”“法则”是同一个词，所以实际上规律应该是一个“法则”。用规范的说法，“规律”是“客观事物内部的本质联系”。这就使人想到，一个事物的规律应该是它特有的，与别的事物不同的，借用文学上的一个俗语，应该是“这一个”。如果这一认识成立，那么编辑规律就应该是不同于其他事物，尤其是相邻事物规律的特有规律，例如要不同于出版规律。如果这一推论也成立，再思量一些学者提出的诸如 “质量第一与社会效益第一”、“质量与效益同步规律”、“和之律”、“能动性与受动性”、“文化制约” 等编辑规律虽都言之成理，但是否也是出版或者别的精神文化活动都有的规律呢？

二

由此想到编辑素质的研究。这些年谈编辑素质的文章虽不好说汗牛充栋，但也确实不少了。可细比较，其实许多是相近职业共有的。以较权威的辽教版教材为例：

《出版学概论》中将出版人员（我想应该含编辑人员——笔者）的业务素质规定为“具有一定的文化水平和专业知识，掌握一定的出版专业知识，具有一定的经营管理能力，具有一定的社会活动能力”。

《书籍编辑学概论》中说，编辑人员的知识结构为“博、专”，业务能力为“文字能力、开拓能力、组织能力、鉴别能力、技术能力”。

《科技书籍编辑学教程》中说，编辑人员知识结构“一是学科专业知识，二是编辑业务知识，三是语言文字修养”。

以上都对，但如果换掉“编辑”“出版”字样，好像也可以分别改成教师、医生、律师、科研人员等的素质要求吧？

对编辑规律的总结概括是不是也有与此雷同之处呢？

三

谈编辑规律离不了对编辑概念的界定，对编辑概念的不同理解应该不影响在各自理解的基础上分析规律。由此，研究不同编辑的特点应该是首要的。目前这方面似乎注意不够。就以出版物编辑来说，书与刊的编辑有很大的不同，不同的书、不同的刊又有不同。

有学者将“编著合一”的编辑归为著作，这似乎可以与现代的编辑工作区别开。现代编辑一般被认为是媒体传播中的基本环节。那么期刊是不是媒介呢？肯定是。但刊物编辑（尤其是主编）实际上等于刊物的作者，而这就与图书编辑大不相同。打个比方，如果要出一本《现代歌曲选》，图书编辑是审读别人编好的书稿，然后提出取舍意见；而期刊编辑则是自己去选歌、排序、编目，然后付印出版。这还可以从著作权的规定上来说明。图书编辑部对所出图书不拥有著作权，而期刊编辑部则对期刊总体拥有著作权。

总结编辑的基本规律是否可以建立在对不同编辑活动的各自规律的研究上？这可以从纵横两方面进行。纵的看，编辑过程各个环节都可分析；横的看，不同类别的编辑都可以研究。前者如编辑改稿就有规律，通常简述为“改对不改好”；后者如编期刊，就有“半步论”的规律。

如果把这些称为小规律或支规律的话，小规律、支规律也是大有可总结头的。

四

编辑学中的编辑应该是指编辑活动，虽然活动离不开人，但活动毕竟不是人可取代的。有一种感觉，一些人在研究编辑学时，隐隐约约着眼在人的身上了。医学该是与人关系最大的科学了，医学的着眼点应该是对疾病的诊断与治疗，好像不看重医生自身情况如何。当然医生的素质也需要研究，但这该是医生社会学、医生心理学，或医生教育学的事，不属于医学的。

只要符合编辑活动特点的行为就是编辑活动，这好像也不该与这种活动的结果挂钩。编辑活动是否服务于传播，其最终成品是否进入传播，是商品还是非商品应该说无关紧要（当然，这又涉及编辑学界吵了多年的问题——编辑的界定）。从发展看，也许现在从事编辑活动的这个行业会变化，甚至消失，但这类活动还是会延续下去的。

五

编辑学研究中，我认为有“泛化”和“玄化”的偏向。“泛”是外延泛滥，“玄”是有意玄虚。本人就编发过我自己并不赞同其观点的文章。如有论者认为人脑中存在编辑机制，人的思考功能本质上就表现为这种机制，这一机制使肌体操作而产生编辑活动。又如有论者提出编辑企业家化理论，并认为是编辑学的分支学科，等等。

由此引发两个想法，一是编辑规律的研究不可“泛化”“玄化”，二是编辑人员对作品的评价与是否决定推出有时并不一致。这是偶然的还是有必然性呢？

六

不少研究者注意编辑的中介、服务功能，但编辑实际上也有通过编辑表述其意见以影响社会、影响读者的一面。这样的事例古今中外不难找，于是有人形象地将此喻之为借花献佛或借刀杀人。我觉得，这倒是与其他精神文化生产的不同之处，也是有特点之处，这是否有规律？

不少研究者还注意到编辑工作（表现为成品）社会效益的重要性，论述它与一般物质产品的不同。但我觉得如果我们认为当代精神产品都可归之为编辑作品的话，有两点可能更重要：一是编辑产品产生效益的间接性，就是它要通过消费者（视听者）接受后，由消费者变为行动去发生好的或坏的作用，不会如其他产品一样直接发生好的或坏的作用；二是编辑产品产生效益的持发性，不是一次而是多次对多个用户产生效益和作用，其他特质产品极少可以多次产生同样的效益。类似这样的特点是否还有呢？

七

研究规律要从分析矛盾人手。什么是矛盾？唯物辩证法认为矛盾是事物内部或事物之间既统一又斗争的关系。对编辑活动矛盾的分析有多种观点，有的好理解，有的令人不太明白。例如，“问世与传世是一对矛盾”，“这一对矛盾构成了编辑哲学的又一个对偶范畴”。编辑产品，或者说一切文化产品的问世与传世应该是一个前后相承的过程吧？生与死是矛盾，但出生与老死也是矛盾吗？

不少学者认为编辑与作者、读者的矛盾是编辑活动的主要矛盾。这有道理，可也有问题。推论一下，在创作（著作）活动中主要矛盾是不是可以说是和编辑、读者的矛盾呢？

编辑直接面对的是作品还是人？对医生来说，面对的是病症，而不会是病人吧？——也许这种类比不对。

有学者强调“编辑不与读者打交道，就无法组织作者生产读者需要的精神产品”，这看起来也有理。可这里的读者大概只是一个抽象的含义，就比如说“为人民服务”一样，而作者倒可能是一个个具体的人或人的组合。一方面是宽泛的抽象，一方面是明确的具体，二者似乎也不相当。

八

就在写下前面这些之后，读到一篇谈理论原创与批判方法的文章，其中介绍对常识的批判方法时举了这样的例子：伦理学界有人将“己所不欲，勿施于人”作为普世理论来倡导，而且认为是常识，但这就有问题了，至少在功能上会导致“己之所欲，便可施于人”的推论。西方人最易产生这样的推论，美国政府就如此。批判主义学者则认为应该是“己之所欲，亦勿施于人，但可说于人”。这就是说，当代社会不该是强加和干预的关系，而只应是影响和说话的关系，这句话重心在后面。这种理论如何姑且不论，但这种思维与批判方法，我认为倒是大可借鉴，比如在编辑学相关问题的研究中。

理论创新不该仅仅是提出一些新的观点，还需要改变已有的思维方式与基本观念。

到底编辑规律该是什么，本人缺乏研究，东鳞西爪的一些想法不成体系不说，还可能是“非分之想”，惟愿有机会聆听专家高见，以解疑惑，以求长进。

（原载于《出版科学》2005 年第 6 期）

追记：这篇稿件发表时《出版科学》加“编者按”说：“这是作者一篇旧稿，2003 年在天津召开的编辑规律研讨会上，作者在大会上作过交流。文中的一些观点后来多次被人引证。本刊编辑部商请作者按原稿刊发此文，供大家参考。”这里说得不错，如果再详细点，有些情况值得一记。一是此文就是为上述研讨会而写的，但我发言时不是讲这篇文章，另列了提纲。二是 2004 年第 4 期《出版科学》上有文引述了此文中的观点，同年由齐鲁书社出版《中国编辑学研究述评 1983—2003》一书，丛林主编。这是山东高校学报研究会从 1999 年立项的课题，该书第四章《对编辑规律的探讨》中也多处引述了此文，还这样表述：“孙琇的发言，提示人们在研究规律时要进行多方位思考，尤其要多从反面拷问一下自己的理论是否无懈可击。以上提示很有必要。”由于该书引述基本是已发表的文献，引用仅在会上交流的文章显得甚为罕见。三是天津会议召开时间很特殊，散会的当日正逢天津发现首例“非典”。我在太原下车时见到行人较少，而且有些戴上了口罩。后来得知，有的参会者从天津返回到家后，因是来自疫情区就先被隔离了起来。

专业教育与学生出路

接触到几位大学新生，编辑专业的，聊及年龄，竟有 1984 年生的。我不由一怔，1984 年，那是在高校设置编辑专业的第一年啊，转眼间，一代人了。中国的编辑出版教育，源头应当早得多，商务印书馆创办不久就办过培养出版人才的补习学校，可真正把编辑出版作为学科纳入现代高等教育，还是近 20 年的事。

20 年的时光，编辑出版教育在曲曲折折、坑坑坎坎中走了过来。起初是北大、复旦、南开三校试办，到现在设置这类专业的据说已有四五十所院校。成绩是不消细说的，早期研读这个专业，如今成为甚有成就者就不在少数。例如李频先生，在教学与研究上都硕果迭出，我最近就正在读他的新著《大众期刊运作》。关于编辑出版教育，我实在没有多少发言权，没吃过梨子自然难说出它的滋味。但这 20 年间，命运把我的大部分岁月与编辑出版研究拴在了一起，从主持《编辑之友》到策划《中国编辑》，有缘结识了一批在编辑出版教育战线默默奉献的令人尊敬的师长和朋友，比如赵航先生。他是创办编辑专业到如今仍坚守岗位的元老，也是 20 年了，这在中国大约也是唯一的。从他们那里我不仅学到了知识、品格、精神，也了解到不少编辑出版教育的成败得失、酸甜苦辣。而与一些在读本科生、研究生的交往，则又从另外的角度知道了一些他们的体验与要求。于是虽不敢说是旁观者清，但对编辑出版教育（主要是编辑教育）还是可以讲上几句的。

高校设立编辑专业，曾被当做编辑有学并被社会认可的标志，但是编辑学已经成为一门独立而完备的学科了吗？恐怕还不能这样说。这 20 年来编辑学的研究进展很大，成就很多，可要成熟和完善，按中国编辑学会会长刘杲先生的估计，大概要到本世纪中叶。编辑学的教育有助于编辑学的研究，但现在把不少课程和教材都冠以“学”却不太适宜，尤其是对本科教育。如果把目前的这点东西都称之为学，一来会使学生慢慢觉得“学”也不过如此，二来与培养目标也不太吻合。因为我们培养的主要是编辑的实际从业者，或者说是专业工作者，而不是科研人才。在国外，类似的教育则很少谓之学。以编辑业务为例，我们称之为“图书编辑学”、“期刊编辑学”，英国称之为“文字编辑技巧”，德国称之为“图书与期刊编辑业务”，加拿大称之为“编辑业务”，法国称之为“图书制作技术”，这种定位，也许更符合实际。

编辑之所以有学，是由于编辑活动虽与相关领域有联系，但毕竟有自身的特别之处，这点更为重要，犹如普遍规律之于特殊规律。可是在编辑专业的研究与教学上，目前似乎对这方面注意不够。具体反映一是专业课比例少。以一位学生的话说：“我们学校中文基础课占 60%，专业课只占 40%。四年的学习，中文知识比编辑知识掌握得还扎实，我分不清自己学的是文学的编辑还是文学与编辑。”究其原因，大概课程的设置往往屈就于本校之所长或本系之所长。强化基础课固然对提高学生人文基础素质不无益处，但专业的薄弱却只会使特点模糊。二是在专业课中真正专的，也就是紧扣编辑特殊性的内容也显得缺乏。例如审稿、改稿这是编辑必须会的，但也不是只有编辑才需要做，编辑的做与其他人的做有什么不同，就大有讲究。这方面的尝试是有人做过的，好像北京印刷学院出版系就讲授过和实验过“点式阅读”与“线式阅读”的课题。而如果看看现在通用的教材，诸如此类的内容极少，所讲审稿、改稿的方法原则与老师给学生审稿、改稿差不了很多。当然这与目前的编辑学研究方向有关，但所谓专业课而缺乏特殊之处却只会加深学生学习的困惑。

编辑学该是应用科学，专业的“教”与“学”需要相当数量的实习或者实践。与国外相比，课程安排方面，我国主要是教师课堂面授，而国外则更多为课外实践，纯实践的课程或以实践为主的课程甚至要超过专业面授课程，国外的课程安排应该说有一定道理。其实，实习不仅是指学生，教师也需要。可由于师资紧缺等原因，教师几乎没有时间去参与编辑实践，也缺乏自己亲历的有切身体验的教学案例。这不能不说是我们编辑专业的欠缺。学生实习不能光靠他们自己去干，更不要说是干些杂务了，也需要编辑人员有意识地来点“传、帮、带”。我任主编时接收过一位编辑专业的实习生，有次在排出一期刊物校样后曾挑出一篇他参与过编辑加工的稿件单独给他讲了一次。先讲为什么要选这篇，这涉及刊物的宗旨特点，选稿的标准，这篇文章的长处及不足；次讲如何加工，分析什么地方改得对，什么地方不该改，以至编辑改稿的原则特点；再讲为什么放在某栏目，栏目在期刊中的作用及栏目的内涵、外延；又讲如何读校样，什么地方易出错等等。这位学生事后说，这结合实例学习比在课堂上听好多次课都强，话说得过头了，但给他留下较深印象是可能的。毕业后他应聘去了华东地区某报社，据说干得还不错。由此感到这一专业的学生如何实习，学校要安排，新闻出版界也需要配合，要树立责任感，要有自觉性。

教学还有个学生出路的问题。对于学生来说，进入这个专业难免有着种种因素，未必是真对这一专业有多大了解和多少热爱，即便安心地学习专业了，恐怕更关心毕业后的出路。让学生树立为新闻出版事业奋斗的志向有点像空话，不要说学生，就现在已经居于编辑岗位的从业者来说，大多也是在从事职业而还谈不到做事业。本来嘛，职业、专业、事业是有区别的，这种情况应该使学生有所认识。从教育角度来说，也需要努力培养学生多方面的适应能力。我觉得，不仅是编辑专业，在我们过去的高等教育中，缺乏的是对学生社会生存能力的教育与培养。前不久曾因北大某毕业生下岗后上街摆摊之事，媒体上议论纷纷。其实这有什么,谁规定了北大毕业就应该怎么样吗? 对已经毕业的编辑专业的本科生、研究生的出路,听到的有两种说法:一种说法是出路很好,不少人进了各级各类新闻出版单位;一种说法正相反,认为进入对口的行业与单位很难。这两种说法看似矛盾其实不然,因为按中国现有的国情,能否顺当就业的根源往往不在于是什么专业而在于是什么学校,学校名气大,学生就业相对就容易。即便这些学校编辑专业学生出路很好,也未必真是这个专业吃香,还是以一种平常心来看待这一问题为好。另一方面,也不必认为编辑专业的毕业生没去当编辑就成了问题。我们的高等教育历年培养出的学生最后从事非所学专业的不也多了去了,并没有被认为是什么问题嘛! 其实从长远看,这个专业培养的人才还是大有用武之地的,例如出版经纪人、版权代理商等等是迟早会产生的职业。我们的专业教育不妨在这些方面加点内容。

搞好教学还有师资问题,这里可以看看外国新闻专业的做法。有本书中介绍:"在美国,人们认为最理想的新闻专业教师是有经验的记者。斯坦福大学新闻系原主任亨利和加利福尼亚州立大学契科校区文理学院原院长布什认为,从事新闻教学的教授,一定要由资深新闻工作者担任。斯坦福大学新闻系教授,许多都从事过十年以上的新闻工作。其中,有的曾担任过哥伦比亚广播公司新闻部主任,有的原来是旧金山电台的节目制作负责人。一些在社会上享有盛名的老报人、老记者,虽然年迈退休,仍被聘来担任教授,用他们丰富的经验教导青年学生。在美国,考核与评定新闻学教授的条件,不单看有没有论文,重要的是强调有多少年的新闻工作资历和过去发表过的报道。"当然,我们国情不同,但是也不妨探索一下在中国国情下学习外国做法的路子,要解决的倒是诸如人员选聘问题——传统的单位推荐甚至下指标的方式恐怕不行;自身的实践体会如何理论化或与理论相结合的问题——只有经验恐怕也不行;有实践能力是否可以胜任教学的问题——会干而不善于讲肯定也不行等等问题。但这只是技术性或者叫程序性环节，不难找到合适的方案。当然这里并不排斥现有的大学老师。他们毕竟是承担这一专业教学的骨干，在理论研究上和教学水平上有其不可替代的优势，需要的是充实他们对编辑出版的实践体验，以及协调好与走进教学领域之资深编辑的配合。

《出版广角》的同仁让我就出版教学谈点意见，盛情难却，拉拉杂杂说了这些，但毕竟是外行，所说的也可能只是给“班门弄斧、隔靴搔痒、南辕北辙、坐井观天”等等成语提供点例证。好在有两点还可以自我肯定，那就是所讲的无论对错，一是出于诚心，二是在讲实话。

（原载于《出版广角》2004 年第 1 期）

追记：与其他文章不同，此篇的标题是所发刊物的编辑给拟定的。我当初只是应约奉上了这些拉杂的文字，没有想好题目。2003 年底《出版广角》计划搞一个专题“质疑出版专业教育”。最初找到我的是河北的一名编辑出版学研究生李国华。我当时参与《中国编辑》的工作常往石家庄跑，他知道我就找了过来，而且好像他也是这一专题的策划者之一。以后刊物的编辑朱璐几次打电话给我，并告我说已约了某某、某某等，一听这里有几名我很敬重也很熟悉的同行，所以答应也凑凑热闹，心想有他们在前，我跟着喊两声就行了。没想到刊出来后我这篇被排在靠前面，还给上了要目，这使我很不安。早知如此，该认认真真对待，好好写的，不会像现在这样随便了。

文章引用了些国外的资料，这是要动笔所以找了些相关书刊“恶补”了一下，还确实受到一些启发也扩大了视野。不过这不是真搞学问的做法，功利性明显，属于“急用先学，立竿见影”，或“临时抱佛脚”之类。

文章发表时编辑在题目处摘了一段文字，是“能否顺当就业的根源往往不在于什么专业而在于什么学校，即便学生出路很好也未必是这个专业吃香，不必认为编辑专业的毕业生没去当编辑就成了问题”。这看来是此文与众不同之处，或者是发稿编辑认为的重要之处。

出版工作必须坚持以社会效益为最高准则

出版工作如何正确处理精神文化产品的社会效益与经济效益之间的关系，是个极为重要的现实问题。邓小平同志明确指出，宣传思想工作必须坚持把社会效益放在首位，在这个基本前提下，实现经济效益和社会效益的统一。这是宣传文化工作必须坚持的一条重要原则，也是出版工作必须坚持的一条重要原则。

一、坚持社会效益是社会主义出版工作的首要原则

建立社会主义市场经济，要一手抓物质文明建设，一手抓精神文明建设，两手都要抓，两手都要硬，这是邓小平同志建设中国特色社会主义理论的重要内容之一。

在两个文明的建设中，出版工作以提供精神文化产品的特点而成为社会主义精神文明建设的有机组成部分。出版工作具有很强的政治性和思想性。精神文化产品作用于人们的心灵，对于人们的思想观念、道德情操、兴趣爱好和世界观、人生观、价值观的形成有很大的影响。邓小平同志极为重视精神文化产品的社会效果问题。尤其是随着改革开放的深入和发展，精神文化市场出现了一些混乱现象。针对这种状况，邓小平同志多次强调宣传思想战线必须把社会效益放在首位。

早在刚进入改革开放新时期的 1979 年 10 月，邓小平同志在中国文学艺术工作者第四次代表大会上就明确指出，要充分重视文艺作品的社会效果。他说："我们的社会主义文艺，要通过有血有肉、生动感人的艺术形象，真实地反映丰富的社会生活，反映人们在各种社会关系中的本质，表现时代前进的要求和历史发展的趋势，并且努力用社会主义思想教育人民，给他们以积极进取、奋发图强的精神。”“对人民负责的文艺工作者，要始终不渝地面向广大群众，在艺术上精益求精，力戒粗制滥造，认真严肃地考虑自己作品的社会效果，力求把最好的精神食粮贡献给人民。”随后不久，邓小平同志在中央召集的一次干部会议上又指出：“文艺是不可能脱离政治的。任何进步的、革命的文艺工作者都不能不考虑作品的社会影响，不能不考虑人民的利益、国家的利益、党的利益。”

随着改革开放的深入发展，经济效益成为经济生活中一个不可避免的主题。社会上一度刮起一股“一切向钱看”的歪风。面对这种新情况，邓小平同志再次强调了宣传思想战线必须把人民的利益、社会主义的利益放在首位，坚持社会效益第一的原则。1983 年 10 月，他在党的十二届二中全会上明确指出，“思想战线不能搞精神污染”。1985 年 9 月党的全国代表会议上，邓小平同志更严肃地指出：“思想文化教育卫生部门，都要以社会效益为一切活动的唯一准则，它们所属的企业也要以社会效益为最高准则。”邓小平同志这里用“唯一”和“最高”来强调社会效益，说明包括出版在内的所有社会主义思想文化部门只能以此为行动的准则，必须在自身的一切活动中首先考虑社会影响、社会效益。这些年的实践也证明，不如此就会犯错误，就会背离社会主义方向。

二、坚持社会效益是出版工作的社会主义性质决定的

把社会效益作为最高准则是由我国出版工作的性质和任务决定的。就普遍意义上讲，出版是一项文化事业，出版工作是一项意识形态的工作，这在世界各国都是一样。任何社会都是由经济、政治和文化组成的缺一不可的整体，其中经济是基础，政治是经济的集中体现，文化则是经济政治的反映，属于意识形态。我国政治经济的社会主义性质决定了属于文化范畴的出版工作只能是社会主义性质的。它的首要任务是宣传教育工作,是在思想领域中传播马克思主义的正确理论以影响和作用于经济政治。意识形态是具有阶级特征的,出版作为意识形态也就必然具有鲜明的思想性和政治性。我国出版事业的这一性质决定了必须坚持为人民服务、为社会主义服务的方向。在现阶段,就是要为经济建设和社会主义精神文明建设服务,为"抓住机遇、深化改革、扩大开放、促进发展、保持稳定"这个全党全国的工作大局服务。这一切说到底都是出版工作的社会效益。

社会效益不是抽象的、空洞的,它有着具体的内涵。从邓小平同志的大量论述可以看出,社会效益主要指精神生产活动和精神产品要有益于社会主义现代化建设和改革开放,有益于社会主义精神文明建设和培养四有新人,有益于建设有中国特色的社会主义。是在改革开放初期的 1983 年, 邓小平同志就指出:"各项工作都要有助于建设有中国特色的社会主义,都要以是否有助于人民的富裕幸福,是否有助于国家的兴旺发达,作为衡量做得对或不对的标准。"1992 年,邓小平同志视察武昌、深圳、珠海、上海等地时又提出了判断改革是非的标准。他说:"判断的标准,应该主要看是否有利于发展社会主义社会的生产力,是否有利于增强社会主义国家的综合国力,是否有利于提高人民的生活水平。"这是判断当前一切工作成败的标准,同样也是判断出版工作社会效益好坏的标准。三个"有利于"既含有政治、思想、道德、文化等方面的内容,也含有经济、科学、技术等方面的内容。一些经济理论、科学技术的出版物其社会效益的最终体现就是为社会带来的经济成果, 所以可以说出版所体现的社会效益中也含有促进我国经济发展,促进社会主义生产力提高的内容。

牢记社会主义出版事业的性质、任务,自觉地把社会效益放在首位,应该是我们出版工作一切活动的出发点,任何时候,都决不能忘记这一点。

三、树立讲社会效益就是讲政治的观念

把社会效益作为出版的最高准则也是讲政治的体现。江泽民同志最近多次提出要增强政治意识。他说:“这里所说的讲政治,包括政治方向、政治立场、政治观点、政治纪律、政治鉴别力、政治敏锐性。”又说:“我们搞现代化建设,中心任务是发展经济,但是必须有政治保证,不讲政治不行。”出版工作要讲政治,首先就是要坚持出版工作鲜明的政治导向,坚守出版业这块社会主义思想文化阵地,负起巩固和发展安定团结政治局面的责任,在关系到人民利益、党的原则、国家安全、民族团结、对外关系等重大问题上,要十分慎重。每个出版工作者都要恪尽职守,守土有责,对出版物严把政治关,不允许出版任何导致混乱甚至动乱的东西。出版物中凡涉及重大问题必须与党中央保持一致。有些问题可以在一定范围内研究,但是否可以公开出版则必须慎重选择,稍有不慎就可能造成不利于大局的影响,这方面有过的教训,我们一定要记取。每一个出版工作者都要牢固树立讲社会效益就是讲政治的观念。

四、正确处理社会效益和经济效益的关系

讲出版的社会效益是建立在对出版业和出版物的科学认识基础上的。出版业有两重属性,它作为文化事业,属于意识形态,是上层建筑;但由于它有特定的产品,所以从另一方面讲又是国民经济的一个重要产业,它的运作中有经营问题,有经济成分,有经济规律。在市场经济条件下,任何精神文化产品都具有双重属性,即既具有社会价值,又具有商品价值。以出版物来说,从其内容讲是精神产品,就其载体讲是物质产品,精神产品具有影响精神世界和指导实践活动的社会效益,物质产品具有商品属性要进入流通领域,实现商品交换取得经济效益。过去在实行高度计划经济管理和国家统收统支体制的条件下,出版单位几乎不存在自身经济效益和所承担的社会责任及社会效益的矛盾。现在许多出版单位实行自负盈亏和自我发展的体制以后,这

种矛盾显露得比较突出，这就必然带来了如何正确处理经济效益和社会效益关系的问题。出版单位在创造社会效益的同时争取好的经济效益，无疑会进一步推动出版业的发展，但是如果只注意经济效益而忽视社会效益，忘记精神文化产品作用的对象不是人们的物质需求而是人们的精神需求这一基本特点，就会使出版工作偏离社会主义轨道，从根本上违背人民的利益。

针对这一情况，邓小平同志多次明确指出："新闻、出版"等方面的工作是"思想战线"的工作，反对"把精神产品商品化的倾向"。根据邓小平同志的思想，江泽民同志 1989 年就指出，社会主义的出版事业是"意识形态领域的组成部分"。1994 年他又在全国宣传思想工作会议上讲："随着社会主义市场经济的发展，精神产品的生产流通同市场运行一般规律的联系愈益紧密，确实也有经济效益的问题。""同时也要看到，精神产品又具有不同于物质产品的特殊属性，它们价值实现形式更重要地表现在社会效益上。"

正是为了保证社会效益的实现，出版界提出了"在社会效益与经济效益发生矛盾时，要把社会效益放在第一位"。这种提法是对社会效益为最高准则这一思想的具体化，它并不意味着一个出版单位的经济效益可以和出版的社会效益平起平坐，而是正如个人利益要服从党的利益一样是一种处理具体问题的原则。坚持这一原则，是出版工作"一手抓繁荣，一手抓管理"总的工作方针的保证，也是符合深化出版改革，实现出版业从数量增长向优质高效的"阶段性转移"目标的。回顾这些年来出版业取得的成绩，正是在出版工作中坚持了这一原则的结果。一批优秀的出版单位牢记社会效益为最高准则，推出了大批堪称精品的精神产品。而那些思想不健康、内容有害或平庸出版物的出笼，究其原因根本的一条就是背离了这一原则，所以在当前重申社会效益为出版的最高准则，重申出版单位的经济效益必须服从出版的社会效益是完全必要的。

讲社会效益并不排斥出版单位的经济效益，出版单位要讲经营，要研究出版物市场的经济规律，也要谋求自身的经济效益，有一定的经济实力是自我发展的基础。但是作为出版单位首先必须看到的是自己的使命与责任，把社会效益放在第一位，在这个前提下争取两个效益的统一。事实上，许多有好的社会效益的精品图书，往往也拥有较广大的读者，在中宣部组织的“五个一工程”中获奖的图书，有不少发行量相当可观，这说明两个效益的统一是能够做到的。那种认为两个效益会矛盾甚至对立的观点是十分片面的。关键还在于出版单位如何操作，在于你推出的图书是不是真正反映时代要求、受到社会欢迎的精品。把社会效益放在首位应该是每个出版工作者的职责。具体地说，我们编辑出版每一本书，办每一件事，都应该先考虑它符合不符合党的要求，对全党全国工作的大局有什么影响，对社会主义物质文明和精神文明建设有什么作用。我们强调恪尽职守、守土有责就是为了从每个人、每个岗位做起来，保证出版工作的社会效益。

建设中国特色的社会主义离不开两个文明的建设，而精神文明的建设尤为重要。邓小平同志说：“不加强精神文明的建设，物质文明的建设也要受破坏，走弯路。”他明确提出了精神文明是中国特色社会主义的基本特征之一的思想。出版工作只有永远坚持社会效益为最高准则，才能担负起党和人民的要求，担负起时代的使命，在建设社会主义现代化强国中做出应有的贡献。

（原载于《编辑之友》1996 年第 2 期）

追记：那些年我写的杂七杂八东西中这篇该称为三“最”，一是题目最长，因为要表明观点，换个《论出版的社会效益》之类味道不足；二是最像论文，内容严肃，绝对主旋律，欠缺的是文后没列参考文献（这本来是极易办到的）；三是最没人看，我相信出版中人扫一眼标题和小标题不错了，真细读下来的绝对廖廖。这几个最是现在回顾，当时顾不

上想这些。

这是一篇有些由头的论文，是一篇目的明确的论文。

1996年春大概是第2期出版前后，一天一上班就接到通知，出版局要调刊物第1期审读，这就意味着这一期出了问题，还可能不是小问题。与此同时，山西人民出版社社长宋富盛也叫我去，去了才知道高层某处打下电话来，责问第1期刊出《对"两个效益"提法之质疑》是怎么回事。按照一般推理，查某一篇肯定是这篇有问题，还不是小问题。如果是政治问题，那是不追究作者而会追究出版者的，因为"出版有纪律"是从事出版的常识。消息很快在周围传开了，最邪乎的是说《编辑之友》要被吊销刊号了。这也难怪，因为那些年办刊最怕的是出"政治问题"。

被查阅的那篇文章是我编发的，文章的基本观点是社会效益是基于全社会的，不仅空间大而且时间上也很长，它是较抽象的，往往难以在短时间反映出来，也不易用数量表示，经济效益就是单指出版这本书出版社获利（主要是钱）多少，二者不在同一范畴，把两者并列起来作为对出版社的要求是不妥的。这种观点我认为有其道理，虽然关于两个效益的提法已经到处在讲，也上了文件，但这也并不是不可讨论的，况且这也没有违背四项基本原则。至于作者，是江苏科技出版社的蔡克难，那时还比较年轻，但在编辑出版研究方面已发过不少文章，有一定名气，这篇是自投稿。作者本人还是"红军的后代"，政治上没听说有什么问题。从刊物来讲，推出些"标新立异"、尖锐、新鲜的文章是办刊之道，也是发展之道，刊发这篇文章完全符合这种要求。但当时这些道理是不容讲的，争辩只会把事搞坏，关键的是沉住气，先听上面讲，要尽快弄清问题在哪。

利用由这份刊物的影响而建立起来的关系，我很快联系到了以前就认识的中宣部出版局局长高明光，这才知道是因为中宣部领导刚有个讲话，其中又讲了一番两个效益，可就在他讲话之后我们刊出了这篇文章,于是有人认为是一种干扰。原来问题出在“时”上,“时”真是太重要了,怪不得人们爱说“赶上好时候了”的话呢!高局长是很开明的,态度是:学术上讨论是可以的,但是影响要注意。前半句话就把我们解放了,后半句是个高标准,今后努力就是了。有了这个底,以后的事情就好处理了。

但是,既已被过问,总得有个态度,有个交代。向局领导汇报后采取的措施之一是另发一篇谈两个效益的文章,但又不能形成对这一问题的讨论,那就从正面来讲出版工作必须社会效益第一吧。执笔当然得我,但也好,逼自己认真把邓小平的论述、江泽民的讲话及相关文件阅读了一遍,仔细找到相关论述,做出笔记,最终完成了这一篇,然后由宋富盛和我署名发表。

写此文正值中央提出“讲政治”之时,所以专写一段把社会效益与讲政治联系起来。而且在这一段中又写了“有些问题可以在一定范围内研究,但是否可以公开出版则必须慎重选择”,对于这方面“造成不利于大局”的教训,“我们一定要记取”。这些话,表面上看是泛泛而谈,但实质上是有所指的,也是向有关方面的交代和检讨。

大概因为文章的主题重大,所以后来好像也被某权威复印资料转发了。几年后山西省版协要编一本山西的出版研究论文集(这在山西还是第一本),论文以版协组织的几届出版研讨会入选论文和在《编辑之友》上发表的山西作者论文为基础,这一篇不仅选入,而且是排在首篇,理由不说大家也清楚,论题太重要了嘛。

培育和建立出版市场体系的战略思索

从 1996 年到 2010 年，是建设中国特色社会主义事业承前启后、继往开来的重要时期，是社会主义的物质文明和精神文明重大发展的关键时期。

进入这一时期，中国出版业除了为全社会的精神文明建设做出自己的贡献之外，自身还面临着一个建立既符合社会主义市场经济的要求又体现出版规律的新体制的课题。这不仅是党的宣传部门和国家出版行政管理部门的重要任务，也是出版界自身的奋斗目标。

这种中国特色的社会主义出版体制的基本构架大略应该包括三个方面：一是培育和建立一个繁荣健康、竞争有序的出版市场体系；二是完善和强化一个科学管理、运作有效的出版宏观调控体系；三是确立和发展一个法制完备、严肃慎密的法律保障体系。三者之中，出版市场体系是核心，是难点，也是与出版单位及出版从业人员关系最密切之点。

培育与建立这样一个出版市场体系是与我们的社会主义市场经济体制相吻合的，它既包含着出版业发展的规模和效益，体现着出版繁荣的程度，也包含了出版单位在市场中的主体地位和灵活的经营机制，从而使出版市场在竞争中发展，健康并有序。

要研究这一问题，我们必须首先审视我国出版业的现状，包括成就及问题。

我们应该承认，随着改革开放的深入和社会主义市场经济的逐步建立，我国出版事业的管理体制和运行机制已经发生了许多积极的变化，出版产业化速度加快，尤其是近年来在全国出版业中进行的“阶段性转移”，一批良好、优秀出版社的涌现，一批出版大“工程”的完成，一批具有较高文化品位又能适应市场需求的出版物的推出构成了出版繁荣的标志。

但是，我们也不得不承认，从计划经济向市场经济的转轨，使得出版单位在转向生产经营型和走向市场的时候面临许多新的困难和矛盾。社会效益与经济效益二者间的不够协调统一，不正之风对出版队伍的侵蚀，出版行业以外的力量对出版的介入与干扰，出版社内部管理的不严密以及种种原因下部分从业人员素质的下降都导致了出版物总体编校质量的滑坡和一些不良出版物的冒头，在社会上造成极不好的影响。

当我们要在未来 15 年内培育和建立出版市场体系的时候，我们不可回避而且必须面对与正视这些现实。

诚然，成绩是主要的，绝大多数出版单位是好的，而且在适应市场经济方面已经取得了初步的成果与经验。可从总体上看，我们离建设一个繁荣、健康、竞争、有序的出版市场体系的目标还很远。我们很赞赏一位出版前辈对目前出版业的分析，那就是我们的许多成果是由于目前出版仍是“行业垄断、市场分割”而得到的。由于行业垄断，出版业客观上仍有各种“保护”，容易取得发展，其他力量介入出版不得不以隐蔽的方式进行；由于分割，许多出版社还可以依靠行政手段，或者是隐形的行政手段来划定自己的“地盘”。

然而，一个完善的出版市场体系决不可能建立在这样两个基础上。

于是，我们必须立足于现实又着眼于未来，寻求培育和建立社会主义出版市场体系之路。

一、改变现有出版机构模式，对出版单位进行分类管理，实施不同政策。

综观我国现有的出版机构（大多名称为出版社，个别名称为公司、书店、印书馆、书局、出版中心等），基本是计划经济下的产物，于是呈现了这样一些特点：一是建国几十年来实行的出版单位审批制，在保证政治方向、加强意识形态和巩固宣传阵地方面起了积极作用，但是其长期以来形成的经济全靠主管部门负责的做法（包括亏损后仍给予资助）已不符合社会主义市场经济的要求，尤其是出版社的只生不灭现象（除个别因严重违纪被撤销社号外）更不适应现代经济发展的形势。二是目前出版社的专业分工既不是各自的出版资源所形成，也不是图书市场需求所造就，而是计划经济下行政行为的结果，由此而形成的某些特定图书的垄断经营与出版社先天性的贫富悬殊带来多方面的弊病。三是出版机构规模相近，既没有大的出版集团又没有精干的小出版社，而在各地又基本上是按小而全（各类出版社都有一个）的模式建立了一套专业社，这种模式残留着小农经济的色彩，既不利于形成全国的图书大市场，又不利于中国出版业参于国际竞争。

显而易见，只有变革这种出版机构的构成现状才能建立符合社会主义市场经济的出版市场体系，才能在这世纪之交的关键时期发挥出版对建设中国特色社会主义伟大事业承担的责任。

如何变革，一条可行的办法是放弃目前对出版单位“一视同仁”的做法。而代之以一种根据不同功能确定出版类别，按照不同性质，实施相应政策的管理办法。两年前福建一位青年编辑郑俊琰曾提出过类似思路，尽管其中可能有不完善之处，但毕竟是一种积极的探索。我们认为，对现有的出版单位基本上可以按其性质与主要功能划分为三类：①宣传性质出版单位。这类单位以承担思想意识形态的宣传教育为首要任务，在经济上不以盈利为经营目的，国家对其给予一定的经济保障；②文化性质出版单位。这类单位主要承担相应学科的理论图书及实用图书的出版，国家不提供经济支持，出版活动要保证盈利，不足部分由有关企业、团体、基金会等给予资助；③商业性质出版单位。这类出版单位应根据自身经济力量从事出版活动，在保证遵循有关法规的条件下完全按文化企业运作，直接面向图书大市场以求发展，包括追求相应的盈利。

对不同类型的出版单位，国家实行不同的政策，改变现有的出版机构模式，打破目前所有出版单位都必须依附于行政部门的状况。在不同类型的出版单位中，有的突出其上层建筑的思想宣传职能，有的突出其国民经济的文化企业职能，使其在各自的运作中形成专业特色。这种区别管理的前提是完善出版法规和调整现有的管理制度和手段。

目前的问题是宏观管理不严密，微观管理太具体。宏观上讲，我国至今还没有一部完整意义上的出版法，现行的各种出版法规是在不同时期根据当时情况颁布的，其中不乏过时、模糊、前后矛盾的成分。据统计，从新中国成立至 1995 年，各类出版法规共颁布约 398 件。这么多数量的法规恐怕是任何一个出版管理部门及出版单位都难以记清的。微观上讲，一些完全可以由出版单位自行决定的事项也由上级规定，例如选题制定（需专题报批者之外）、审稿程序、稿酬标准等等。事实上是管理部门既管不过来又不敢放开，整天查问题却问题不断，层层都负责可责任又不明确。这两类问题都应伴随着出版单位的分类管理而予以解决。

二、深化内部改革，按现代企业组织管理制度，改造出版单位

假如出版单位分类可以成立，那么少数出版单位可并入国家机关，实行公务员制（目前个别国务院下属出版机构已是如此），其余的则可以通过内部改革和外部环境的催促使其遵照现代企业制度，理顺产权关系，拥有全部的法人财产权，成为自负盈亏、自主经营、自我发展、自我约束的法人实体和市场竞争的主体。尤其是对文化性质出版单位和商业性质出版单位，更应加强其文化企业色彩，作为国民经济的一个产业部门来运作。要转换企业内部经营机制，利用市场作用调节出版的生产经营活动，提高出版物的质量和效益。

国家对出版的管理和宏观调控则应主要体现在法律和经济手段上，而不是单靠行政指挥和政策文件来约束。从市场流通上讲出版物是商品，完全可以通过法律制定要求来依法管理，例如对出版物质量则可通过法律来达到对问题的预防和出了问题后的追惩。对于不同专业的出版单位和不同类型(如不同的市场份额)的出版物则可用不同的税率来刺激或限制。出版单位是有产品供应社会的，对于产品的生产者，政府代表国家和社会对其管理和监督的主要方面该是产品对社会是否有利(如生产毒品则一定会被禁止)、产品是否合格(对伪劣产品要给予打击)、产品定价如何(反对不正当暴利)、生产过程对社会的影响(如环境、安全等)、产品对国家的经济利益(多少税收)。至于生产过程中的具体做法，一般是该由生产者自主决定。政府没必要去管生产的工艺流程、产品质量、新品研发、生产成本投入等等。政府需要有严格的法律和强有力的执法手段去保证宏观的管理。法律的制约、经济(主要是税收)的控制加上市场的调节会逼着生产者去规范生产和经营行为，努力以优质品来保证自身的生存与发展。当然，国家还可会同其他方面来组织一些有激励与引导作用的活动，如评比表彰等。这些对国民经济其他产业部门适用的作法对出版这个行业也不该例外。

与此同时，在出版机构的规模上不妨允许“两极分化”，既可以以经济关系为纽带按现代企业制度形成大的出版集团，来占领更多的市场份额和参与国际竞争，靠出版集团支撑起中国的出版物市场；也可允许出版机构小型化，由一些小的一年只出几种书至十几种书的出版社来补充大出版单位的不足。多元化的出版格局更适合于形成一个充满生机的和有利于竞争的社会主义出版市场体系，从而更好地服务于精神文明的建设。

三、完善出版物流通市场体系,规范出版物流通渠道及方式

出版物流通市场是出版市场体系的直观表现,也是建立社会主义出版市场体系最重要的环节之一。流通,就是出版物的销售和被读者接受。没有流通,出版物的社会效益与经济效益就无从谈起。改革开放以来,为解决出版物流通不畅的问题(形成这一问题的原因自然是多方面的)进行了发行改革,于是出现了“二渠道”。这在相当程度上活跃了出版物流通市场。但是,问题也随之出现不少。无论是“主渠道”的新华书店还是“二渠道”,都在向出版渗透。前几年以“协作出版”名义进行的活动中,两个渠道都在参与,而有些“二渠道”更是在利益驱动下肆意进行非法的出版活动,使得图书市场屡次出现问题。这种现阶段中国特有的现象决不是社会主义市场经济的应有内容,规范出版物的流通渠道及运作方式,建立一个完善有序的出版物流通市场仍是一个需要花大力气解决的问题。

我国的新华书店本身是有完备发行网络和巨大运储能力的图书发行企业,应该通过体制改革,保持优势,成为出版物流通市场的主干。由于行政和条块分割造成的出版物流通市场的阻隔,在一定程度上是地区发展不平衡和地方保护主义的产物,目前一些实力较强的出版社已经在采用种种方法(例如发展分销点)向外渗透,一些全国性的书市更为地方出版社提供了发展市场的机会。某省出版界就曾在书市上提出过颇有魄力的口号:“新市场、老市场,都是××(本省名)大市场。”这说明形成全国统一的出版物流通大市场既是出版界的呼唤,也是大势所趋。

完善出版物流通市场的一个重要方面是必须规范流通渠道、规范运作方式。“二渠道”的合理成分可以保留,但其中一些不合理不合法甚至违法的行为必须坚决予以纠正、限制和制裁。我们提倡出版物流通市场中各种经济形式和经营方式并存,例如建立图书发行的股份公司,实行连锁经营、租赁承包、国有民营等经营方式等等。但是与此同时必须加大管理与监督的力度,保证市场的有序化和经营主体行为的规范比。对“二渠道”这一特定条件下的产物更需积极研究、采取对策,对书商的违法行为则更要严厉打击,否则势必给出版流通市场造成越来越多的混乱。对出版单位的“自办发行”也需要规范,或者说应该从各自的实际情况出发寻找一条适合本出版单位情况又适应整个出版物流通市场的路子。

四、组建市场经济下的行业性组织,实现行业的内部协调与自律

我国目前有一些行业性协会,例如出版工作者协会、印刷协会、发行协会等,但由于历史的原因,这些协会只是同级行政管理机关的附属,在一定程度上是安排从行政管理岗位退下来的领导干部的处所。协会资金不足、权威性不够,只能协助行政管理机关做点组织学习、评比先进(对后进者或违规者都无能为力)以及理论研讨活动的工作。这在过去计划经济的条件下是发挥过一定作用的,但是它远远不是现代社会市场经济下的行业性组织。

我们说的行业性组织,它的名称可叫协会、公会等等,是市场经济发展到一定条件下自然形成并自愿参加、对本行业具有一定管理职能和自律性的组织。它可以协调行业内的各种关系,制定行业规范和行业标准,倡导行业的职业道德并监督其执行。简单地说就是可以由该组织成员共同制定行规,从而对外维护本行业成员的利益和对内打击本行业中的不正之风,同时还可以通过这一行业组织来协调本行业的产供销,避免不正当竞争和生产经营的盲目性。它应该是政府与产业之间的桥梁,它的作用是对政府管理职能无法涵盖和法律法规不可能具体管到之处的一种补充性管理。用一个比喻来说它更像个道德法庭。

这样的行业性组织相对独立于行政管理机关(政府),但是在本行业有相当的权威性,它的经费可以全由本组织成员负担。随着政府职能转变和管理方式的变革,政府将把重点放在宏观调控方面,而行业组织将承担起一些过去由政府行使的管理职能,从而配合政府宏观调控，保证本行业对国家法律、法规、政策的执行。

现代意义上的行业组织的出现是建立社会主义市场经济的必要保证，也是本行业各从业机构及从业人员的要求。不久前全国文艺出版社曾召开联席会议，会上共同议定了一些约束规定来应对目前文艺图书出版中大家共同面临的问题。这似乎已经具有产生这种行业组织的萌芽。

五、提高出版队伍素质，建立本行业用人制度和人才培养机制

如果说出版物是特殊商品，那么生产出版物的行业自然应该是特殊行业，对从事这样一种特殊行业的人，理应有其特别的要求。现在的问题是，我们一方面对出版队伍，特别是编辑队伍提出种种要求，例如政治思想素质的要求、道德水准的要求、专业知识的要求等等；但另一方的现状是似乎任何人都可以搞出版。在不少地方是通过各种关系就可以进出版单位工作，当编辑简直不在话下，即便是社长总编，也可以派任何一个相应级别的行政干部（与出版业务毫不沾边的行政干部）来担任，只要上任，自然就会终审稿件、指挥出版了。在这种情况下，一些再好的保证出版物质量的制度和措施也无法真正起到其作用。当医生要特定的资格，当律师要特定的资格，甚至开汽车、烧锅炉也需要特定的资格，而偏偏从事影响人的思想、道德、文化的出版物的生产人员并没有特定要求，这本身就是值得深思的。也许有人会说我们对编辑人员是有要求的，可那些要求与对其他行政机关工作人员的要求有什么差别，几乎没有。这个问题不解决，提高编辑出版队伍素质就难以落在实处。

我国自古以来就有“文如其人”的说法。文化人应该有较高的人品，作为从事出版的人员来说也该有较高的道德水准。但现实是这些年进入出版队伍中的有少数人品质甚差，其中不乏有相当学历和身份者。由于其本身修养的欠缺，再加上出版界前几年买卖书号等不良问题的影响，这些人根本不懂职业道德、敬业精神，而是千方百计利用出版这一行业设法牟取私利，甚至与不法书商相勾结来挖出版社的墙脚。这种情况不仅与建立社会主义出版市场体系的要求相距甚远，而且使得目前加强对出版人员进行职业道德教育显得格外重要。

现在各级出版管理部门已开始抓人员的教育与提高工作，实行岗位培训、持证上岗等措施，这不能不说是一个好的开端。但是仅仅这些还不够，因为这种做法中还有很多短期的和应急的色彩，有些东西不是十几天或几十天的培训就可以立竿见影的。所以根本上说还在于建立一套出版行业的用人制度、考核制度并有相应的标准。在这方面，前面提到的行业组织建立后应该是能发挥一定作用的。

与此同时还要从培养和造就出版人才出发，形成一整套人事机制。这方面大致可以包括三方面内容：一是从业资格，保证从业规范化，这是把住了这支队伍的入口关。二是在岗人员的职业教育，保证其政治思想业务素质的不断提高和适应时代发展的需要。三是对不合格人员的淘汰。这种淘汰要从人治走向法治，使那些思想水平、道德水准、业务能力诸方面都不达标的人自己感到呆不下去，改变目前只要进入出版单位就可以一直混下去的现象。只有如此，才能保证有一支本身具有较高的精神文明，而且能为两个文明建设尽职尽力并有所作为的出版队伍。

人的问题是最复杂的问题，要做到以上这些确实不易，但是从坚持社会主义出版方向、适应社会主义市场经济和符合出版工作自身规律出发，必须解决用人问题和人才的培养教育问题，目的是全面提高出版从业人员尤其是编辑人员的素质。提高素质，已经喊了多年了，也可以说，早形成了共识。但实践中究竟如何去做，能不能尽快见效，这才是出版跨向新世纪时必须面对的课题。

六、建立出版的社会化服务体系，保证出版业的繁荣发展

前面讲过，我国出版单位目前的构成特点，如果从内部建制上讲，基本上有两个特点，一是小而全，各个业务环节都有相应的部门；二是模仿行政机关而缺乏业务(生产)特点。这种情况是建国以来把出版单位视为党的一个宣传工作部门和长期实行计划经济所形成的。在过去的历史条件下,这种建制的运行是可以的,但现在则不同了,这种建制已不能适应出版业的发展和社会主义市场经济的建立。就生产效率而言,部门众多势必忙闲不均,互相影响,而且本身运转中的许多弊病也在影响着出版物的质量。以三审制为例,由于小而全,不具备审阅某部书稿能力者即便认真初审也未必达到水平;由于类似行政机关,所以一旦成了出版社或编辑部负责人则不论其知识如何,对任何学科书稿都可终审、复审。这在某种程度上好像一个医院只要各个科都设立就各种病人都可以诊治，只要一当医院院长就敢对各种病的诊治拍板。这怎么会成为高水平的医院呢？而随着出版产业的规模化发展,出版专业分工必将日趋专业化、细致化(这与目前主要靠行政方式规定的专业分工不同),出版诸业务环节的不同要求也会日益严格精密,这种要求与现存的出版机构建制之间的矛盾势必突出,解决的办法是建立和形成出版的社会化服务体系,靠社会大出版圈来保证出版物生产的优质、高效,为出版单位走向市场提供条件。

出版社会化服务体系从业务性质上可以区分为许多类,参照国外经验,可以有:①咨询服务机构,主要从事市场调查、选题预测、出版对策研究、图书整体策划等。②编辑服务机构,主要从事出版社委托的编辑加工、装帧设计、排版印制、校对、发行等业务。③版权代理机构,主要进行作者的代理(为作者联系最佳出版单位)、出版社代理(代理版权贸易、代理图书宣传、发行等)等事项。④图书直销机构,如读者俱乐部等,为出版社与读者之间寻找沟通,为读者服务的同时使出版单位也得到利益。当然还可有其他一些。

值得一提的是，在 1996 年的全国新闻出版局长会上已经提出了这一问题,而一些初级的社会服务形式目前在我国也露端倪。例如河北组织一些老同志办起了编辑服务社,并已经为本省几家出版社进行了较成功的服务。中国青年出版社成立了装帧工作室，在完成本社任务的同时承接其他社的任务。如此种种都是一些可贵的尝试。

建立社会主义出版市场体系，这是需要一代人甚至两三代人完成的使命。随着新世纪的来临，建设中国特色社会主义的伟大事业正蓬勃发展，中国出版业既肩负重任又充满希望。稳健地走过今后十年的路程，中国出版业必将创造一片新的辉煌！

（原载于《编辑之友》1997 年第 2 期）

追记：主编学术期刊，没必要也不应该是本领域或日本学科的学术人物，但也不能成为本领域或日本学科的局外人。前者，易囿于学术定见而难兼收并蓄；后者，难与学者专家平等对话而缺乏亲和力。出于此种认识，我那几年在编刊的同时也有意识地做点研究，本篇就是“产品”之一。文章参考了一些他人成果，如中国出版科研所的某些信息资料就给了不少帮助，有关出版法规的统计数就是来自那里。文章刊出后很快被《人大复印资料》转载，后来又收入山西的第一本出版研究文集中，好像在地区性论文评比中还得了个什么奖，这似乎说明有些反响。但更能说明影响的倒是另外一件轶事。

1999 年夏，我应邀去某省期刊培训班讲课，晚上该省新闻出版局的一位领导来看我。我们是于一次会上相识的，他那时还是一个出版社的社长。因为他经常发表文章，对编辑、出版都有很多见解，所以我们一见如故。知道我来了，他专门过来看望的。这晚闲聊，他谈到最近写了个大题目，是论中国特色的出版产业化的，计划在当地社科刊物上发表。我一听很感兴趣，说这种内容给我们刊物吧。他答应了，第二天派人给我送了过来。等到回来一看，文章不短，有两万字，但通读下来却使人哭笑不得了，原来此论文后一部分的内容是原文照搬我们这篇文章的。我相信他不会是抄袭者，推测之下，只有一种可能，那就是上了高一层领导岗位后顾不上亲自写了,成文是别人代劳。代劳者或是出于应付,或是比较年轻没有经验,抄也没有抄好,表现是一来原文照抄,二来个别改动还改得没有道理,如原文中“各类出版法规共 398 件”被改成“398 条”,大概是认为“件”太多了。代笔者从应付领导出发,除去移植我们的,其他是否也全是“拼装”别人文章呢,不好说了。文章是我主动要来的,现在发是不行,但要不发总得有个交代,直截了当实在不妥,着实令人为难了好些日子,临年底才想法委婉做了处理。

后来据该省版协的朋友讲(他不知上述情况),这篇文章在当地还很受重视,当年该省版协出版一个论文集,书名叫什么“求索”,此篇赫然排在第一。编书者后来给我们寄来一本(那些年各地将出版论文集寄赠我们这份刊物的不少),一看原先抄袭的内容一点没变,真可谓“立此存照”了。

虽遇到这么一种情况,但换个角度想,你的东西别人愿意一古脑“拿”去,说明这个东西总还是值点钱的,而能够借助于更权威者把你的观点再传播一番也不是坏事,这么想也就释然了。“拿”上别人的东西再送去给原主人鉴赏,这类事不会多。虽系偶然,但也是那些年见到的“怪现状”之一吧。

出版集团化的“冷”与“实”

1995年底的一次研讨会上，上海的陈昕谈了建立出版大企业和大市场的观点，这大约是我听到的最早关于出版集团化的呼声。两年过去，这方面的讨论越来越多，“造大船”成了出版界的热门话题之一。在一些大型的图书订货会上，有些地区也打出了集团的旗号，似乎中国出版的集团化已经行动起来，真是一派热闹景象。然而，细细思考一番，我倒是觉得对这个问题，现在该强调的是“冷”与“实”两个字。说冷，是因为这个问题没必要这么热，需要的倒是冷静地审视我们出版界的现状和冷静地对待改革中出现的新矛盾和新问题。这也包括实实在在地去研究和解决走集团化道路时必须解决的问题。造舆论是必要的，但一哄而起却不可取。

有人说，出版的集团化是新一轮改革的突破点。是不是如此我看难说。首先是用几轮的概念来表述出版改革进程不见得妥当。其次是目前出版改革中出现的矛盾也未必全能靠集团化的办法解决。可以走向集团化道路的终归是少数出版单位，而出版改革却是所有出版单位都需要进行的。

集团化问题是由出版改革而提出的，但是否解决集团化问题就可以使改革深入呢？我看也未必。改革开放18年来，中国出版业确实取得了历史上从没有过的辉煌成绩。这里不需要再列举数字与事实，那是众所周知的。但是改革的深入也触及与暴露了许多问题，例如诸多出版部门、单位发展指导思想上的模糊，出版发展战略目标的缺乏，出版部门与出版资源分布的失调，出版专业分工的不合理，图书生产的低水平操作和资源浪费及市场分割等等。这些有的源于长期的计划经济，有的是新的形势所带来的，也有的是工作失误所造成的。不论其原因如何，其结果是形成了对中国出版业继续发展和步入社会主义市场经济的严重阻碍。前些年在出版领域引进经济承包体制，不仅没有促进出版改革的深化，反而诱发了一系列问题，迫使从上到下治理整顿，以致使“不出坏书”这一最低标准的要求成了相当普遍的追求目标。当出版界在很大层面与很大程度上尚有许多问题阻碍着自身的发展时，谈出版集团化的道路显得还甚为遥远，急匆匆地进行努力，其结果实在令人担忧。过去几十年中，我们在经济建设和文化建设上都提出过许多诱人的目标，也办了一些当时轰轰烈烈令人振奋的事，但大多数最终是过眼烟云，其原因是我们的脚还站在社会主义初级阶段的入门处，而身子尤其是脑袋却前进到很高层的社会了。现在对于出版集团化这样的大热题，或许还是冷一些好。

组建出版集团是好事，而且肯定也是中国出版业发展的必然趋势，但是从眼下看，在许多问题还未能解决之前，恐怕还应走稳中求进的路子。不妨就自己思考所及，谈几个方面。

一是出版业的性质问题。长期以来我们把出版视为事业，是由国家垄断的文化事业之一。这对于保证精神生产的政治方向，是有重大意义的。这一点，在今后仍需要坚持。但是作为一个集团，而且要成为市场竞争的主体，那只能是较完全意义上的企业。虽说我们现在绝大多数出版机构是“事业单位、企业管理”，但毕竟还不是完全的现代企业，还不能像其他企业一样成为自负盈亏、自主经营、自我发展、自我约束的独立法人，政企不分是普遍现象。在这种情况下组建的出版集团是企业还是仍为“事业单位、企业管理”？如是前者，俨然与我们长期的观念、管理体制和运作要求不同；如是后者，只不过是会并出另一个大些（更准确说是人多些）的出版社而已。这种本质上的问题搞不清，即便挂出了集团的牌子也只能像有人指出的那样,“集而不团”,只具备“造势效应”。

出版本身有其意识形态特性,也有其作为文化企业、属于第三产业的一面。国外把出版看作“朝阳产业”,当是着重于后一方面讲的。我们谈组建出版集团应该说也只有立足于后一方面才行。针对我国目前出版单位的构成现状和管理模式,在组建出版集团之前,可行的办法是先对出版社实行分类管理,使不同的出版社突出其主要性质,然后其中一些完全作为企业法人的出版社则可以按照党的“十五大”提出的经济体制和国有企业改革的原则、要求和方法进行探索,到那时才有可能较彻底地使出版走产业化运作之路,从而组建出版集团。说得更明白些,只有明确出版业的企业性质,才能按“十五大”的经济体制改革的要求去实施公有制实现形式的调整完善和企业的战略性改组。

二是出版业的功能问题。根据通行的看法,出版物既是精神产品又是商品,作为精神产品它属于意识形态,作为商品它的生产流通要符合经济规律。出版物的两种不同功能决定了出版的两个效益问题。用句被广泛引用的话表述,出版要“坚持把社会效益放在首位,力求实现社会效益和经济效益的最佳结合”。这一结论是由于建立市场经济而凸显出来的。在计划经济下,出版物的商品功能并不被人重视。那么,出版的双重功能在组建集团后如何看待,是否也像一般企业集团一样,以提高经济效益为中心,这又是一个不能不面对的问题。

解决这一问题,有一种积极的思路是对出版社进行分流管理,即根据不同功能确定出版类别,按照不同性质实施不同的政策。对现有的出版单位基本上可以按其性质与主要功能划分为三类:①宣传性质出版单位。这类单位以承担思想意识形态的宣传教育为首要任务,在经济上不以盈利为经营目的,国家对其给予一定的经济保障。②文化性质出版单位。这类单位主要承担相应学科的理论及应用图书的出版,国家不提供经济支持,出版活动要保证盈利,不足部分由有关企业、团体、基金会等资助。③商业性质出版单位。这类出版单位在保证社会效益，遵循有关法律、法规的条件下完全按文化企业运作，直接面向图书大市场求得发展，以追求丰厚的经济收益为全部经营活动的目的。对不同类型的出版单位则由国家施行不同的政策予以宏观调控。这样做也就为出版的集团化组构提供了必要的过渡。

三是出版集团化的基础问题。关于集团化，几乎所有的倡导者都认为应是以经济或者说资本为纽带，按现代企业制度组成的利益共同体。这固然不错，但在目前我国出版单位本身还不是规范化企业运作机制（更不要说现代企业了）的情况下，集团又怎能达到上述程度呢？日本的出版集团强调的是"共同的出版理念"，而在我国还不可能有出于共同追求而出现的联合，于是能作为基础的只有行政作用或者利益吸引了。如是前者，那在现有的体制下极为方便，尤其是地方，只要在局的管理下重组总社（有的省就没有撤销过），换个牌子就是集团，而且还可以堂而皇之地宣称这就是以资本重组为基础的。这样的集团与我们现在研究的集团本质上相去甚远，这是谁都明白的。如果不是行政作用而是利益吸引或者说驱动，这在目前更不可能。从主观上讲，现在的出版社基本上是只生不灭，没有因为经济问题而办不下去的。加之中国传统的"宁当鸡头不当凤尾"心理，恐怕极少有人愿意自己被兼并被联合。从客观上讲，你想与人联合，主管部门同意吗？山西的与河北的联合，大学的与地方的联合，能联合成吗？这个中国特色不去正视，而是一味设想参照国外做法，我想也只能是书生意气、坐而论道。

四是组建集团的方式问题。这方面议论最多的是纵向与横向。纵向是依靠自身力量分化形形色色的子公司，横向则是平行的企业之间或者跨行业、跨地区、跨部门进行合并、重组。这两者在国外都可以找到可资借鉴的成功先例。综观这些先例，一个最根本的共同点在于它们都是由于市场推动，是经济规律使然，这点尤为重要。这些年我们说出版社转变为生产经营型，实际上这种转变并未完成，在出版社内以至在出版界内，行政管理的成分还不少，如果在这种情况下仍以行政统辖的方式组建集团，我们可以想象出结果。现在的出版物市场是分割的，存在严重的贸易壁垒，各省各地区之间在图书上地方保护、“互换码洋”已是不争的事实，如果一转眼各省都成了集团(这是极有可能的)，这种情况只会加剧，这与出版集团化的初衷又将是南辕北辙。

五是集团化的具体运作问题。出版集团化很可能是出版界自身的一场革命，一场自我调整完善的革命。既是革命，就有许多理论问题要先研究明白。没有革命的理论，就不会有革命的行动。诸如前面提到的(当然远不止这些)一些基本概念、基本界限都弄不清楚之前，实在不宜立即着手去实际操作。在一些阻碍出版改革深入的问题还得不到进一步解决，或者说在找不到解决的最好途径之前，也实在是不宜着手集团化操作的。

如果这种认识不错，那么在当下的工作应当放在两方面。一是在理论上就一些关键性问题深入研究，理论上的重大突破会导致现实的巨大变革。二是在具体政策上进行调整，这当然不是指对集团化后的出版业的政策，那还是以后的事。现在有些政策规定，例如在出版社专业分工上，在出版社设立分支机构上，在书刊严格区分上，在出版业引进业外资金上等等都与出版业的重组和集团化不协调，如何调整需要积极慎重地考虑。

出版的集团化是具有战略意义的一步，冷静地实实在在地走好这一步，才能实现中国出版业的战略性改组，使中国出版业创出下个世纪的辉煌。

（原载于《中国出版》1998 年第 3 期）

追记：1998 年时在中国出版界集团化已成为热门话题，不仅种种会议上可听到，在行业报刊上也有不少议论，多数是讲必然、前途之类的。《编辑之友》也发过一点，但没表现出有多么热衷。当时《中国出版》

辟专栏组织讨论，负责该栏的是编辑张连平。我们有次见面聊到这个话题。我对已有的讨论很不以为然，认为本质上的问题不触及，说什么集团化全是空谈。他说你怎么这么看。我打了个比方，如果设计师在讲他设计的服装如何之好，你问他是男人穿还是女人穿，他说没考虑，那你还会相信他设计的服装合适吗？张连平说你这倒是一家之言，可不可以写出来，我说只要你肯登我就写。文章对当时的热议是泼了冷水的，但也没人跳出来反对，引起一些关注是肯定的，表现之一是当年的《中国出版年鉴》对此文做了记载。

十年过去，出版集团化已经遍地开花了，各省都建立了各自的出版集团。实践证明，当时我持的一些观点是对的。比如第一个问题是出版社的性质问题，现在都从事业单位转换为企业了，“转企”成为出版业深化改革的一个有历史意义的大事。不但出版社，政策已经指导报刊出版单位也在“转企”后组建集团了。有些问题没解决恐怕是还待条件成熟。当然这不是说明此文有什么高明，而是说明出版研究也要按照毛泽东、邓小平都一再强调的“实事求是”去做，少说那些赶潮流的空话，有点独立思考精神，要讲就讲点实话（不能讲时可以不讲）。只有如此，出版业才有希望。推而广之，也只有如此，一切事业的发展才有希望。

学报:审读的浮想

这里讲的学报,不是那些《化学学报》《地质学报》之类,而是名称为大学校名加学报二字的那种。对这种学报,我是极少整本去读的——尽管编学报者认识不少,学报的会也参加多次——不过类似我者大约不在少数。河南一位主编学报多年的朋友曾在一篇文章中写道:"真正意义上的学报读者一个也没有。"虽然原因与学报往往综合各学科内容有关,但这话让人读来总难免有些悲凉。最近,因为参与了一项期刊评审,逼着自己耐心读了若干份学报,读之中不免有些想法,姑且谓之浮想,但这不是那个能够联翩的"浮想",只是浮浅之想而已。

学报是什么

学报是什么?自然是期刊,但好像问题也没这么简单,因为在许多时候论及期刊时并不关乎学报。这不是危言耸听,手头就有资料可证。2003年,我国开始编制"中国出版蓝皮书"。这是对出版业进行年度分析研究的报告,自然是权威的。它们的正式名称是《2002~2003年度中国出版业状况及预测》(中国书籍出版社),其中有总报告又有专题报告,有个专题就是讲期刊的。可无论是总题还是专题,没有一字一句涉及学报。同时出版的还有一本"国际出版蓝皮书",参与研制者中还有外国专家,但不提学报的情况与上述那本没有两样。也许外国没有学报,笔者才学不逮、不敢妄议,且搁过不提,单讲中国。中国八九千种期刊中,学报大约占到1/5以上。以山西这个中等水平的省为例,学报占到全省期刊总数的23.1%,可见并非无足轻重。而蓝皮书不曾注意,只能说明这反映出社会的一种认识，尽管学报拥有刊号，在申办、批准乃至相关管理上与其他期刊无异，但似乎属于期刊中的“另类”，未入“正册”。

这也许就是学报在出版业中的定位，作为学报的编辑应该对此有个清醒的认识。认识什么，无非两点，一要明确自己辛辛苦苦在做的是期刊，二要清楚自己做的又不是完全意义上的期刊。这种认识很重要。大约是不明确第一点，有些学报编得简直不像期刊，甚至连个学术会议的论文集都不如。同样大约是不明确第二点，有人编了几年学报就认为懂得编期刊了，其实远不是那么回事。而眼下，更主要的是第一点，当然这和近几年高校大批升格，高校学报“扩编”，编辑队伍新手增多有关。

期刊作为出版物中一个独立品种，有其特定的编辑要求、形象特征，决不是只要弄个十六开本，有封皮，有刊名，里面放上些文章就可称为期刊的。现在办得像期刊的学报不少，但办得不像期刊的也不少。比如，作为期刊是一个统一体，每期哪些内容重要，哪些次要，编者要有一定的安排，相应的标题用多大字号、如何排也要有章法。而有的不是这样，文章的主次看不出来，一篇不是主要文章的题目排得比主要文章的还大。再比如，期刊要有固定的页码、一致的版心，但有的文章多了就增加页码，或者排不下就随意调整行距，改变版心，搞成了“一年多式”、“一期几制”。再比如，“栏目”是期刊结构中的重要一层，凡编刊者无不从设计栏目入手，而有的学报是随便定些栏目名，把文章往栏目中一塞了事。栏目无特色不说，连栏目之间的区别也看不出来，上面是“学术论坛”，下面是“理论研究”，前面有“教学研究”，后面有“教学与实践”。更有莫名其妙者，有“来稿选登”栏，什么文章该放此栏，编者恐怕也讲不明白，难道其他栏的文章不是“来稿”，没有“选”没有“登”吗？这样编出来的学报，即便文章中的计量、公式、标点都十分规范，那整期学报也只能是个不规范。更何况这类学报，小处的规范也往往做得不好。

明白自己编的学报属于期刊，研究些期刊编辑的学问，把学报做得像份期刊,大概对不少学报编辑来说仍是重要的一课。

学报登什么

登什么文章的问题,恐怕是每个学报的编辑都该去想想的。学报要有内容,这些内容该是什么?好像又是一个简单问题。学报的宗旨,是反映学术研究成果的,它的作用传统些的说法有“本校科研的窗口”等等,新潮些的说法有“为经济发展提供智力支持”之类,但无论怎么说,刊登学术研究文章是谁都认可的。哪家学报都希望自己的学术水平更高,要不也不会都希望挤入“学科核心期刊”了。

但现实的情况是,不少学报的“学术性”正被“职称性”所取代,充斥于学报上的是越来越多的为评职称而写、为评职称而发的“泡沫论文”。即使如此,仍满足不了作者(注意,不是读者)的要求,于是出个“增刊”,印上二三百份。读者嘛,大概只有作者自己、编稿的编辑、负责其职称答辩投票的评委三人罢了。这种情况源于目前的职称评定体制,编学报者也是明知不可为而只好为之,怨不得他们。但即使如此,让这些职称文像个论文,提高些学术含量还是可以做到的。问题是在有些学报编辑眼里,这种情况已属正常,对别人为评职称求上门来更是感觉良好,好像学报就是为评职称提供阵地,靠职称文的版面费来创收的。长久以往,学报还能成其为学报吗?

学术论文固然有研究深浅、写作优次之分,但最基本的两点该是一要有研究,二要有作者自己的见解,而目前一批质次论文充其量只是些讲义而已,这类文章看起来也是洋洋洒洒引经据典,但通篇找不到作者所见的与前人或别人不同之处,罗列一堆材料然后重复一些已经有过的结论,于学术进步益处实在不大。记不清哪位名人说过的一句话是:“不在于说了多少,而在于说了什么。”我们的学报编辑实在该拿“说什么”去衡量自己编发的文章了。还有人说过这样的意思,写书就是从书架上取下书,找出内容写成文章,印成书再放到书架上去。对某些学术研究者和学报编辑来说,大概干的就是这种工作,我真怀疑其意义何在。

学报是推动学术研究的，但学术研究同样可以关注现实、服务现实，这也就是前面提到的“智力支持”。这方面不是没人做，也不是没有好文章，恐怕还在于学报对此没有给予足够的关注与有意识的组织。这次审读中某学报的一篇《山西煤炭出口问题的思考》就很不错。这类课题很容易流于开药方般讲对策，但该文不是。举个例子，文章分析山西煤炭进入国际市场的主要障碍，讲得头头是道，其中一条讲在炼焦煤评价方法上我国沿用苏联的标准，可当今国际通行的是以美国为代表的新标准，于是出现了对山西炼焦煤出口的极大不利。文章的论述使外行人读了也有豁然开朗之感，不由得感慨这些人为因素要改变竟然也如此艰难。这篇文章有理论有实践、有数据有分析，行文也深入浅出，我甚至想，如果以此文为基础，由一个作家再去深入采访，倒完全有可能写成一篇精彩的经济题材报告文学——只可惜这些年报告文学不走红了。

作为一种学术刊物，应该在登什么不登什么上有自己的选择标准，这不是抽象的而是切合本刊实际的标准。我主持一学术刊物时曾提出过“选稿四弃”，后来还写成小文发表在《中国新闻出版报》上。四弃是指凡面面点到但都不深不透的综览式，貌似有理但主体更换仍然讲通的通用式，没有分析只有例证的例证式和归集别人观点无个人创见的讲义式，凡这类文章一概不用。此文一出，南方某刊的朋友电话告我，该刊主编指定让编辑传阅，可见虽是囿于一刊之见但还是得到了同行的认同。

学报编什么

期刊是编辑作品，编辑部拥有著作权，这是与图书不同的。可以说，期刊是编出来的，编就要讲编什么，是不是把文章收集起来排个顺序印成一本就是编呢？绝对不是。期刊编者，当有两类知识的储备，一是所编期刊涉及学科方面的，二是关于期刊编辑的，两者都“精”当然最好。以现在的情况看，任何学报编辑者都接受过某学科的高等教育，缺乏的多为后者，当了编辑还不太清楚“编什么”，或者说“编辑该干什么”。编辑干什么是有学问的，要不也不会有人去呼喊倡导什么编辑学了。但目前有些编辑学学者爱把问题研究得很玄，似乎这才显得其重要，实际反而使从业者对其标榜之学敬而远之了。作为学报编辑，搞编辑学理论未尝不可，但更实际的还是研究研究编辑技巧，着眼于“术”比弄什么“学”于实际更有用。这个术是技术但更是一种艺术。杨牧之先生就写过一本书叫《编辑艺术》。

期刊编辑术也是有不少内容的，但对学报来讲，套用一般期刊的做法未必行。比如策划问题，学报很少也很难由编辑部去策划某个专题，但这不等于学报不可以有专题策划。好的学报有意识地在重头栏目中组织一组相关问题不同视角的文章其实也是一种策划。但就目前学报的来稿及编辑情况看，提出“编什么”重要的倒是另外两点，那就是编辑应保证所编期刊从出版角度的规范和从文字角度的规范。

从出版角度规范是指作为出版物应有其规定的或约定俗成的做法，比如前面提到的栏目。栏目的设置与文章的归栏就很见编辑功力。一个期刊要有相对固定的核心栏目，这些栏目体现这份刊物的宗旨和特色，不能一期与另一期的栏目几乎不相同。期刊的栏目有主要次要之分，这也反映在整本期刊的排列顺序上。现在时髦“游戏规则”一词，这些都属于编刊的游戏规则，一般期刊编辑要遵守，学报编辑自也不例外。

学报不同于其他刊物的一个方面是有其规定的一套文章处理办法，如正文前要有“文章摘要”、“关键词”、“标识码”之类。这些内容一般是由编辑完成的，即便有的作者做了，编辑也必须去审核是否合格。可从某些学报看，对此并不在意。比如说“摘要”，顾名思义也可知是摘录要点，准确点说是用简约的文字概述文章的主要观点。它不是提示，不是评语，更不是广告推荐。可有的学报并不明白这点。“文中对五十年代社会主义改造的客观依据进行了分析”，“本文从汉语语词本身和女性用语阐述了女性的文化特征”。这是写得很简短的两则摘要，能从两个摘要中了解或者哪怕是感觉到这两篇论文的主要论断吗？恐怕不行。这也是“编”未到位的表现。当然，从出版角度看需要去“编”的还不止这些。编的另一个重要方面是编稿子，也就是对文章进行必要的修改加工，古人称之为“润色”。改稿会因稿件内容、原作者与改稿者关系、改稿目的等多种因素的作用而有所不同，是各有其特定要求的。但这样一个问题偏偏不为编辑从业者乃至研究者注意。一些号称编辑学著述中对编辑改稿问题要不是讲些空泛道理，要不语焉不详，忽略了编辑改稿的特殊原则。其实，编辑改稿最重要的一条是把握“改对不改好”，对作者因水平因疏忽或手误（用电脑之后）等原因留在文稿的差错尽力消灭，但不必下功夫去把稿子改得更好，尤其不可按编辑的喜好与认识任意增删。这种要求看似不高，但做好并非易事，不信找几位常写文章的作者问问，都能倒出稿件被改错改坏的“苦水”。有人对此不以为然，而是以编辑责任如何重大等理由主张编辑应把稿子改好。这种貌似崇高的敬业实际上连持此主张者也做不到，所以对此高论可以不去理会。但遗憾的是就这次所阅学报看，一些真是连“改对”也没做好，语句不通者有之，词语错用者有之，错别字有之，甚至连“的、地、得”分不清这样的低级错误也有之，虽说计算差错率没超过标准，但作为高等院校学报，也要跻身“无错不成书”之列，总让人觉得有些不是滋味。如何办学报，这些年议论得多了去了，如果把那些论文包括学报编辑评职称写的泡沫论文收集一下，就最近三五年的出个十卷本也没问题，其中皇皇之论绝对不少，只可惜真正见之于成效者寥寥。所以我以为，面对现在一下“扩编”起来的学报，倒是先从一些基础性的小处做起也许才是正道，才更有益。

（原载于《出版广角》2005 年第 2 期）

追记：从上世纪 90 年代起，中国的大学学报有了极大的发展，从种数上讲是期刊之中增长最大的一类，这与中国教育政策（高校扩招、

升格)、人事政策(职称评定对论文的要求)、出版政策(将学报另设刊号系列,取消内部刊物)等有关,但和读者需求好像没多大关系,证据之一是绝大多数学报的订阅量都很少。不过种数的增加必然带来办刊人员的增加,编辑队伍是大大"扩编"了。

因为编《编辑之友》,开始较多地接触到学报也包括学报的编辑。而编辑出版研究类报刊的作者(或者说研究者)在明显地从过去的出版社为主转移到高校为主,其中有开设出版相关专业的教学人员,但更多的是学报编辑。学报编辑与出版社编辑相比,在研究以及写论文上有很多优势。他们一般有较扎实的学科背景,受过论文写作的良好训练,工作中又整天接触的是论文,同时他们没有经济方面的或者说来自市场的压力,而高校又天然地有写论文的氛围,所以写出编辑研究论文也就顺理成章了。但这类论文也往往有个不足,就是与实际的脱节,坐而论道的成分要多一些。河南某大学一位学报主编写了一篇研究学报发展的论文,因为我与他熟悉,在刊发的同时我就告诉他,你论文写得很不错,我们一定刊发,但是我也明告你我的看法,你论文中讲得大多行不通,只是一种理想化而已。

就在我不再管《编辑之友》的前后,很荣幸被省新闻出版局聘为报刊审读员,以及期刊评级的评委,这造成了一些需要认真翻阅学报的机会。这一文章就是在这种基础上写成的,可以说是有感而发。写成后先发表在内部资料《山西报刊》上,随后投往《出版广角》也被采用。能被刊出,我想,大概是由于我所谈的内容并不仅限于某一省份或几份学报,应该有点普遍意义的。

此文中的某些观点在给期刊编辑培训班讲课时也讲过,赞同者不少,反对者似乎没听到,也许别人出于尊重不愿意提。2008年秋,《晋城职业技术学院学报》获准创办,筹备阶段该校专门召开座谈会听取意见,我被邀去了。去时我给他们捎去几份可参考的材料,其中也有我写的这篇小文。

开拓社办期刊的发展空间

“社办期刊”是指由出版社或者说出版行业所办的期刊，它是相对于社会其他行业、团体、机关所办的期刊而言的，后者业界简称之为“社会办刊”。

随着党的“十五大”精神的贯彻，社会主义市场经济必然进一步发展，出版的产业化、综合化、市场化趋势也将越趋明显，在充分认识我国社会主义初级阶段基本国情的条件下，抓社办期刊，努力创造和开拓社办期刊生存和发展的空间，使之成为出版业新的增长点，不仅是出版业“阶段性转移”的进一步深化，也是参照世界发达国家出版格局而作出的正确选择。

一、经验与参照

期刊作为一种连续出版物，它在功能上介于报纸与图书之间。报纸的本质是信息，其主要功能是传播；图书的本质是知识，其主要功能是积累；而期刊则有传播有积累，本质应该是文化。它的这种特性使其在现代社会中发展迅速，广受欢迎。凡是社会经济文化程度较高的地区、国家，期刊业就较发达，由其产生的政治、经济、文化的综合效应也较明显。可以说，期刊业的发展已成为社会文明进步的标志之一。对出版业而言，期刊集传递信息、输送知识、传播文化、积累资金几大功能于一身，已成为出版业的关注点和资源投向。

在一些发达国家，大的出版集团都办有多种期刊，有的甚至本身就是从办期刊起家的，例如日本的讲谈社。这些国家的期刊成了出版业的主体和支柱，书刊一体化成为出版的发展潮流。美国期刊年销售码洋250亿美元(图书为187亿美元)，法国期刊年销售码洋250亿法郎(图书151亿法郎)，德国期刊年销售码洋165亿马克(图书150亿马克)。在经济上，期刊已明显超过图书。

国内图书与期刊相比，我国现有出版社560余家，年出图书10万种，而期刊则有正式期刊8000余家和内部期刊上万家，虽没有全国各类期刊年出版期数的统计数字，但全国期刊的期数不会低于图书种类的估计大约是不会错的。当然这里需要说明，一是这包括了大量的社会办刊，二是我国期刊业还远远够不上发达。

从我国社办期刊看，如果用我们通常的两个效益标准来衡量，社办期刊几乎没有社会效益不好的，这些年来出版社只有因图书而没有因期刊出问题被查处就是证明。至于经济效益，除少数专业性学术期刊尚要补贴外，大多数都有可观的盈利，有些甚至成为出版社的主要经济支柱，例如人所共知的甘肃人民出版社《读者》与上海文化出版社《故事会》。具体些的数字还可以江西为例，江西出版总社有社办期刊11种，有五种期发量突破十万，占全省期发量十万期刊的42%。其中百花洲文艺出版社《足球俱乐部》1996年人均创利33万元，《微型小说选刊》1996年人均创利10万元。这两刊利润之和占全社利润的80.88%。全总社11种期刊1996年创利税776万元。

实践告诉我们，中国出版业在实现从规模数量增长向优质高效的“阶段性转移”之后，把期刊产业从出版产业中突出出来，是出版业适应市场经济要求，符合出版规律，更好地为社会主义精神文明建设服务的正确思路，是实现中国出版业现代化大格局的落脚点。今年，新闻出版署提出“百刊工程”、“社刊工程”、“署直期刊工程”，既是对我国期刊发展的正确导向，也为我国发展社办期刊提供了很好的契机。

二、优势与限制

社办期刊与社会办刊最主要的不同是社办期刊直接置于出版管

理系统之下，处于出版行业之内，因此它具有社会办刊无法比拟的优势。这主要表现为四个方面：

一是出版社对党的出版方针、政策以及出版法规较之其他行业更为熟悉，把握上也更为准确，出版行政管理部门对社办期刊也较易管理。这样就使社办期刊领导力量较强，导向掌握较准。二是出版社长期形成的一套编辑工作制度和积累的编辑出版经验可以为社办期刊所借鉴，易于转化为社办期刊的规范。三是出版社现有的出版资源，例如书稿资源、作者队伍、编辑力量等在办刊时可以直接利用，有利于开拓视野、推出精品。四是出版社在经济上可以书刊互补，资金投入较易解决，进而有益于促进出版业的书刊一体化，走内涵式发展道路。

但是，综观改革开放以来社办期刊发展的历程，我们也应该承认，由于体制上的原因以及各方面认识上的欠缺，在诸多方面事实上对社办期刊形成了许多限制，其反映主要也是四点：

一是宏观指导思想上的偏差。长期以来，出版业主要着眼点在图书，出版社主要被视为图书出版单位，期刊只是出版社的副业。即便在较放开批准申办报刊时，真批给出版业自身办刊的也微乎其微。有关图书出版的会议、研究、出国考察比比皆是，而关于期刊的则是风毛麟角。尤其是出于扫“黄”打“非”的需要，更对出版社进行了一些政策性限制，例如禁止“以书代刊”等等。二是微观出版管理上的不力。这主要表现在即便已办有期刊的出版社也没在期刊的发展与管理上多下功夫，在人力配备、财力安排、精力投注、选题策划等方面都没有应有的重视。即便取得显著效益的社办期刊也是在一种不自觉的情况下发展起来的。而一旦发展到一定程度，出版社出于社内“平衡”的需要还会给予一定“限制”。三是由以上两种原因及长期计划经济体制的影响而形成的社办期刊运作机制的僵化。期刊本身具有许多与图书不同之处，但是在大多出版社内是一视同仁，沿用旧的管理体制，极少灵活性，更谈不到让期刊自主经营、独立发展。期刊无法成为市场竞争中的主体,必然影响其积极性,制约其发展。一些出版行政管理机关的领导也很少对社办期刊的发展给予积极扶持,而只是由报刊管理业务部门进行例行管理而已。四是人才培养的淡漠。办刊本身较之编书更为复杂,更为辛苦,其对人的素质要求也更高。从某种意义上讲,可当好图书编辑的人未必能当好期刊编辑。这可以从另一方面予以证明:按照著作权法,期刊均是编辑作品,编辑部拥有版权,而一般图书则不是编辑作品,责任编辑或编辑室甚至出版社也决不会拥有版权。期刊编辑在充当编辑角色的同时还在一定程度上充当作者的角色。然而,在大多数出版社中办刊人员不会得到重视和培养,有时甚至与图书出版人员不享有同等待遇。举一个最简单的例子,本社图书获奖后社里要奖励有关编辑,而期刊获奖后则大多没有此说。加之办刊人员随时都有可能调到社里其他部门(例如去编图书),这时个人的劳动投入不见得比期刊多但经济收益不见得比期刊差,所以很难调动其积极性,更难使其在期刊上全力投入。

三、现状与回顾

不妨以山西社办期刊的状况为例做点剖析,或许会有一些启示。

山西的出版业目前在全国来说是算不上先进的,社办期刊也相类似。目前山西的社办期刊有三家(另有某出版社与外地合作的一本童话类型刊物未计在内):《名作欣赏》《北岳风》和《编辑之友》。从数量上讲不多,但从刊物的品位及影响来说在全国是可以排上名次的。如《名作欣赏》创办至今,是全国唯一的文学鉴赏类刊物,最高时每期发行 20 万册,在纯文学刊物普遍萧条的情况下,保持了高格调高品位,在主办单位经营情况极不好的条件下做到了双效俱佳,得到社会的肯定。又如《编辑之友》在全国编辑出版研究类刊物中一直保持领先地位,始终被评为中文出版类核心期刊,近两年更在内容与形式上进行了改革,突出了个性,强化了特色。最近南京大学有关研究结果表明,近五年在全国同类报刊中,《编辑之友》论文被《中国人大报刊资料》摘录 110 篇,与

《新闻出版报》并列第二。这两份期刊都表明社办期刊是可以办好的，而且在一定程度上是可以为出版社创名牌，积累无形资产的。

但是，也正因为前面提到的限制，或者更由于山西处于全国经济文化较后进的地位，以及过去出版管理上的失误，使山西的社办期刊没有得到更大的发展。以现有社办期刊来说，《名作欣赏》完全可以凭借现有的力量派生出更有市场的文化类期刊（而且也做过这种努力），但至今仍停留在纸上谈兵；《编辑之友》完全可以仿效同类期刊的经验实现双效俱佳（同样也做过努力），而至今只保持在原地踏步。这似乎应该说是山西社办期刊的悲哀。

如果我们再回首一下，改革开放近 20 年中，山西出版社的同志们并不是没有在社办期刊上进行过策划和奋斗，仅就我们知道的，在通俗文学的热浪尚未形成之前，出版社就办了《通俗文学选刊》，在促进两岸和平统一的呼声刚兴起时，出版社就办起了《大陆·台湾》；在业余文化类刊物全国还没几家时，出版社就办起了《夜读》。至于提出设想而被否定或被拖延的也不少。早在改革开放之初，山西出版界就有人提出办《科学与生活》的设想；在某些专业类刊物刚显苗头时，山西出版社有人提出了创办《对联》的选题；在全国民间收藏市场刚刚出现，山西出版社也有人策划了创办《收藏家》的方案，等等。如果这些都发展至今，该是何等局面。然而仅就以上所举，虽原因不同，但前三种都停办了，而后三种一是被认为办刊尤其办生活期刊不是人民社所该做和能做的而被否决，二是被一家报社接过创办了颇有影响的期刊，另一种则被拖至一年多后眼看着京陕两地办起了类似期刊。回顾这些社办期刊的历史，或许可以使我们更清楚地看到，辉煌是如何被放跑的，落后是如何一步步造成的。但愿在全国发展社办期刊的今天不要让机遇再与我们擦肩而过。

四、机遇与发展

党的“十五大”明确提出要高度自觉，抓住机遇，加快发展。就社办期刊来说,作为出版业新的增长点已在相当范围形成共识,随着报刊治散治滥的阶段性完成,必将出现一个社办期刊大繁荣的局面,新闻出版署“社刊工程”的提出为开创这一局面吹响了号角。

这是一次机遇。出版业的总体改革将在社办期刊的改革中找到突破口,期刊的市场化进程将促进出版产业结构的优化与调整。一些走在前面的出版社已经迈出了坚实的一步。当一些地方还坚持书刊要严格区别的规定时,山东的《老照片》、上海的《咬文嚼字》却破土而出,“以刊代书”,走上了书刊一体化的道路。而市场对其欢迎之强烈,两刊双效之极佳为社办期刊前景之广阔作了新的注脚。

要为社办期刊提供一个生存和发展的空间,关键在局,根本在社。关键在局,就是作为出版行业的行政管理部门同时又是出版的实际主管机关,是既可管社(出版社)又可管刊(期刊的审批管理)的,是否对社办期刊有较高的认识,能否为社办期刊创造必要的条件,可否解决一些具体工作中的实际问题,关系重大。根本在社,就是作为出版社,是否愿意把社办期刊当作一件事来抓,能否在社内政策上、人力安排上、资金支持上作一点必要的倾斜,关系更为重大。局社两级“动”不起来,“热”不起来,社办期刊就“办”不起来,“立”不起来。在目前现行的出版体制下,这是不争的事实。

要发展社办期刊有一系列问题要解决。择其要者,一是建立一个科学合理的管理体制。条件成熟的社办期刊要逐步成为自主经营、自负盈亏、自我发展、自我约束的独立核算单位。二是建立合乎规律的运行机制,保证期刊相当的自主权,使其成为市场竞争的主体。三是改革分配制度与用人制度,调动与激励办刊人员的积极性与创造性,迅速造就一支素质高、敬业精神强的办刊队伍。当然还可列出其他,而这却是根本几条,也是有待于认真研究、科学决策的。

总结经验,发挥优势,面对现实,抓住机遇,开拓社办期刊生存与发展的广阔空间将是本世纪中国出版业发展的又一乐章。这一章会更

精彩、更激越。作为想有所作为的出版人,应该奋发起来,行动起来,在这一章中谱进自己的音符,汇入自己的旋律。

（原载于《编辑之友》1998 年第 2 期）

追记:要说这篇该归于应景之作,“景”之大者,是国家出版管理部门倡导和推行“社刊工程”,“景”之小者,是参加期刊主编培训,结业时需交论文。虽为应景,但写还是认真的。但凡要写就使之可用(发表)、少做无用功是我的一贯宗旨。结果也确实如此,在自己的刊物上发出后旋即被选入《中国编辑研究 1998 年卷》。

社刊工程的目标是为出版业找到新的经济增长点,初衷不错。但就国情看,当时有兴趣、有能力办刊的出版社和愿意指导、要求出版社在办刊上投入的地方新闻出版局都不多,这有种种原因,文中也提及了。社刊工程喊了两年就不提了,而真从办刊中大为获益的出版社除此前就有的(如《读者》之于甘肃人民出版社)以外也没听说又添了哪些。又几年之后,在全国性报刊整顿中曾限制社会办刊而把刊号作为资源调拨给出版社,由此也有了一些出版社主办的期刊。但如果真正从运作实际去调查一下,许多仍是借助于社外力量办的,出版社只是挂名为主办单位而已。就我所见这种模式所办的“社办期刊”中有的出版社负责人连个编委会成员也不是。为什么出版社自身办不成,原因文中也讲了,可见社刊工程不是个简单的事。

这篇文章的一些看法来源于亲身体会,因为《编辑之友》从创办起就是一个完全意义上的社办期刊。文中提及山西省出版社曾有人策划创办期刊而不成的例子,其中关于《收藏家》的设想就出自我本人。那是 1991 年下半年的事。当时,我在出版社信息部,从市场调查中发现民间收藏正在热起来,一些相关图书走势看好,但是还没有一种以此为内容的期刊。我们找到一份《收藏天地》,不过那是香港出的。香港是否还在出版,限于当时的条件无法了解,但中国大陆尚没有是可以查出来的。于是我写了个办刊设想方案交给了当时山西人民出版社的总编陆嘉生。陆是位颇具眼光、学识和魄力的领导，就在给了他的第二天，上班时在楼梯上正与他相遇，他当即说，那个想法很好，一会来我办公室具体谈谈。随后他不仅完善了具体的一些实施步骤，而且直接作了市场试探。他是上海人，很快与上海的民间组织收藏协会取得了联系，反馈是支持你们办刊而且愿意代销5000份。而在出版社，陆嘉生也确定了办刊人选，他自任主编，由我与王朝瑞(美术编辑室副主任)任副主编。同时他还确定了一份顾问名单，由他邀请，名单大约七八人，现在记起来的有邓云乡、余秋雨。余秋雨当时还是上海戏剧学院院长，并没“红”到后来全国闻名的程度。就在刊物筹办之中，陆嘉生被调到山西电视台任台长。后来由于一些原因，筹办工作被拖黄了。就我来说，如果此刊办成，我也许就不会再与《编辑之友》以及编辑出版研究发生什么瓜葛了——人生就是如此难测。在又过一年多之后，陕西《收藏》创刊。

陆嘉生去电视台以后又促成了余秋雨来山西考察，也就促成了余秋雨《抱愧山西》的诞生。虽然此前已有学者在研究晋商，但余秋雨的这篇文化散文在宣传晋商上所产生的影响是远远超过那些研究的。在《抱愧山西》中，特别提到了陆嘉生的名字。其他人读后未必留心，但我总觉得这是作者有意为之的。陆嘉生后来英年早逝，可有这篇作品，他会被后人知道，就如同藤野先生一般，我是这样认为的。不过，这都是题外之话了。

“三审制”,并非简单的话题

凡是与出版有过关系的人,大概都知道编辑出版中的“三审制”。近几年因为强调提高书刊质量,在各种文件材料中更屡屡提及“三审制”。但如果真要细问一下,“三审制”是怎么规定的,它从提出到现在有过什么变化等等,恐怕已经在出版界干了多年者也未必能说个子丑寅卯,这真是见得多了反而不去细究,大有司空见惯不求甚解的味道。在这种情况下,高喊“加强三审制”也难免底气不足。一些偶然的因素,我们查阅了一些资料,于是引发了一点思考,感到“三审制”并不是一个简单的话题。

“三审制”是出版单位关于书稿编辑的一项工作制度,其产生的基础是审读。根据较被普遍认同的看法,审读是编辑工作的中心环节,是一个从出版专业角度, 对书稿进行科学分析和价值判断的理性活动。这里特别要注意的是两点:一是必须从出版角度,也就是说,是从书稿可否通过出版手段使其大量复制进入传播渠道的角度来审读。这种审读不同于研究者的读也不同于读者 (作为传播对象的一般接受者)的读。二是要作出价值判断,这种判断应该是综合了多方面的因素做出的,结论不只是书稿自身如何,而是书稿能不能出版。有些书稿本身很好也会因为其他原因,例如出版单位的实力不济、出版时机不宜等而被判断为不能出版。应该说,有出版就会有审读,这在古今中外概不例外。了解了审读这一概念,就便于我们尽可能全面客观地去审视“三审制”这一关于审读的制度了。

关于“三审制”，我们不妨从四方面来作些分析。

一、“三审制”的现状

“三审制”在我国图书出版业已经执行了40余年。在过去一个相当长的时间里，应该说它对保证贯彻我国的出版方针，保障出版物的质量是起过作用的。但是，这近十年来，“三审制”在实际执行中已经出现了许多问题。尽管管理部门多次用多种形式强调加强“三审制”，可事实上却很难看到真正加强了的情况，最多也只是表面上、形式上加强而已。

对此，曾任中共中央宣传部出版局局长的高明光同志有一段生动的描述：“现在我们有一些出版社，三审制度不够健全，后两审常常是问问责任编辑的意见，就通过了。……我们有些书就是这样，二审问责编：‘有没有问题呀？’责编说：‘不会有问题，有问题怎么会让你签字。’于是，二审拿起来就签字；再到总编辑那儿，总编辑也问：‘有问题没有？’答曰：‘没有问题。’没有问题就签。结果实际上把关的是谁，就是责任编辑一个人……” 这是在中国编辑学会第二次代表大会上讲的。就按这里所说是“有一些出版社”，那么也表明在这“一些”中，“三审制”是徒有形式名存实亡的。这“一些”占多大面，目前谁也难以说出个大概，但这“一些”绝非小数目，这可以用以下几点作为佐证。

一是如果抽查一下90年代以来的出版社书稿三审记录，不难见到一批从初审到终审日期相距很近的情况。

二是这些年中凡因各种问题受到查处的图书，几乎都有过三审的步骤。

三是把出版社这些年的审读意见与80年代以前的审读意见相比，最大的区别是现在写的要简单多了。

这说明什么，只能说明没有认真进行三审，只能说明“三审制”的实行出现了危机。一个看似简单的制度多方强调都难以加强，把原因仅仅归结为重视不够显然有些勉强，于是很有必要从“三审制”本身研究起。

二、"三审制"的本原

"三审制"起于何时,据说是50年代从苏联学来的。从50年代至今,在国家有关出版的文件中曾多次提及"三审制"。从我们所找到的一些资料看,其中主要的有:

1952年出版总署公布的《关于国营出版社编辑机构及工作制度的规定》;

1980年国家出版事业管理局颁发的《出版社工作暂行条例》;

1988年中宣部和新闻出版署联合发布的《出版社改革试行办法》;

1994年新闻出版署发出的《关于加强图书审读工作的通知》;

1997年新闻出版署下发的《图书质量保障体系》。

简单说,就是《规定》《条例》《办法》《通知》《体系》,其中最具代表性的是《规定》《条例》和《体系》。而如果分析这些文件中的说法,则可以看出,对"三审制"的内涵及要求也在发生着变化。

《规定》(1952)中说:"一切采用的书稿应实行编辑初审、编辑室主任复审、总编辑终审和社长批准的编审制度。""书稿经批准采用后,由编辑根据审读意见进行加工修改;经编辑室主任复核、总编辑签字,然后交文字编辑和资料编辑进行语文的修饰、资料、数字和引文的核对,名词和译名的统一等整理工作……"

《条例》(1980)中说:"对书稿的政治内容和学术(艺术)质量作出基本评价,决定采用与否,一般应实行三级审稿制度,即编辑(或助理编辑)初审、编辑室主任和总编辑复审和终审。不同的书稿,可采取不同的审读方法。某些重要的书稿可以由比较多的人审读、讨论决定。某些书稿,则可以按照具体情况省去一些工序。""对决定采用的书稿,责任编辑要认真做好编辑加工整理工作。"

《办法》(1988)中说:"为了保证图书质量,原则上应该坚持三审制。”“终审发稿,一定要由总编辑、副总编辑或由总编辑、副总编辑委托并经社长同意的编审、副编审负责决定。”

《通知》(1994)中说:“提高图书质量的关键是出版社的工作。为此必须加强出版社的‘三审制’。”

《体系》(1997)中说:“坚持稿件三审责任制度。”“稿件交来以后,要切实做好初审、复审和终审工作,三个环节缺一不可。三审过程中,任何两个环节的审稿工作不能同时由一人担任。”

历举上述文件,我们可以得出如下印象:

1. 1952 年提出“三审制”,但当时并没明确这一名称,以后才称之为“三级审稿制度”、“三审责任制度”。1980 年明确了“三级”,1997 年又明确了“责任”。

2. “三审制”的重点是判定书稿的价值,决定是否采用,而决定采用之后才是编辑加工。编辑加工之后是否还要再有“三审制”,没有明确。

3. 1980 年的《条例》对“三审制”的执行提出了较灵活的做法,应该说这种从具体情况出发决定审读方法的提法是科学的。

4. 1997 年的《体系》对“三审制”做了硬性要求,“缺一不可”。这种“一刀切”的规定可能是出于加强审读保证质量的目的。

5. 由于没有什么地方表明以前的文件作废,所以《条例》与《体系》本身就有矛盾。也就是说,一个规定是可以按具体情况省去某一审,另一个规定说是缺一不可。

这里是从全国性的文件上看。如果看一个具体出版社又是如何规定的呢?我们可以看看人民出版社“三审制”的情况。人民出版社,应该说是我国第一出版社了,历来对审读制度的规定与执行是严谨的,它的一些做法无疑有典型性和代表性。据吴道弘先生介绍,该社最早记载“三审制”的材料是 1952 年 8 月经社编委会通过的《关于书稿编辑、出版工作基本程序的规定》,1955 年 4 月对此《规定》作了修改补充,1959 年 2 月又正式制定了对此规定的《补充规定》,一直执行到“文化大革命”开始之前。1979 年 3 月，在改革开放的新时期，该社又重新制定了《编辑出版工作基本规定》。在这一系列规定中都涉及“三审制”。限于篇幅，这里不一一摘录有关表述，但归结起来，有这样几点是基本沿袭下来的：一是三级审稿是编辑初审、室主任复审、总编辑终审。二是三审是决定书稿采用与否，批准采用之后才进行整理加工。三是编辑工作完成后仍由三级签字发稿。四是三审可以有一定灵活性，如 1979 年规定中就说：“是否必须经过三审，可以因人、因稿而异。”可以说，这些在大致上是与全国性的规定合拍的。

三、“三审制”的讨论

世界上的事物都是发展变化的。即便是一个当时看来很好的东西，在一定条件下也会发现不足而需要改进。正是如此，人们才要用立交桥来解决只有红绿灯而交通不畅的问题。“三审制”作为一项工作制度，当不例外。

“三审制”是从苏联计划经济的模式中学来的，当初引进的“苏联老大哥”的经验，从 60 年代起已经几乎全被抛弃了，在建设中国特色的社会主义、建立社会主义市场经济的今天，“三审制”是不是还那么优越本身就值得怀疑。坚持认为必须实行“三审制”的意见中最有力的理由是：“过去实践证明是行之有效的。”但过去证明行现在就一定还行吗？50 年代高度集中的计划经济也曾使我国建设高速发展，现在还行吗？

“三审制”规定的是通过审读决定书稿可否采用，而现在通行的是把编辑加工后的书稿经过室主任、总编签字发稿称为“三审制”，这实际上已经与原先的意义大不相同。如果正本清源的话，倒是该说这是对“三审制”的一种误用。

三级签字发稿是一种工作程序，它表明对此书稿出版程序的负责与监督。从这个意义上看，审稿是一回事，签字发稿应当是另一回事。也就是说，签字发稿可以是对某一书稿出版的同意和负责，但不一定就意味着必须对某书内容进行审读。

“三审制”的关键是“三级审读”，这三级是行政管理上的三级，固然也有业务上高低的成分。但是由于书稿内容的千差万别和每个审稿者自身的知识水平等方面的关系，对书稿的判断水平不一定与行政职务成正比，这种情况使这一制度自身的科学性打了折扣，所以“三审制”不可避免地被蒙上了一层“官本位”的色彩。试想某科技出版社一位学物理的总编来终审一部医卫编辑室送来的中医著作时，凭借的不就是“职位和权力”吗？

“三审制”没有规定出复审、终审审读一部书稿的审读量，如果全审，一个总编辑将面对若干个室主任及编辑送来的书稿，在事实上是无法完成的。如果仅仅翻一翻就算审过，这本身除了给某些人“创造”个一年终审书稿几千万字的“成绩”外难有什么真正的意义。

有人说现在图书质量下降的原因之一是没有执行“三审制”，但是查一查近年来各种有问题而受到处理的图书，有哪一本没有经过“三审”？当然这可以解释为没有认真三审，但如果对同一个出版社的优秀图书与有问题图书的三审情况去查核一下，实际在三审做法上往往是相差无几的。

说明白点，没有问题的就可以说是认真三审了，有问题的就成了没认真三审。这就是目前某些出版管理部门及其官员的思维与解释逻辑。

“三审制”的这些缺陷在过去可能还不明显，因为从 50 年代到“文化大革命”，出书品种少，又是计划经济；而在今天，要适应现在的出版形势，这种制度恐怕需要重新审视。说一个不一定恰当的类比，如果邓小平同志不去考虑一种新的生产方式而是仍然强调“加强”人民公社集体经济，我们的农村经济会发展起来吗？

四、“三审制”的改进

“三审制”从根本上讲，只是出版业运行过程中的一项制度，一项在于保证出版物质量的制度。如果把出版看做一种产业,一种知识产业,那么国家应该管理的是最终产品的质量而不是生产过程以及工作制度。再用个也许不恰当的类比,如果要求一个画家在创作一幅画时必须修改三次,不会令人觉得可笑吗?

"三审制"不是不可采用,但对照现在的实际,似乎应该做些改进。而改进的要点,似乎应该是:一,明确资格、标准、责任。二,变革组织方式。

所谓明确资格,就是应该对审稿编辑建立资格认定制度,有什么资格者可以审哪类书稿。有人会说现在已经有了职称,但是出版类的职称反映的只是出版业务水平,其实并不含有某种学术专业的成分在内。教授可以是某一学科教授,而我们的编审却是通用的。即便是编审也不可能对任何专业的书稿都能审。所谓明确标准,是解决怎么就是认真审了的问题,不能再搞成翻上几页就算复审过、终审过。审稿就是审稿,签字发稿就是签字发稿,现在是签字就算审稿,于是在报职称、评奖、干部考核中就出现了某人一年审几千万字的"泡沫"成绩,这已是人人皆知但又不肯说破的通病。最好能研究出一个较细的有可操作性的标准。当然,这很难。至于明确责任,是把各级审读要负什么责任细化下来,比如说编辑初审中哪些问题属于应该提请复审注意的,哪些是需要自己决定后报复审认可的等等。不要图书评上奖了人人有份,出了问题就找不清责任了。

变革组织方式是设想可否在书稿审读及编辑加工中改变目前的行政管理为课题组形式,借鉴科学研究中的一些做法,尤其一些大型丛书之类更可如此。这样既有利于发挥不同人员知识上的优势,又强化了责任心。

上面所述只是一种简单的改进设想,具体如何办,还需要认真研究,这些想法只能权作引玉之砖,还请同仁批评指教。

参考文献

1.边春光主编.出版词典.上海辞书出版社,1992.

2.边春光主编.编辑实用百科全书.中国书籍出版社,1994.

3.曾彦修等著.编辑工作二十讲.人民出版社,1986.

4.吴道弘.书稿三审制形成之回顾.北京出版史志第4辑,1994.

5.阙道隆等著.书籍编辑学概论.辽宁教育出版社,1995.

6.李海崑主编.现代编辑学.山东教育出版社,1996.

7.王振铎、赵运通.编辑学原理论.中国书籍出版社,1997.

8.蔡学俭.离不开这片热土.湖北教育出版社,1999.

9.蒋广学.编辑通论.南京大学出版社,1995.

(原载于《编辑之友》1999年第6期)

追记:“三审制”作为中国出版业内的一项制度,在上世纪80年代后一度几乎上升到神圣的地步。尽管从上而下多次强调,但实际上已在不少地方流于形式却是许多业内人士心知肚明的事实。对“三审制”提出质疑,并指出它本质上是“官本位”的反映,在编辑研究领域我大概是最早的。1996年在大连召开的中国编辑学会第三届年会,中心议题是讨论《图书编辑工作基本规程》。这是中国编辑学会与湖北编辑学会共同完成的课题。在分组讨论时,我就“三审制”问题提出了上述看法。这在会上引起不小反响,以致一批支持者非推我作大会发言不可。我的观点无论对否,但带来了另一个收获,就是引起更多人对《编辑之友》的关注,一下增加了一批中青年朋友和吸引了一批观点新锐的论文。1997年我再次表述了自己的观点,那是在一篇探讨出版市场体系的文章中。到1998年在西宁开第四届年会,主题是“稿件审读加工的理论与实践”。这次会是与山西人民出版社副总编董高怀同去,我们写了一篇《“三审制”的实践与认识》,后收在年会的论文选中。现在的这篇是将那篇文章修改补充之后又公开刊于刊物上的。署名仍是我们

俩。这次年会上对“三审制”提出与我们相近看法的还有，后来集中在《编辑之友》上发表了若干篇，有《“三审制”的回顾与审视》《“三审制”的误识与辨正》《从实际出发改进“三审制”》等。

这篇文章是引起编辑出版研究界关注的。山东齐鲁书社 2004 年出版了《中国编辑学研究述评 1983—2003》一书，该书第七章中专有《关于“三审制”的讨论》一节，其中对我们的主要观点都给予引述。这节分四个小题，分别是：1.关于“三审制”本原；2.关于“三审制”的现状；3.关于“三审制”的评价；4.关于“三审制”的改进，明显脱胎于我们的这篇文章。与其同时，南开大学赵航、马瑞洁当时正在完成国家社科基金项目“出版审读研究”，2008 年出书《审读论》。书中第八章“三审制研究”，也吸纳了不少我们的观点。

其实，三审制本身只是一个工作制度或者说是工作程序，最根本的还是如何审稿和如何编辑加工，这是一个从理论到实践都值得研究的复杂问题。前几年一些人挑余秋雨书中的错，挑了一大堆，但余秋雨的书有哪本没经过三审。更有意思的是后来有某本挑余秋雨错的书，这本书的三审是更认真的，出版后竟然也有错。这只能归结于我的一个看法，审读也罢，加工也罢，本身也有局限性。这些问题如何解决，我们这一代人或者包括上一代人智慧不够，只能留给后人了。

这篇文章文后列了一堆参考文献，别人会认为这是出于论述的严谨，其实并非完全如此。论文之后是否列出参考文献，应该因文而异，许多经典著述无此内容也未减弱其经典性。论文要有参考文献后来成了几乎硬性的规定，实在有些多余。但有学术刊物的同行不这样认为，我就讲任何一篇论文都可以列出若干参考文献的，是不是真参考了别人根本辨别不出。当时我正写此文，就告他们可以实践给你们看，所以此文列参考文献，是还有这么一层“游戏”意味的。

从读者地位谈及“金钥匙”

连续读到《编辑之友》1996 年第 6 期的两篇文章，一是说该确立读者在出版业中的地位；一是谈要维护读者作为出版物消费者的权益。角度不同，立论相似，都是讲读者的重要的。这实在是说得太对了，出版离不开作者，离不开编辑，离不开这个那个，但最基本的是离不开读者。没有读者，出版物流通的基础就消失了。而据一些学者对出版史的研究，出版的形成最基本特征之一就是流通，没有读者去阅读，不流通，把书印出来存好藏好，确实是算不上出版的。这个道理很简单，但很长时间似乎是忽略了，说起什么书是否畅销来都是看印数多少，而这些书是卖出去了没有，更进一步说是不是真有人读了，似乎是不大考虑的。这也许与过去的计划经济体制有关。

我们说图书对建设社会主义精神文明有很重要的作用，说图书对提高全民族的思想文化素质有很重要的意义，这是毫无疑义的，但是想过没有，这中间要让读者去接受去阅读才是关键环节。否则，图书再好，出得再多，也不会起到“武装人”、“引导人”、“塑造人”、“鼓舞人”的作用。一本书尽管评上奖，但没有多少人去看，社会价值大概也不好说就有多大。从另一个角度讲，任何商品都有个消费者使用和评价的问题，对图书这种特殊商品来说也不会例外，所以对图书优劣的评价最有权威的还应该是读者。有人说，读者是分层次的，读者的需求有时也是不当的或者错误的。这话不假，但是总还得相信读者的绝大多数吧。毛泽东同志一贯把相信群众和相信党并提，这应该说是马克思主义者的正确态度。

现在有些图书是靠少数专家去评判优劣的,这不是不可以,但是专家其实是读者的一部分,或者说只是极小的一部分。就说某个专家在某一领域是权威吧,那这个领域总还有一大批不权威的专家,他们对图书的评价不能说是都不如少数权威人士的。

说到这就使人想到了现在众多的图书评奖,每年出版社在总结社会效益时都往往把获多少奖作为一项成果。评奖不是坏事,但如何评却也该有些讲究。过去有人把评奖分为政府奖和民间奖。前者是指由各级出版管理部门组织的评奖,后者是一些地区性的、专业性的评奖。其实这种分法并不很科学。因为以民间奖来说,主要是出版社横向联合或者协会学会之类机构来组织的,并不是由一般读者评选。这种评奖应该说是行业奖或者更名副其实些。而政府评奖实际是专家评奖,因为专家自然包括各级管理部门的领导, 谁能说他们不也是专家呢?如此看,真正是读者(一般读者)或者说群众评奖的就廖廖无几了。有个全国畅销书奖先是由几家报刊发起,现在据说是由中国发行协会主办了。再一个就是图书"金钥匙"奖,是由几家报刊发起,让读者来投票评选的,这似乎有些群众评奖的味道。

"金钥匙"图书奖是 1986 年酝酿的,最初由《博览群书》《编辑之友》《书林》《杂家》《编辑学刊》《文汇读书周报》六家发起,以后主办报刊又有些增减。据说当时倡议者的想法一来是发动读者评奖,二来是奖励编辑,以此来宣传编辑的成绩,推动出版繁荣。因为在此前有别的评奖,例如茅盾文学奖(文学作品也是书),但奖励是对作者的,而且也不是读者投票。所以倡办者是有意仿照电影"百花奖"的做法,想使之成为图书"百花奖"的。这个奖大约评过七八届了,要说作用还是不小的。通过评奖表彰了一批优秀图书的责任编辑,宣传了一批好书,也得到了出版界的认可。一些出版社在自我宣传时是把获图书"金钥匙"奖也列在成绩之中的。这一评奖一开始就得到了国家新闻出版署、中宣部出版局、中国版协等党和国家有关部门的关怀与支持。1987年第一届颁奖大会时这些部门的第一把手都参加了，并亲自给获奖编辑颁奖。1994年，高明光同志主编了一本《图书评奖与获奖图书》的书，其中第二项介绍的就是全国图书“金钥匙”奖。当时，一些后来很重要的图书评奖如国家图书奖、“五个一工程”图书奖等还没设立。这本书中介绍“金钥匙”奖时有这样一段话：“‘金钥匙’奖图书评奖，同以往图书评奖活动的最大区别，就在于它是一项纯粹的群众性的评选活动，直接反映读者的心愿。这个‘民意测验’，将有利于出版社进一步提高图书质量。对于读者来说，这项活动能够在一定程度上帮助他们了解好书，促进读书活动的开展。”这些说法，现在看来仍然还是正确而不过时的。

评奖活动总需要经费，“金钥匙”奖最初定的是出版社报参评书要收一些费，经费不足，主办者就要设法补贴，好像《博览群书》杂志就靠青岛电视机厂的广告费用来支持过“金钥匙”评奖。大概那时主办者还没有靠评奖去赚钱的意识。

任何事总会有不足之处，“金钥匙”奖一届届评下来也出现了一些问题。客观地讲，似乎有这么几点：一是由于图书市场的变化，尤其是发行渠道的问题，有些书出版了但是仅在部分地方的书店可以见到，这对读者投票来说增加了盲目性。二是由于主办者是通过报刊登选票的，而这几家报刊读者有些在新闻出版圈内，于是读者的代表性显然不够全面。加之近年受报刊发行量的影响，投票数肯定也较初办时有所下降。三是主办者轮流坐庄，缺乏一个相对稳定的领导机构，使活动的组织管理力量减弱，甚至不够稳定。四是有的承办单位从经济方面着眼较多，在参评费上提高不少，而奖品规格却不如前，参评出版社颇有微词，似乎评奖有了商业化倾向等等。当然，这是局外人所看，也许讲得不对。

对这样一个已经有一定影响的评奖活动其实不如总结经验，做些改进。从分析其不足看,需要本着三个原则进行改进:一是加速规范化,比如首先从组织机构上做点文章;二是增加广泛性,要吸引不同层次更多的读者来参与;三是加强引导性,使评奖活动成为出版社宣传本版好书的机会,真正引导读者去读好书。具体来说,可不可以与新华书店相结合,选择一批较大的图书门市部直接组织读者填写选票;可不可以把现在在各自报刊上登选票的办法改变为印有参评书目与选票的大张传单(当然主办单位也可在上面作宣传);可不可以把原先按读者投中几本书(指最后结果与读者投票相比)来评读者奖的办法改为从选票中抽奖,以提高读者的投票兴趣等等。虽说这些做起来并不容易,但是要想让一项评奖活动扎扎实实办好哪能不费劲呢?有人会认为,这样也有些问题解决不了,比如有的读者没读过甚至没见过某书而投了票,使评选中有了水分。这其实也没什么,难道专家评书投票时就都把书读过了吗?允许专家凭自己的判断投票,也该允许读者凭自己的判断投票。读者投某书的票,起码反映了他对这本书(哪怕是书名)感兴趣,这在客观上还是宣传了这本书的,也是好事。如果越来越多的人关注图书,让社会多些书香,不也大大有利于精神文明的建设吗?关心好书总比关心麻将要好。

任何图书评奖也不可能尽善尽美,更不要说由众多读者直接投票了。但是有这一项读者参与的评奖,总比没有强,因为它毕竟还是可以反映一下读者倾向的。据闻"金钥匙"图书奖定名时的含义是"图书是打开知识大门的金钥匙"。此话不错,这把"金钥匙"如果真正拿在读者手中,而且用好它,那么就不仅可以为读者开启智慧,还可以开启出版社选题思路。这样,也从一个方面体现了一下读者在出版业中的地位,表达了一下读者对众多图书的评价,对出版业适应社会主义市场经济只有好处。

图书评奖现在可谓林林总总,名目繁多,如何搞好实在也是一大课题。传闻有关方面将对此予以清理规范,那自然好,至于如何组织读者参与大概会考虑更周全的，如是，则“金钥匙”（或别的什么名字）该是会更亮晶些的罢！

（原载于《编辑之友》1997年第1期）

追记：此篇发表时署名“牟边记”，即某编辑之意。

写此文有为“金钥匙”图书奖做总结的意思，事实上也确实是在之后这个奖项就停止了。停的客观原因是国家出版管理部门要规范全国性的图书评奖，最终是只保留国家图书奖、“五个一工程”图书奖和中国图书奖。以后十多年中，出版界称之为图书三大奖，入围三大奖成了出版社追逐的目标。停的主观原因则如此文中所述的几条，而很直接的大概是某些承办单位将此项评奖纳入创收活动，引起参评出版社的不满。我作为主办方之一的代表就亲耳听到过这种意见。

如果论起资历来，那三大奖中只有“中国”（初由中国书评学会主办，列入三大奖时改由中国出版工作者协会主办）与“金钥匙”同年，都是1987年举行第一届。所以约十年的时间，出版界是将“中国”视为专家奖，“金钥匙”视为大众奖的。“国家”（新闻出版署主办）始于1993年，“五个一工程”（中共中央宣传部主办）始于1992年，在进入改革开放新的历史时期之后，“金钥匙”是最早设立的全国性图书奖项之一。直到现在，不少出版社在总结自身历史时还是将获得该奖项作为成绩记载的，可见其当时的影响。

2006年12月，余秋雨《文化苦旅》由东方出版中心再版，这是1992年出版后的第33次印刷，总印数已在200万册以外，能不断再版并发行这等数量者在当今中国数以百万计的图书中绝对罕见。但就在这一版的封底上，作为宣传文字仍醒目地列出该书获得的四个主要奖项（含台湾），位居榜首的是“获全国金钥匙图书二等奖”。

就在三大奖确立之后，其他图书奖还是有的，主要有两种，一种是就某一类别的，如全国优秀青年图书奖等等；另一种是区域性的（区域有大有小),如北方十五省、市、自治区优秀社科图书奖、华东优秀科技图书奖,以及各省、市、自治区设立的优秀图书奖等等。现在适应形势变化,有些改称“出版物奖”了,但实质没有太大不同。如果留心一下就会发现,所有的奖项统统算在一起,主办者不外乎两种身份,或是出版管理部门,这可以看做是纵向的;或是出版社自身,所谓自身可以是某某出版工作委员会的名义,也可以是若干个出版社的联会,这可以看做是横向的。

图书评奖其实是个值得研究的课题。广义地说,任何社会产品都需要一定的社会评价机制予以规范、制约、引导,从而促进这类产品质量的完善与提高。评奖是这种评价机制的一部分。一个产品如果得到了社会评价系统的承认,那就不单获得了荣誉,而且也具有了相当的市场价值。也就是说,产品的获奖必然促进市场份额的提升。大多数社会产品生产者莫不利用获奖来进行市场的宣传和推广,这几乎成为规律。只有由“社会”评价,又给力于“市场”,那这种评奖体制才真能有利于产品,当然也有利于产品的生产者。反之,如果是产品的生产者们凑在一起评奖,开始可能还有互相比较的味道,但发展下来这种味道越来越淡,最后是场面上很热闹,本质上却如同卡拉OK,自娱自乐罢了。

图书评奖后是否推动了质量的提高和市场影响的扩大,不好说,但出版单位在获奖宣传上的不太在意与图书消费者的并不知情却是肯定的。许多报刊亭都可见到报刊的宣传海报,在大小书店有图书获奖的宣传海报吗?不知道,反正我是没见过。像上述《文化苦旅》那样利用再版进行宣传的也十分罕见。当然,也可能有一批获奖书根本就没有再版的机会。从某种角度看,这难道不是一些给图书颁奖者和获奖书出版者的悲哀?

扯远了,还说“金钥匙”。

“金钥匙”奖的创办和我有些关系,对于身处全国非发达地区的出版社编辑来说,做点在本行业内有全国性影响的事机会与可能都小,所以能参与创办这一奖项还是算幸运的。“金钥匙”的设想形成是在《编辑之友》创办之后，首倡者是当时以副主编身份（无主编）主持刊物的张安塞，灵感来自《大众电影》的电影“百花奖”。他先与我谈了这一想法，在我们商量了一些细节之后就与当时那几家报刊联系，回应都表示赞同并推《编辑之友》具体拿个方案。当时《中国出版》还只是一个内部刊物《出版工作》《中国新闻出版报》也还是名为《中国报刊报》的内部报纸，所以没在联系之列，而当时的正式刊物《书林》《杂家》在该奖设立几年后却停办了——这是后话。以后主办单位多次增减，到1995年举行第八届时，主办者是九家，有《博览群书》《新闻出版报》《中国出版》《文汇读书周报》《读书生活报》《读者导报》《出版研究》《出版发行研究》《编辑之友》。该届承办者《新闻出版报》还联系到了一家发行单位北京图书大世界给予赞助。

在最初我们拟定实施方案时，奖需要有个名称，我提出用“金钥匙”，解释语就用“图书是开启人类智慧的钥匙”之类，张安塞当即表示赞同。记得我俩还是在一次下班之后同行的路上商定的，后来参与发起的几家单位也都十分肯定这一名称。此奖创设之初无论主办者还是参评者都是十分认真严肃的。颁奖仪式轮流在主办者所在城市举行，在太原办过一届。几家发起者记忆中出力最大的当数《博览群书》，这与它是光明日报社所办，地处北京，发行量也比较大有关。

“金钥匙”奖的最大功绩是突出了读者，而读者在出版活动中的作用在中国有很长时间是不太被关注的，这大约和进入改革开放新时期之前图书总量远不及现在有关。比如那时的图书征订单上对各种图书读者对象的表述大都是笼统的“广大读者”，可真正的读者市场是分为不同层次的不同群体的。随着社会转型和数字传播技术的冲击，出版业近些年已不得不去认真研究和对待读者了，这虽是被“逼”的，但却是正常的、可喜的。

浅悟章

戏说编辑功夫

与年轻人接触，会促使你想些新问题，比如这个题目，就是从青年学生那里来的。去年，我应邀去山西师范大学待了几天，其间多次与编辑出版专业不同班级的学生座谈。说是座谈，实际是回答学生的提问，当场即兴回答。即兴嘛，论真实大概没问题，但说完整准确恐怕就未必，比如，对编辑基本功的回答就如此。

这个问题，当时我是从职业特点入手谈的，由编辑要干什么引出编辑该有什么功夫，说得肯定头头是道，学生们也觉得是那么回事。但我自己并不满意这种回答，其原因是这些貌似有理的内容并非体现了编辑的特征，而在目前的一些编辑研究著述乃至教材中以共性代替特性（有的也许是无意识的）而构建理论几乎成了通病，我对此在不同场合就说过“不”字的，现在我也这么做，实在有应付糊弄学生之嫌。但是，要总结出几条编辑特有的基本功，还真困惑了，虽说从事这个行当已大有年头。

随后，我参加了一个朝山拜佛团队，但在徜徉名山古刹之时，仍不免有凡夫俗想。夜宿普陀山那晚突来灵感，编辑功夫何不从“异数”来概括？于是，四个字从脑海里蹦了出来——偷、仿、悟、达，这倒可能有点儿意思。

先说偷。“偷”按《现代汉语词典》的解释是“私下里拿走别人的东西，据为己有”。东西一般是指物质的，偷这种东西是要遭谴责与处罚的，这时的“偷”自是贬义。但东西还可以是精神的，这时的偷是否该谴责可就难说了。有人说知识产权受保护，可这保护的是创新、发明，如果你的知识、你的思想也是从别处得来的，或者说偷来的人没有“商业目的”，那偷就变成正当的了。于是，在不少武侠作品中出现了“偷艺”的情节，而编辑需要的就是这种功夫。

明明是学，为什么要偷呢？这还得看编辑的职业特点。编辑这个行业，长期以来没有专门的学校培养从业者，也没形成一套系统完整的教育内容与教育手段，而从事编辑工作所涉及的知识技能门类庞杂而多变。于是乎，一个人从事编辑工作后仍需要学习，需要充实。幸运者，遇个好“师傅”可以带上一程；不幸运者，则只能摸爬滚打“自学成才”。于是，东一笊篱西一耙地捞回东西装入大脑，“据为己有”，这种做法，几近乎偷。

说是偷，还在于它与传统意义上的学不同。一是这并非名正言顺的授与学，而多是授者无意，学者有心；二是并非师从某一人，而是可师读者、师作者、师同行、师有机会接触的专家学者；三是并非只偷完整的知识，也可是某一思想、某一点子、某一技巧、某一经验、某一招一式，而无定形定规；四是如何偷全在学者自行揣摩、自行掌握，借用电影《地道战》中的台词：“各村有各村的高招。”

这种偷不是我的发现，近似的表述只要留心并不难找到。这里随便找两条。一是沈昌文先生所说：“办法是同各色各样的作者、读者交流思想感情，目的是从他们那里汲取知识资源。而所有这些，说得难听，实际上还是一种对知识资源的‘贪污盗窃’，只不过彼此都心甘情愿而已。”（《阁楼人语》第 20 页）另一是当编辑的马小娟女士所说：“因为深圳市委宣传部要和国家文物局合拍一百集的电视片《中国博物馆》，我这个总撰稿之一跑去深圳找余秋雨老师喝酒，推杯换盏间‘偷取’他脑子里的博物馆概念。”（《吾师余秋雨》第 52 页）

其实，混迹于编辑圈的人都可以从自身经历中找出例子的，只是肯不肯说出来罢了。

二说仿。仿就是模仿、仿照，仿是学习的开始，是创造的基础。在我的记忆中，小孩子学毛笔字，大人总是要拿来一张打了方格、格中有正楷毛笔字的纸，另找一张毛边纸拓上去，让孩子照住透出来的笔画在上面摹写。那下面的一张叫“仿引”。孩子就是在这种模仿中，开始学会了毛笔字的基本写法，而要写得有些水平，以后还得照上字帖去写，仍是模仿。这个做法在编辑中是常有的，不过做起来要比这复杂些罢了。

仿，必须先学会寻找仿的对象。曾有位大人物说过，“有所发明不容易，有所发现并不难”。这个发现当然包括你需要模仿的对象和需要模仿的地方。仿也是一种学习，但又与一般的学不同，这个学是和做结合在一起的，是立竿见影地做，做的结果是搞出与所仿对象相近但又绝不相同的“另一个”。是不是善仿，就看能不能找准仿的目标又恰当地把握仿的程度。这很像一句老话，“天下文章一大抄，看你会抄不会抄”。

说编辑要会模仿，可能有人不以为然，他们会搬来“理论”，称编辑的贡献在于创新，你却说模仿，档次太低了。这话猛一听有点吓人，但细想并无道理。一来创新谈何容易，看看历史与现实，真正堪称创新的作品其实寥寥。二是创新也往往是一些方面的创新，其基础仍是模仿前人。在出版界这类例子很多，上世纪 80 年代一部《唐诗鉴赏辞典》引来了多少“兄弟姐妹”，哪一本不是模仿的结晶？后来有人发文章呼吁要保护选题权、编辑权，绝不是无病呻吟，但是如何界定这些权利，恐怕是法学界目前也解决不了的难题。即使真到这些权利进入法律，可模仿之势也遏制不住，甚至可以说就不该遏制。因为广义地讲，无论是人类的进步还是个人的成长都自觉不自觉地离不开这个“仿”。

任何成功的编辑都有一种善仿的基本功，当年《读者》筹办之初，不是也在仿美国《读者文摘》吗？更具体地说，在刊物的版式上，“胡亚权找来一些流行的报纸与杂志，开始研究别人是怎样画的”，“胡亚权把这本杂志拆散，贴在墙上。每天揣摩别人版式的长处与特点。从模仿

开始，体会别人的版式，慢慢地形成适合自己的风格与标准。”(《读者传奇》第 15 页)

《读者》是当代中国最成功的杂志之一，成功的原因很多，但肯定有编辑功夫过硬这一条，而过硬就包括“仿”的过硬。

三说悟。悟是领会、明白之意，但较之领会、明白，“悟”显得更玄妙一些，有些“可意会而不可言传”的味道。在佛教中，悟是“见实相”，大概是指通过身心体验发现事物本质与规律的意思。人们常说悟性如何，就是说这种“见实相”的能力如何。悟性与天赋有关，但也需后天培养。对编辑来讲，悟则十分重要。因为编辑面对的是各种知识、信息，其中会不断遇到自己以前没接触过和不熟悉的内容，编辑技能也绝不是读上几本编辑学或编辑教程就可以掌握的，所以，是否注意并善于从实践中不断悟出些道道来，对于成为一名合格编辑乃至好编辑至关重要。

老编辑会有好多经验，这些经验全是靠在实践中研究、比较、总结而得来的，这个过程就是悟。有些书本上没讲的东西更需要自己去领会。30 多年前，《北京晚报》有过一个人物专访栏目，每次千把字，很受读者欢迎，后来还结集出过一本书叫《京华人物》。当时我在报社当编辑，就研究这个专栏，从中就悟出了一些专访的规律，很基本的一条是访普通人要写其事迹，访知名人物则要写其对某些问题的看法。我后来写的一些不多的专访，就是照此办理。

编辑的悟，往往还可悟出许多与编辑工作有关但又适用于更大领域的“道道”来。如那位郑元绪，作为《读者》的创办人之一，他给报刊进修班讲课中就有很多悟出来的惊人观点：“领先读者，只领先一步”，“人性是永恒的主题”，“人的本质——健康与真实”，“再高尚的人也阅读色情，再卑鄙的人也崇拜英雄”，“残缺创造了特色”，“最笨的工作是最有价值的工作”……(《读者传奇》第 168—169 页)

这样的悟，体现了编辑的造诣，编辑的功夫。

最后说达。达是指通达、达观、旷达。这是编辑的心理功夫。任何一种职业都有相应的心理素质要求，例如一个见了血就害怕的人绝对干不了外科医生。编辑职业的特点是一种文化上的特殊服务。编辑常被人说成是“为他人作嫁衣裳”的行当，社会这样认为可以理解，而编辑自身也念叨这话反映出的却是一种不太平衡的心态。做编辑多少得有点儿知识、有点儿学问，但又绝不是大知识、大学问。如果是，那早自己著书立说了。然而，偏偏编辑又免不了要与学问上、地位上、利益上比自己强的人打交道，打交道的过程又往往在进一步提升对方的学问、地位、利益，于是难免心态失衡。而纠正它的办法，就是让自己达观些、旷达些。

何谓之达，很难说清楚，这似乎是一种一切都在乎又一切都不在乎的心态。倒是作家王蒙在一篇《有无之间》中讲得透彻，讲得深刻，而这又正是针对《读书》杂志编辑的经验讲的。王蒙认为这是一种无的状态，一种趋向于零的心态。这种心态“一曰以无限作为参照，有极大的胸怀”；“二曰这种无是一种弹性，不是刚体的不可入性”；“三曰容受性，如老子讲的，一所房屋，因为它的四壁之内是无，才能使用”；“四曰服务心态，自己既然是无，其用便在于为众人的有服务”；“最后是无我状态，无欲则刚，有容乃大”(《阁楼人语》第 4 页)。这该是“达”了，能修炼到如此境界，实属不易，但以此境界为追求目标，并非难事。就从我接触过的一些编辑前辈看，不少人退休十多年了仍活跃在知识界，大致都具备或追求这种心态。

故而，“达”是一种心灵的健康，一种编辑需要的心灵健康。

行文至此，四字讲毕，原来想取题目为“细说编辑功夫”的，但是否成理，尚无把握，于是改动一字，成了“戏说编辑功夫”。戏说嘛，信与不信，就全在读者了。

（原载于《出版广角》2006 年第 2 期）

追记：写于2005年的此文应该是我退休之前最后一篇关于编辑的文章。起因文章中说了，文中的一些观点虽不敢说对，但起码还新，是自己的思考，不是那种为写论文而从参考文献中硬找出的题目。那两年，我连续给了《出版广角》几篇稿件，当然全刊发了。为什么这时偏爱于《出版广角》是有点私心的，在我主持刊物期间，《出版广角》从它的创办者刘硕良到后来的掌门人邓锟都给过不少支持与关照。《编辑之友》改版之后，《出版广角》就发表了《侃侃老孙——〈编辑之友〉主持者孙琇印象》的长文(1997)，虽是谈我的，但实际上是宣传了《编辑之友》杂志。以后在如何办刊上，《出版广角》的同行也给了我不少启示。就在我退下来后，邓锟还约我在北京相见，就刊物乃至相关话题整整聊了半天。而我以往却没能为他们这份刊物做过什么，现在奉上点小稿，潜意识里有消弥愧疚，略表报答之意。当然对他们来讲，这不算什么，强我千倍的作者是大有人在的。

现在看这篇东西，倒突然发现了一个不曾留意之处：在混上高级职称而且可称“资深”之后，考虑的才是编辑的基本功，这不一下子退到起点了——这本是进入这一行就该清楚的呀！终点竟然会是起点，这也许纯属巧合，但这巧合中或许还有某些值得琢磨之处，那就是作为编辑工作的学问之深和作为编辑个人的学无止境。

编辑素质别谈

关于编辑素质的议论听得多也见得多了，自然生发了一些想法，也很想拿出来与大家讨论讨论，可这些想法颇有点不合常规，于是谓之别谈。“别”字在此是取区别于“正”的义项，有如别称、别史、别录，别传中“别”的意思，并非“不要”的意思。

这些想法大致可分为五点，说好听点是五个题目。

第一点，一个十分重要而又不易解决的问题。这是就提高编辑素质这一问题而言的。现在国家有关部门安排搞编辑的业务培训、持证上岗，目的就是为了提高编辑的素质，强调编辑素质问题的领导讲话、文件以及研究论文更是不少，既如此，其重要性自然不容置疑。然而这一切收效如何？不能说没有，但也难说很大。仅凭若干天的学习然后考试一下发个上岗证就能使受训者的素质来个明显提高吗？恐怕未必。但不这样又有什么好招数可以尽快奏效，实在也提不出来，真难为出版管理部门了。所以说，这个问题十分重要而又不易解决。

如果分析一下这一问题被重视的原因，大致是两个方面。一是正面原因，这就是为迎接新世纪及信息化社会和知识经济时代的到来，要求在大众传播中居于重要位置的编辑具有较高的素质。这个道理不用细讲，谁都明白。需要提一句的是，这倒决不是某个出版单位某个地区或者说是中国大陆的要求，而是全球性的要求。远的不说，我接触过的香港出版同行也在强调这个问题，所不同的是我们称为素质，他们谓之质素，两个字颠倒了但内涵是一样的。另一个是负面原因，这就是由于近年来出版物出了些问题，一些不太好的书刊出来了，编校质量普遍又有所下降等等。出版物出问题表明出版人出了问题，要解决物的问题当然要抓人的问题，于是有了诸如全国性分批培训上岗等措施，目的是把这支队伍的整体素质提高一下。有了这两方面的原因，才使这个问题摆上重要日程又显得急迫。

第二点，很明确但又很模糊的标准，这是指编辑素质的具体内容的。这方面的文章、著述、讲话同样也不少，还有过一些很漂亮的提法，如编辑学者化之类。这些论述立之有理，论之有据，似乎都讲得很清楚了，然而细琢磨这些意见（例如几本编辑教材中的相关内容），却感到问题并不那么简单。不妨以大家常讲的政治素质与业务素质为例。人生活在现实社会中，不可能脱离政治。作为与意识形态关系密切的编辑，其职业特点也必然会有较强的政治素质要求。但是这种素质内容是什么？一些论者说应该是具备马克思主义世界观，有较高的政治理论修养，有高度的政治敏感性，熟悉党和国家的政策法规等等。这当然很正确，但是这种要求对其他职业不也同样适用吗？或者是否还可以这样说，对于某些职业，例如党政机关公务员是不是在这方面的要求应更高些。这一想，原来大家谈的只是一个共性的要求，并非特指编辑。那么是在政治素质上只有共性要求而没有各种不同职业不同人员的侧重之点呢，还是应该有而我们并未研究呢？按一般的道理，共性的内容不能代表个性的特点，否则，我们把各个阶层各种职业的人的素质要求都归为做一个有理想、有道德、有文化、有纪律的公民不就结了？

再比如业务素质，那提法就更多了，最典型的讲法是要有广博的知识和较深的专业知识，有合理的知识结构和熟练的专业技能。有一种说法更形象地说编辑应该是“T”型人才，横代表知识之广，竖代表知识之专。这一看也颇有道理，但是如果问一下，一位教师、一位医生、一位工程师，或者说一名工人难道在其业务素质上不也该如此吗？我想是应该的。可见这又是个通用型标准。至于“编辑学者化”之类更是空谈较多。如果没弄错的话,这一提法是从20世纪80年代的王蒙倡导“作家学者化”套过来的,有一阵还很热闹地讨论过。讨论来讨论去也没有明白怎么就是“化”了,是编辑成为学者还是学者成为编辑。其实这一提法流行一阵的没有明说的原因是讨论者想借此提高编辑的地位而已。如果说在编辑素质上还有其他各种提法的话,情形和上面说的也差不多,不信,找一篇论编辑素质的文章,只要把“编辑”二字都改成别的,再稍作润色,往往还是一篇不错的论文。既如此,不是说明大家谈的很明确又很模糊吗?

第三点,普遍缺乏的是自我提高意识。提高编辑素质问题编辑自身在讲,管编辑的领导和关注编辑的人(比如一些作者和读者)也在讲。就以一个具体出版社来说,社长总编讲要提高素质,室主任讲要提高素质,编辑讲要提高素质,助理编辑也讲要提高素质。猛一听,认识一致,多好。可是细听一下,往往会发现其潜台词是别人的素质要提高,自己呢?对不起,忘了。当然这种现象不光是编辑队伍如此,其他行业也差不多,堪称“中国国情”。讲自己素质低的情况有没有,也有,但其中不少是醉翁之意。如果写成剧本的话,此处需加括号,内写“作谦虚状”的。中国文化中曾有“文人相轻”一说,这在今天的某些地方还是得到继承和发扬了;而相轻的基础是不认识自己的不足,回到我们的论题上来,就是只认为别人素质太差。不信看看那些不惜一切去争官争荣誉争好处者,多半是这种心态。

其实要解决这个问题不妨从一个简单办法开始。在一个编辑群体例如出版社或期刊编辑部中,每人填上一张表,表上除姓名等常规内容外只设三大栏,一是你认为编辑应具备什么素质,二是你认为自己缺乏什么素质,三是你准备如何补上缺欠。填个表当然也不能一下提高什么,但起码可以促使每人去想想自己,从总编辑到见习编辑可以有不同的自省,即使是有人想故作谦虚,也得“故”一下的。

第四点，素质养成的根本所在。说了这么多，别人会问，你认为编辑素质应该包括什么内容。老实讲，我也没有想清楚。但是我倒觉得可以从另一个角度来研究一下，即如何才能形成编辑的特有素质。

关于这个问题，我认为首先要讲天赋。过去批判唯心论、先验论，批得不敢讲人与人天生的差别，而是过分强调后天的教育与影响，现在看这是有偏颇的。天赋是指与生俱来的性格、才智等特点，这对一个人以后的发展不能说起决定作用，但也决不可忽视其作用。在日常生活中人们并不是不重视天赋，比如常听到这样的话，“他天生是当兵的料”，为什么是当兵的“料”，说明他具备一些战士职业所要求的天赋或者说素质，也就是说如果他当兵会比那些不是“料”的兵做得又不费劲又好。有些职业对天赋的要求是格外高的，不信找一个音乐天赋很差而经过培养努力成为歌手以至音乐家的例子，难。搞编辑要不要讲天赋，我看要。比如是不是有对文字感受比较敏锐的天性，是不是有对新知识感兴趣但又往往难以对某一门深钻下去的性格，而这似乎是搞编辑需要的。在《编辑之友》“自题小像”栏有过一文，作者讲到她在学校时就是自己不爱写而爱给别人改文章，甚至改的比写的还好，这是不是也反映出一些天赋呢？天赋这东西比较玄，怎么测定很难。中国古代把人的天赋气质分为五种：太阳型（好动）、少阳型、太阴型（好静）、少阴型、阴阳和平型。古希腊认为人因四种体液的多寡形成四种气质：胆汁质、多血质、粘液质、抑郁质。这些研究都可用作借鉴，来判定何种气质的人更适于从事何种职业。虽说不可绝对，但如果天生抑郁型的人当编辑大概就不太合适。

除了天资，影响素质的另一重要因素是环境。举个极端的例子，多年之前我去过新加坡，如果说遵守交通秩序也反映了一个人的素质，那我觉得在新加坡与回到国内比，我在那边素质就高了许多。为什么，环境使然。那边是规规矩矩过马路，回来就不行了。是不明白该如何做吗？不是，而是碰上那既没人指挥又没指挥灯的路口，人车都在乱行，你想不乱行,行吗?——当然也可另外解释,能不遵守交通秩序大概也是一种素质。环境对一个人的素质如何起很大作用,所以说在提高编辑素质问题上,创造一个环境很重要。环境或者说条件就那样,却一味说编辑素质不高也有些冤枉。作为有权管编辑者,安排不是编辑“料”者干编辑,到编书编刊出了问题又批人家素质不高,这只能说是一种权力逻辑。如果有一个不去提高素质就会混不下去的环境,不用你催,他自己就要去提高的。有的人干一项工作几年过去也没有什么提高,甚至干不好也没什么压力,为什么?还不是有这么个可以混下去的环境。

有环境还要自身努力,这就是第三方面:积累。高素质的造就不是一日之功,个人的逐步积累甚是重要。就以专业素质来说,做个有心人,不断地干不断地学,总会比别人有很快长进的。这方面的道理谁也清楚,只不过真做起来就不易了。培养高素质的因素还有其他,但上述三条我觉得是根本,从哲学的高度分析,内因外因应该说都有了。

第五点,提高编辑素质的途径。如果说上面是谈编辑个体,这里则是侧重于编辑群体,也就是宏观设想提高编辑队伍素质的问题。我曾在某篇文章中谈过一些意见,归纳起来是三条。一是把住入口关,就是说在什么人可以从事这个职业上有个说法。可行的办法是建立资格考试制,最近见有文章也在倡导此举,可见有此想法者大有人在。这里的资格考试不同于业务培训和持证上岗,后者只是一种事后补救,而前者是事先预防。上世纪70年代以前进入出版部门当编辑是要经过一些程序的,虽不是先考资格,但也决不是马虎从事,不少是从作者和通讯员中挑选的,而且还往往是先借调试用,新毕业的大学生到了出版社也是往往先干校对。现在倒好,只要有关系进了出版社就可当编辑,学历经历有无作品甚至能不能写通一篇千字文章统统不必管。如果是上边往下派的话,没干过一天编辑的也可直接去当总编辑,连三审制是什么还没弄清就可以签字发稿,这种情况下还谈编辑素质岂不是笑话。当然,这也符合"时下国情",一升官水平骤然见长,素质倾刻提高的事大概大家都见惯了,领导一说就是"重要讲话"。如果建立资格考试制度,要干编辑先考资格(有了资格干不干另说),就如同要开汽车先要考取驾驶证一样,对保证编辑这支队伍的素质总会有些作用的。说也怪,尽管天天喊编辑的重要,说其对社会对民众思想道德文化科学的影响是如何大,可偏偏对从事编辑出版的人没有明确要求,开车要考本,当医生、当律师、当法官……包括烧锅炉都要考个本,唯当编辑不要,大概是那些行当出问题人命关天,编辑么,无所谓的。

二是建立继续教育制度。编辑工作本身与政治关系密切,而其业务大概也可归入知识密集型之列,所以要想胜任,素质需要不断提高,提高的办法之一就是学习。除了圣贤,真能把学习当作自觉行动并有计划进行的人并不多,于是要实行教育。编辑尽管天天与稿件打交通,自觉不自觉地会接受新知识,但那毕竟不是系统的学习。即使是原先专业基础不错的,只工作不"充电",能量也会越耗越少,所以很有必要建立一种制度,让编辑人员定时集中精力接受教育。也就是说通过此方式,强制性地逼其提高,哪怕是集中时间认真读几本书也行。

三是需要形成淘汰机制。说明白点,就是使素质不符合编辑职业要求者离开。不同的行当有不同的素质要求,不从事编辑工作也不意味着素质就低,或许去搞别的反而会更有成就。贾平凹当年当编辑,我看就没有他后来当作家更合适。现在的问题是不具备编辑素质的人也干上编辑了,即使是干不好编辑谁也不能把他怎么样。这种状况不改变,提高素质还是空话。当然,要解决这个问题很难,它与我们国家整个体制及用人制度密切相关,但是这总是解决问题的一条途径。不信等着,有朝一日编辑这碗饭不好混了,或者说国家给的出版专有权不存在了,出版社也会破产,编辑也会下岗,那时还能在编辑岗位上呆下去的,肯定是基本素质符合编辑要求而且还较高的人,编辑队伍的整体素质到那时不提也高了。

说了这么多,也没说清楚到底编辑素质是些什么,但是我想,有那么多管理编辑的领导,有那么多研究编辑学的专家,还有众多从事编辑实践的同仁,如果按党的“十五大”报告中要求的那样,“以我国改革开放的现代化建设的实际问题,以我们正在做的事情为中心,着眼于马克思主义理论的运用,着眼于对实际问题的理论思考,着眼于新的实践和新的发展”,总会有人在这个问题上讲明白的。

(原载于《编辑之友》1999年第2期)

追记:此文开篇解释题目中“别”不是不要的意思,老实话,这也是写文章时故意俏皮些而已。其实看看全文就会感到,骨子里还是有个“不要老讲什么编辑素质”的,这也真是我的想法之一。

为什么会有这种想法,还是那句经典名言,认识来自实践。自主编《编辑之友》以来,来稿中讲编辑素质者是最常见的类型之一,关注一下相近报刊,这类文章并不少见。说得更准确些是讲编辑素质时往往还有个前缀,如“现代的”、“市场经济下的”、“学报编辑的”等等,但实际上都差不多。因为这类文章我们基本不用,所以如果看出版了的《编辑之友》是不会有这种感觉的。不过我们不采用不等于人家找不到别的报刊发表。这类“研究”大多没有新意,有些应当是为评职称之需而“抄”出来或者说凑出来的(现在有了网络,更容易操作)。当然也有个别的真想在这方面下点功夫,但效果也并不好。从某种角度来说,素质本身就是个难以一下说清的问题。

写这篇文章的本意现在想想应该有三:一是希望大家别在这问题上“转悠”了;二是尝试提供一点别样的角度,尽管未必做到位了;三是借题发挥,谈点有关编辑的其他方面。至于在写法上则适当使用些杂文笔法,不太像正统论文。不过,难道论文就必须用现在通行的学院派论文文体吗?

SARS与编辑质量

SARS对社会的影响是巨大而广泛的，人们已经感受了生活方式与行为方式的改变，但这也许只是表层的、暂时的，而更深之处在于人们会去调整和变革一些已经习以为常的观念及机制，虽然这还需要一个过程。在这种非常时期去思考编辑质量问题，是该也有些"非常"想法的。

"编辑"一词有两个义项，可以指活动，也可以指人。当"活动"讲时，编辑质量往往被等同于出版物质量。当然，这出版物是广义的，并不只限于图书。提高出版物质量少说也喊了十年了，"加强管理"、"提高质量"，作为对出版业的要求写进了党代会的报告，于是不仅在出版界耳熟能详，更成了经典语言。加强也罢，管理也罢，主要都是针对编辑人员的，如果收效不明显那就再加强再管理，这似乎也成了一种提高出版物质量的惯性思维。但抗击SARS，使人们突然注意到一个简单的道理，医生有保障公民健康的职责与本事，但公民的健康光靠医生却保障不了。联想到出版物的质量问题，大概也有类似道理。

任何事都有源头，出版物的源头在作者。作者如何不能说完全影响编辑质量，但影响也绝不小。几年前就有人指出："当前图书质量下降的根本原因是现今文化人的文化素质在下降。首先是文字水平的下降，其次是文化知识水平的下降。"讲这话的先生叫刘全海，是北京大学出版社的编辑，他以亲历亲见的一批事例说明了这一观点。尽管讲得不错，但因身在其间，在别人看来或许有为同行开脱责任之嫌。然而近日，又有一位先生说话了,这就是上海的张远山。他说:“其实练笔是投稿之前的事,你在投稿前应该先达到及格线。读者不是你的文学奶妈,不需要看着你长大,更不应该为你支付牛奶钱,一如正式演出前的彩排不应该售票。浪费读者用于购买的金钱和用于阅读的时间,是标准的谋财害命。”“诸多缺乏自知之明的‘有志者’和‘承志者’也许感动了编辑和执照审批部门,但他们生产的垃圾却从未感动过读者。”“写作从来不是一项群众性娱乐活动——阅读才是。你首先必须是合格的读者(包括正确判断自己作品的质量),然后才有可能成为合格的作家。”张是学者,他参与写作的《齐人物论》在学界很有影响。而上述的话就登在今年 5 月号的《书屋》上。虽刻薄一些,但也是有的放矢,道出了真情。

其实只抨击作者中的一些个人也有失公允,形成一种现象肯定还有原因,起码与现行的学术体制和评价机制有关。就说一点吧,眼下是时髦“量化管理”的,不管什么都尽力做到可以打分,文化人升职称、聘岗位、争基金、拿奖励,通通如此,其规定之细已经到了找来小学生也可以管理教授的地步。以清华大学《文科科研量计算办法》(讨论稿)为例,其规定“学术专著,30 万字以下每部 80 分,若字数少于 15 万字,每减少一万字减二分,若字数多于 30 万字,则每增加 10 万字加 10 分,即 40 万字 90 分,50 万字 100 分,以此类推”。有这把标尺在导向,如果 10 万字能讲清楚的就是加废话也要扩到 15 万字以上,不这样想这样做的除非弱智,但能写书者弱智好像没有。过去是身为教授多年还不肯轻易出书,现在是不先造出几本书来怎么当教授,于是,精神产品的源头就先有了一堆杂质泡沫。到了下游,编辑再有能耐,想整治得纯洁清澈也非易事,更不要说编辑是否都有这种觉悟和能耐了。

当然,光讲编辑的自觉和能力也不全面,编辑活动还得在一定机制下进行,而现在是既有沿袭了计划时代的制度规范,又有糅进了市场因素的责任考核,管理也只能在一种不尴不尬中实行。就以一向被说成是“实践证明行之有效”的编辑工作三审制来说,在相当程度上已流于形式，只是由于有红头文件在不断“加强”，所以即便蜕变成了“三签制”也还得“流”下去。编辑审稿那当然绝对不可少，但现在这一制度本身的科学性却大可怀疑。且不说这套建立于40多年前的做法是否还适应当今的时势，就是把本来只是与业务能力、知识水平密切相关的审读加工服从于职务和权力也不相宜，隐含其中的还不是个传统的“官本位”？市场经济的确立使编辑不得不去考虑出版物的推销，但要求编辑从策划选题到把出版物卖出去全程负责，并以此作为考核标准，也很有些勉为其难。一位这样做得蛮有成绩、年终奖金兑现还得到不少的编辑自嘲地归纳了一句：“我这是用小农经济的办法适应现代化大生产。”细想一下，也颇值得深思。防治SARS，提出的口号是“万众一心，科学防治”。“万众”很重要，“科学”也很重要。解决出版物质量问题，大概同样需要“万众”，同样需要“科学”。

“编辑”还有一义是指人，编辑质量自然也是“人”的质量，习惯的说法是素质。素质在香港称为质素，那里的出版界人士也讲提高员工质素，可见虽“两制”但却有共同问题。提高编辑素质在我们这儿也是老话题。20世纪90年代中期，党和国家有关部门就开展了新闻出版跨世纪人才工程，内容不外两大方面，提高队伍素质与开发人才资源。由此而来的措施就有岗位培训、持证上岗等等。几年下来，自然有效果，但要长期解决，大概不是只靠从上而下组织管理就可以的。遭遇SARS，传统的做法失灵，显示了建立一种公共管理机制的重要性，当然也显示了人员素质的重要性，一种有效的运行机制才能促使或者说逼迫人员素质的提高。要提高编辑素质，个人的主观努力固然是根本，但创造一个外部环境提供某些压力和动力有时也许更重要，这就是机制。而目前似乎还缺乏这种机制。

要保证队伍素质，先要把住入口关，也就是对什么人可以从事这个职业得有个说法。可行的办法是仿照某些行业建立资格考试制。这不同于岗位培训，前者是事先预防，后者是事后治疗。不要看口头上讲编辑是"为人作嫁"没名没利，由于出版专有权的垄断，出版单位当下效益还是不错的。广东一杂志列出去年全国十大暴利行业中就有新闻出版，因此，通过各种途径想进入这个行业的大有人在。而现在的情况是只要进来就可以干编辑。至于从上面派下来当出版单位领导的那就更不用提了，只要进门马上就可以终审签字。在这种情况下，提高编辑素质只能是一句空话。实行资格考试至少可以使进入者先去学一学，具备了及格的素质。其实一琢磨，有些行业早就有准入制度了。医生、法官如此，司机、电工也如此，为什么编辑这行不需要？道理很简单，如果编辑不合格就会捅出个人命事故来，马上就有部门着急了。对于已经在从事编辑工作的人应该建立一种淘汰制度，要使不合格者自然离开。不要认为离开就不好，不同行业有不同的素质要求，从事别的行业也许很优秀，美术编辑离开出版去当画家的就不在少数。当然要有这种淘汰机制也很难，它与社会的种种情况有关。试想如果出版社也会破产，那么还能在编辑岗位上干下去的人素质肯定不低，到那时编辑素质不去"提"也高了。除了准入、淘汰之外，还需要有一个继续学习的机制。现代教育观是提倡终身教育，这很对。可当下第一线编辑队伍的现实是，繁重的任务包括经济指标使得编辑们长期处于只"耗能"不"充电"的状态，哪还顾得上学习!虽说编辑工作会不断接触新知识，但那毕竟不是系统地受教育。北京大学人民医院在遭 SARS 重创之后，院长吕厚山沉痛地谈到教训，其中一条就是要学习，比如院长也要学法律。这是拿患者的生命换来的昭示啊！但除了圣贤以外，真能自觉而有计划地自学的人并不多，所以需要一种强制性的制度去迫使人学习，通过外因使内因起变化。

一位伟人讲过，错误和挫折教训了我们，使我们变得聪明起来。经过这场与 SARS 的斗争，在观念和做法上都应有所长进。我想，在提高编辑质量的问题上也当如此。

（原载于《中国编辑》2003 年第 4期）

追记:《中国编辑》是2003年创刊的,2002年时曾出两本试刊。试刊的开本与后来的不一样,第一期没标试刊号而标成了创刊号,同时把刘杲先生的创刊词也刊发了。这一“失误”给后人倒是留下了“财富”,两本创刊号是足以供多年后的研究者去考证并撰写论文的。

2003年是中国历史上必将记述的一年。春夏之际,一场“非典型性肺炎”(“非典”)的疫情影响了半个中国,电视新闻每天都要播报确诊及疑似的人数,一时人们的活动受到极大限制,《中国编辑》的工作也受到了影响。就我来说,太原与石家庄的往返也不能如前正常了。待在家中之时接到邓子平的电话,要我为刊物写一篇可放卷首的文章。我知道自己不具备写这种文章的资质,但老邓的要求又有其缘由,不能推辞,只好硬着头皮应承下来。动笔之前给自己定了三条原则:一是观点必须新锐,决不弄些不冷不热的话。毛泽东讲过的,一切宣传工作都应当是生动的、鲜明的、尖锐的,毫不吞吞吐吐,“用钝刀子割肉是半天也割不出血来的”之类的话(见《对晋绥日报编辑人员的谈话》)又浮上脑际。这大概是因为当年学“毛选”在头脑中留下的印象太深了。二是要使文章中信息量大些,刊出后有人读的话也让人家了解些更多的东西,即便我说的不对但总还有其他内容可供参考。当然这也是我对文章的一贯主张。三是要有时代痕迹,让人(包括后人)知道这是写于什么时期,让“非典”也在刊物上留下点记载。——所以连题目上都用了“非典”的正式名称SARS。

是不是做到了这三点不敢自我评制,但确实照此做了,文中大概也有些体现的。文章完成后比预期的长了,好在用两页还能排下,成了《中国编辑》2003年第四期(7月号)的卷首文章。至于文中的观点,现在距当初七八年了,但好像还不过时。其实我倒是希望文章过时的,那就证明一切都进步了,当时所谈的问题如果今天已变成了历史痕迹——该多好。

编辑改稿,有规律可“寻”

如果随便找人问一下:编辑是干什么的?大约十有八九会答“改稿子的”。这并不错。编辑工作内容繁多,其中一个重要环节应该是编辑加工,俗称改稿。编辑工作有其规律,它的每一个环节自当也有规律。这就引出一个问题:编辑改稿的规律是什么?

就这个问题,笔者翻阅了一批编辑学和编辑业务著作,发现这些书无一例外地均论及改稿,但也无一例外地没有归纳什么规律。然而,诸书之说毕竟给了笔者不少启示,结合多年在编辑行当的从业体会,倒觉得可以来探寻一下编辑的改稿规律了。

编辑改稿,主体是编辑,客体是稿子。“稿”是作品的底本、雏形,这个稿子可以是文章,还可以是其他,如绘画、曲谱、摄影、设计图,等等。改稿就是对初具形态的作品进行整理、加工和完善。稿子是文章时,“改稿”传统上也称为“润泽”。人们常说的改稿,通常指的是改这种文稿。由于改稿者与受改者的关系不同,改稿的目的、角度、要求及做法也不相同。改稿大致可分为三类:第一类是师生之间的改稿,除了常规的教师对学生外,还包括长辈对晚辈、家长对子女、作家对文学新人、上级对下级,等等。这时,二者的地位不是平等的,不仅身份有上下差别,水平也有明显差异。改稿虽有完善稿件本身的目的,但更有教育、引导、示范的作用。这种类型的改稿,改稿者自由度较大,根据自己的认识去改就行,有时也会顾及受改者的写作水平及理解程度。改后的稿件一般是留给原作者作参考的。第二类是朋友之间的改稿,当然也包括同学之间、同事之间的改稿。这里,二者身份平等,水平也大致相近。改稿除为使稿件更完善外,更多的是通过改稿相互切磋、取长补短。改稿者往往会主动征求对方的意见,并不存在以谁的意见为主导的问题。改后的稿件如何处理是原作者的事,改稿者不会过分关注。这两类改稿是从稿件自身情况出发的,主要是遵循文章学或写作学的一些原则来进行,改稿者在改稿中可以完全体现本身的意志与水平。第三类则是编辑与作者之间的改稿。这与前两类大不相同,其根本点在于改稿是为了使作品进入传播。这既是编辑与作者关系的基础,也是双方行为的出发点与最终指向,并由此使编辑改稿具有了一些特殊的要求。与前两类改稿不同的是,这里的要求是有鲜明职业特点的。

编辑的产生与传播有很大关系,尤其近现代的职业编辑更是伴随着传播的发展而形成的。由于传播媒体的不同,编辑在传播中所处的位置与作用也不同,其改稿在方式方法上也有差异。在新兴的网络传播中,有时编辑几乎是不改稿的;而在传统的新闻传播如报纸、广播中,编辑的改稿又往往是大改乃至重写。由于新闻特有的及时性、适时性、单一性,加之新闻稿件作者大多为兼职通讯员,新闻稿也不像其他稿件那样强调著作权,这就使得新闻编辑改稿大多是从通讯员来稿中摘其部分而进行适合本报本台需要的加工,其改动之大有时近乎重写。这样的改稿可以说是一种再创作,虽然基本材料仍是来自原始稿件的。一些报纸采取“采编合一”的做法,除了编辑可以去干记者、记者可以干编辑之外,大约也隐含了编辑改写新闻稿的意思。这种编辑改稿已超过一般编辑工作的范围,不在本文讨论之列。

我们所指的编辑是从事编辑活动,在精神生产中处于成果产生到进入传播的中间环节上的一种职业角色。编辑的改稿必然要体现这一环节的特点,并服从这一环节的要求。其改稿在为作品进入传播这一明确目的之下,还会有一些相应的原则需要遵循,或者说受其制约。

首先,编辑处于大众传播通道的“把关人”位置,对稿件的判断与修改直接影响着作品是否可以走向社会。所以,从一定意义上说,编辑的“权力”使其对稿件的修改意见具有主导作用。

其次,也正因为编辑担当着以上角色,所以编辑对稿件的修改所体现的不能是编辑个人的好恶,而必须是社会的要求。如果说上面是“权力”的话,这里就是“责任”,改什么,如何改,要为社会负责,为读者负责,也要为编辑所在的出版机构负责。

再次,编辑与作者的关系是建立在使稿件能够传播的基础上的。作者将稿件交到编辑手中,就表达了要公开发表的意愿,这标志着作者已开始行使著作权。所以,编辑改稿还需要尊重、保护作者的著作权,这是与其他人改稿尤为不同的。

最后,编辑(特别是书刊编辑)面对的大多是成熟的作者,其中有一些会是某领域的专家,所以,论稿件的内容,编辑的理解未必强于作者。编辑改稿需要的是发挥自身之所长,如根据对政策法规的熟悉、对传播规则的掌握、对社会需求的了解,来修正和完善作者的作品;同时,还要学会面对自己不内行的专业领域的稿件也能发现问题的本领,这是一种特殊的职业功能。

其实,凡是从事编辑工作的都在自觉不自觉地按这些原则对稿件进行加工,同时总结着自己的一套改稿的方式方法。佛家有入门二法之说:一为行入,是指靠修行打坐而逐渐领悟佛理;一为理入,是先学佛理,从明白佛理到领会佛法真谛。以此类比,长期以来在对改稿方法、规律的掌握上,绝大多数编辑走的是“行入”之路,只是近年来在编辑学研究推动下才注意到“理入”之路。武汉的钱文霖先生研究和倡导的科技编辑方法论就是这方面的代表。

根据许多资深编辑的经验和我们自身的体会,编辑改稿的规律似可归结为这样三条:

第一条,不能不改,尽量不改;

第二条,改对不改好;

第三条,保持原意,保留原味。

先说"不能不改,尽量不改"。任何稿件都不能说到了完美无瑕、不可改动的地步,而且作者也不可能完全了解作品传播所必须遵守的规矩,要使作品进一步完善和进入传播,总有需要改动之处。更具体地说,站在编辑角度审视稿件,有一些情况是必须进行修改的,主要有:(1)稿件中的思想倾向与政治观点有不适宜之处。(2)稿件写得不太到位,或是深度欠缺,或是重点不突出,或是该点到的未点到。这种情况大多发生在编辑约稿上,由于作者的稿件没有达到编辑要求与完全体现编辑意图,所以必须改。(3)稿件中有表达不准确不规范之处,或有常识性错误(包括作者的记忆错误或笔误)。(4)稿件中有语法错误,或作者的语言习惯有不合通行惯例之处。(5)由于出版物本身的篇幅限制或版面要求而需要增删的。由此可见是"不能不改"。

但又必须注意"尽量不改"。这样做最根本的是为防止改错。任何编辑的知识面以及改稿水平都是有限的,即使是应该很了解的事物也难免有不清楚的一面。当然,编辑弄不清的就该及时查找权威的工具书、资料书,但有些问题也不是工具书就可解决的。举个例子。有本书稿中有这样一句:"印刷厂年产铅志××吨。"这是指铅印时代的印刷厂,编辑觉得"志"该为"字",于是改了,但后来发现又一处仍是"铅志",不禁生疑。在专门了解后,才知该厂为邮电系统企业,在完成印刷业务之外,还生产用于邮袋封口的小铅饼。这种东西在夹麻绳压扁后称"铅封",而未使用前就叫"铅志"。如改为"字",读者不会认为错,但实际上大错了。而"铅志"一词在一般工具书上也是查不到的。当然,从编辑加工角度来说,对这种少见的专用词语应当加注以方便读者。

诸如此类经编辑改动后,与作者原意大相径庭而读者并不会发现的情况是很多的,它使原文的信息发生偏差、丢失甚至错误。这里,我们不妨再举若干例:

1."在评选中不能照顾面而降低标准"被改为"在评选中不能照顾

面子而降低标准”。“面”是指不同方面或不同领域、层面,而“面子”则是情面、关系。

2.“这之中无形的损失就大多了”被改为“这无形之中损失就大多了”。原意是强调看不到的损失,而改后则没有这种意思了。

3.“科学学的研究表明了这一点”被改为“科学的研究表明了这一点”。“科学学”是研究科学产生发展规律的新兴学科,改后只是一般科学的泛称了。

一生从事写作又长期担任编辑的巴金老先生曾说过:“要小心哪,你改别人的文章,即使改对了九十八处,你改错了两处,那就是犯了错误。”为了少犯错误,所以编辑改稿还应注意“尽量不改”,切不可自以为权力在手,水平高明,红笔一挥,对稿件妄加改动。

再说“改对不改好”。也有人将此总结为“改错不改好”,这就和“大胜某某”与“大败某某”一样,其实意思相同,只是中国语言的妙处使然。所谓“改对不改好”是指编辑改稿只把错的改对就行,不应该也没必要把稿子改得更好。这个“好”既包括表述上的符合逻辑、语意顺畅,也包括增加文采。师生之间、朋友之间改稿有改好的要求是可以的,但这不是编辑改稿的要求。

稿件中最常见的错误有三类:一是字词差错;二是标点符号差错,或计量单位、公式差错;三是知识性差错。三类中前两类较好发现,因为这是编辑素养方面的长项,只要态度认真,大多可以发现。但第三类差错则较难发现和识别, 这是对编辑知识面是否广博的一个考验,当然也是对编辑判断直觉的考验。要解决这一问题,是离不了工具书与请教专家的。有人撰文研究过这类错误,不妨也借用几例:

1. 时间有误的。“斯洛文尼亚于 1995 年加入关贸总协定。”——关贸总协定(GATT)在 1995 年 1 月就被世贸组织(WTO)取代,经查,原文年份应为 1994 年底。

2. 术语不当的。“1995 年全世界金矿产量下降百分之一,旧金回收减少百分之零点七，供求剪刀差达到七百吨。”——“剪刀差”在经济学上有特定含义，不是指差距，应改为“供求缺口达七百吨”。

3. 推论错误的。“出于稳定经济、抑制通货膨胀的需求，各国普降利率。”——根据经济学原理，降利率意味着放松银根，如其他条件不变，反会加剧通货膨胀。

4. 事实错记的。“陈独秀多次来催，鲁迅于是写出了《狂人日记》。”——实际上来鼓动鲁迅写出《狂人日记》的是钱玄同，鲁迅在其他文中提过陈独秀催稿之事，但所催之稿不是指《狂人日记》。

类似的错误，编辑都应及时发现并予以纠正。如一时拿不准，也应提出疑问交作者复核。这种改动于作者的原意没有损伤，改正之后只会使原稿增色，所以是该改的。但是，对于作者原稿中一些意义不差而编辑认为表述欠佳之处，则不必改动。这是因为编辑认为的欠佳已带有编辑个人的好恶色彩，而那些欠佳之处或许正是作者自身水平乃至文风的体现，保留这些，既尊重了作者的著作权，也给读者提供了不同档次、不同风格的作品。如编辑一味按自认为好的方向修改，结果是编辑增大了工作量，读者少了不同兴味，作者缺了特色，这种吃力不讨好的事为之何益？

最后说说“保持原意，保留原味”。如果说第一条讲为什么要改，是谈必要，第二条讲改什么，是谈目标，这一条则讲如何改，是谈限度。“保持原意”是绝不可因修改而改变或影响了作者要表达的基本思想、基本观点。对于学术论文来讲，则是只改知识性错误而不改其学术观点。如果其观点已经超出学术范围属于政治问题，那么也很好处理，编辑退稿不用就罢了，根本用不着去费力修改。至于其他内容，编辑如果做改变作者原意的修改，已属于侵犯作者著作权的行为，实不可取。“保留原味”则是编辑审稿时要体味作者的表述习惯、行文特点以及在语言中所含的感情色彩，然后在改稿时注意不予改变。一句话，改后的稿件仍要像是作者写的。保持原意与保留原味相比，保留原味更需注意也更难做到，因为有时是要靠感觉去判断哪些是体现作者独有之“味”的。这在编辑面对文学类稿件或者文学性较强的其他稿件时尤其如此。这时的“味”可能就是作品的文采所在，甚至会含有作者独特的隐喻与暗示，那些需要编辑去体会，关于语言要简捷明白的一般写作原则以至语法规范等，往往这时都派不上用场。“在我的后园，可以看见墙外有两株树，一株是枣树，还有一株也是枣树。”（鲁迅《秋夜》）没有被改成“墙外有两株枣树”。“你聪明的，告诉我，我们的日子为什么一去不复返呢？”（朱自清《匆匆》）没有被改成“聪明的你”。这里固然可能有作者名气大的原因，但也说明当初推出此文的编辑是明白改稿之道的，是按改稿规律来完成编辑工作的。由于中国文字含义之丰富，往往是略有改动就有意义或感情的差异的。比如读者来信说“想向你们反映”，编辑觉得啰唆，就把“想”字删去了，意思没变，但原文中谦恭请求的味道没有了。这自然是个极小的例子，如何保持原意、保留原味，说起来容易，但把握火候却是要见编辑的真功夫的。

编辑加工做得好不好，是受多种因素影响的。作为主体的编辑个人，有知识水平、工作态度、业务能力和身体状况等主要因素的差异。知识水平是指编辑所具有的知识结构和知识储备是否足以发现稿件中的问题；工作态度是指编辑是否认真去审读以及斟酌如何修改；业务能力表现为有没有掌握编辑改稿的规律和方法；身体状况则是指编辑工作时精力是否充沛，精神能否集中。这几方面缺一不可。而了解和研究改稿规律仅仅是有助于业务能力的提高，尽管这是很关键的一条，但不是唯一的一条。明白这一点，就好理解，为什么同一份稿件经两位或多位编辑来加工会出现不同的修改结果了。即便都按规律做了，但结果是由诸因素综合作用而来，不是单凭改稿规律可以决定的。这就如同《孙子兵法》是战争规律的极好总结，它既有战略概括又有战术指导，但决定战争胜负有多种因素，了解和运用《孙子兵法》有助于取得战争的胜利，却并不能完全保证打赢。而在战争双方都努力按规律行动中,总会有其他因素的作用而出现有胜有败的结果。然而,从建立理论的角度考虑,需要研究的只能是普遍规律。回到我们的话题上来,是因为研究编辑学,才需要探讨编辑改稿的规律。

在当代出版史或者说传播史上,也有编辑对作者的稿件进行了很大的修改而使之公开出版并获得相当好评的例子,有些甚至被传为编辑“为人作嫁”的佳话,如龙世辉改《林海雪原》、李文达改《我的前半生》。但这是特殊背景下的产物,而这时的龙世辉、李文达们也已大大偏离了编辑的角色定位,要不就不会有《我的前半生》著作权之争了。所以,从研究编辑改稿来讲,此类例证无价值、不足取。

编辑改稿的规律到底是什么,本文只是“寻”而已。但笔者相信,经过更多行家的研究和探讨,总会寻到真经,到时候人们就会说:编辑改稿,有规律可循。

（原载于《中国编辑》2003 年第 3 期）

追记:本篇与下篇是同一话题的两篇,其缘起在下一篇之后再讲,这里倒需说明另一个问题。

本文讲改稿原则是有前提的,那就是文稿的作者应当是合格的作者。合格标准的第一条是有较熟练的文字表达能力。如无此条,即便作者在其他方面堪为优秀,但作为文稿的作者则是不合格的。对这类作者的文稿是难按正常原则去对待的,要采用的话就需做很大的改动。一位办老年杂志的同行曾说,他们每期会刊发若干“老革命”的回忆文章,这些文章大多要大修改才能用。我告诉他,这种改动是必要的,只是这时你已离开了编辑的身份,你这时的修改加工实质上是作为“老革命”的代笔人了,因为这时你改得如何首先是要使原作者认可。类似这种改稿是不合常规的,现在很少了,但在上世纪五六十年代则有过不少,本文中所提到的龙世辉、李文达都是典型。

站在地上的回应

——再谈编辑改稿及其他

过眼的论文多了，就有了点儿想法：有的文章立论巍巍、数据凿凿、推论皇皇，然而从地上看，似乎没有什么用处，那大约是飘在空中的。

有这种感觉的并不只是我们，前几天读了一篇批评经济研究的文章，里面讲道，假如一个社会有十个人，每个人现在收入一万元，后来有一个人收入增加了十万元，其他九个人没变，经济学家可以由此而推论出人均收入翻了一番，错吗？不错，但这结论对那九个人来说，有啥关系？真是简单而又精辟。类似的情况在编辑出版研究中也不能说没有，为什么一些研究难以引起更多的实际从业者的关注，大概与此有关。

玄而又玄地飘在空中发议论，那是要本事的，一般人难有；可以做的，只能是站在地面上讨论点现实问题。我们那篇《编辑改稿，有规律可“寻”》(《中国编辑》2003 年第 3 期)就是这方面的一点儿尝试。文章刊出后有点反响，且不论是否“为编辑学界开启了一扇新的视窗”，起码证明这不是一篇无人理会的“死”文章，就很令人高兴。

《中国编辑》2003 年第 5 期刊出了王栾生先生的大作《编辑改稿：确保“改对”尽力“改好”》，是对我们的那篇文章提出批评的。其观点主要有二：一谓我们谈的不是规律；二谓我们的“消极性太强”，改稿应该是“改好”。诚心拜读之后，有些地方总还不太明白，只好站在地上做点回应，同时也是请教。

一

什么是规律，王先生引出了词典的定义（不少研究规律的文章都爱从词典上引定义），然后说我们谈的只是原则。在王先生看来，规律与原则是不一样的。这可以理解，好多年来，我们生活中遇到的原则多了，有些当时论证得无比正确而现在看来并不合适。原则可能人为的成分更多些。

可是，不能为此而忽略或回避另一个问题，那就是任何词典在定义规律时都有一句："也称法则。"在有些外文中，"规律"、"法则"、"法律"用同一个词表达，只是汉语分别用了不同的词语而已。在汉语实际中，规律和法则也往往是可以通用的，"违背了大自然的规律"不也可以说是"违背了大自然的法则"吗？"

其实，词典上的定义也值得推敲，规律是指某一事物的，可是定义中先说是"事物之间的联系"，这岂不是指两个事物吗？后面又讲"决定着事物发展"，是哪个事物呢？如果讲是"一个事物内各部分之间的联系"或许更恰当。讲这些，是想说一句，定义是人定的，它本身也是人认识的产物，不是"圣经"。研究规律采用从词典索定义而推结论的做法未必科学，未必可取。

现在还有一种理解（不敢说是误解），认为谈规律就需要如同物理、化学一样得总结出几个"律"来，这才符合一些人的"话语模式"，我们看也大可不必。《孙子兵法》没这样归纳，但它难道讲的不是战争规律吗？毛泽东《抗日战争的战略问题》研究的不就是中国共产党领导抗日战争的规律吗？

我们觉得，规律似乎是这样一种东西，在一个事物中，这部分与另外部分之间必须如何，否则这个事物就会变质。这可能是很初级的认识。正是从这种认识出发，我们在谈改稿的文章中贸然用了"规律"一词。但是，我们也讲了"编辑改稿的规律到底是什么，本文只是'寻'而已"。这表示，我们也没有肯定这就一定是规律，而是希望大家探讨。

虽说不能要求评戏的也必须会唱戏，但我们还是禁不住想问一声，王先生既说我们谈的不是规律，那么先生认为的规律又是什么呢？

二

除了上文所谈，规律还应该是某一事物特有的，借用文学上的说法，是典型的“这一个”；如果“放之四海而皆准”，就不是这一事物的规律了。改稿是一个事物，编辑改稿是改稿这一事物中的一个分支，或者说是一个单元，我们研究编辑改稿的规律（法则）必须使其有别于一般改稿的规律（法则）。也正因如此，我们才将改稿分析为三种类型，这点，不知王先生是没注意到还是认为不值得注意。由于新闻与出版有很多不同，严格地说我们所论述的也主要是出版编辑的改稿。

我们查阅一系列论著，发现问题就在于研究改稿却没有注意到这一点，所以都谈得有理，但也都没触及编辑改稿与其他改稿有什么不同。王先生这次又列举了不少学者的研究。诸如主题思想原则、说明问题原则等十原则，简约性、充实性、和谐性三性等等。这些也都俨然在理。其实，类似的甚至总结得更好的还多得是，雷群明先生就归纳过四条，是“有所作为原则、尊重作者原则、多就少改原则、改必有据原则”。雷先生这是在他的《编辑修养十日谈》一书中特别阐述了的。在论述“多就少改”时说，这“是我读中学时语文老师教我的原则，他对学生的作文就是照此原则办理的”。可见，这同样不是编辑改稿特有的，老师给学生改稿照样可以遵循上述的诸多原则。

这种情况，在编辑研究中不是个别问题，普遍矛盾与特殊矛盾的不严格区别无助于探讨事物的特质。比如出个题目，讲编辑工作的诚信，不难有大篇文章以至著作，但由此而得出结论，诚信是编辑工作的特质，有道理吗？

“不能不改，尽量不改；改对不改好；保持原意，保留原味”，这三条可能有不对之处，但这三条只适用于编辑改稿却是大致可以肯定的。

三

王先生认为编辑改稿应该“改好”(哪怕题目上用了“尽力”二字),这实在是个很高尚但也很不切实际的目标。

好的标准是什么?这就首先是个不好回答的问题。数学题可以说做得对不对,可以打满分,作文则不宜说写得对不对,只能说好不好,通常难给满分。现在据说高考作文有给满分的了,这大概有种鼓励的成分在内。不信,弄十张得满分的数学卷另找老师阅,还是满分;弄十张得满分的作文卷也另找老师阅,就不见得也都是满分。一篇文稿如何才是好,抽象的标准好说,具体地衡量就麻烦了。

极端点儿讲,以“改好”为目标,则任何一篇文章都可发表,但也任何一篇文章都不可发表。论文论点不明确,编辑可以改明确;论据不合理,改合理;逻辑不通,改通;文字不顺,改顺。那怎么不能发表?小说形象不鲜明,改鲜明;情节不生动,改生动;语言不优美,改优美。那如何不能刊出?但是,这样改了就好了吗?也未必。甲编辑认为改好了,乙编辑还可能改得更好;现在认为改好了,放上一段时间可能觉得还可改得更好。没有达到好,又怎么可以发表?查查历史,即便伟大如《史记》,也还有瑕疵,《汉书》中就说其“至于采经摭传,分散数家之事,甚多疏略,或有牴牾”。到了清代出了个叫梁玉绳的学究,花 20 年时间研究《史记》,最后写出一部《史记志疑》。这位夫子不是编辑,如果是,那这一改就会是 20 年,还主要是改对,如果再改好,怕再有 20 年也不够。古代的作品如此,就是当代也同样。经过时间的考验(时间长短是又一个问题),就是如郭沫若这样的文史大家,其著作现在看来不是也有不妥当之处了吗?

如果从实际工作看,以“改对”来考察一个编辑的业务能力、工作态度好办,用“改好”试试?如果把一篇文章改动得几近重写,那考察出的优秀者是一个好作者呢还是好编辑?

我们说“改对”,也仅指消除常识性的、技术性的,包括原作者误记、笔误之类的错处，这点前辈多有论述。老出版家陈原先生就说过："一个合格的编辑，绝不轻易改动人家的文稿——尤其不轻易改变作家惯用的语言文字用法。但是一个合格的编辑知道，他必须改正文稿中偶尔写错的、用错的字或词，他必须坚决改正原稿中的一切笔误或明显的或常识性的错误。"这话就印在《陈原出版文集》第448页上。

提出一个伟大、崇高、理想化的目标自然很容易也很诱人，但对实际却无益。这类教训不少了。王先生提出编辑要"学富识强"，又多次在文中提出做不好是由于编辑"缺学少识"且不负责云云。"学富识强"当然好，但怎么就算达到了？现实中哪个是"学富识强"的，哪个是"缺学少识"的？就是两院院士中也没人能当得起"学富识强"吧！用理想化的口号去研究指导现实是过去年代的做法，20世纪六七十年代曾大提"革命化"，做"革命化工人"，做"革命化知识分子"，以至过"革命化春节"，办"革命化婚礼"，何等正确，何等进步，结果如何呢？

四

关于改稿问题还不妨引用点别人的材料。第一例，老编辑家叶至善谈他父亲给他们改稿，这见于他1943年写的《(花萼)自序》：

> 父亲戴起老花眼镜，坐下来改我们的文章。……每改罢一段，父亲朗诵一遍，看语气是否顺适，我们就跟着他默诵。我们的原稿好像从乡间采回来的野花，蓬蓬松松的一大把，经过了父亲的选剔跟修剪，插在瓶子里才还像个样儿。我们的原稿写得非常潦草，经父亲一改，圈掉的圈掉，添上的添上，连我们自己都不容易念下去。

这是一段改稿要"改好"的描述，改稿人是著名编辑家叶圣陶，但这时的他是以家长身份为孩子改稿，属于我们分析过的第一类改稿，与编辑无关。

第二例，编辑家龙世辉1983年时写的总结，这见于李频先生所著《龙世辉的编辑生涯》一书：

> 我帮助作者修改甚至改写稿件，是当前作家中有人文化不高，文学艺术修养不够的历史原因造成的，原属不得已而为之。我的热情也许无可非议，但……效果往往不佳，甚至适得其反。我对《林海雪原》的修改加工可谓大矣，但遗留的缺点和问题却引起了读者和文艺界的批评。另一位刚出名的作家，他的几篇有影响的作品我都经手过，可就在他得奖期间，利用某个讲台，拐弯抹角骂编辑砍掉了他的创造性。还有一位作品尚未出版的作者，看到我修改他的稿件，那话儿就说得更难听："像龙世辉这样的老编辑，自己写不出东西，拿别人的作品大砍大删过瘾。"我是否"瘾君子"，且不必说，我帮作者的热情和责任心大概也不好说不对，但是我的做法效果如何？是错是对？是功是过？这实在还很难说。

联系龙世辉花三个月时间为《林海雪原》进行的几万字的改写，而最后校对科从书稿中挑出一百多个错儿，校对员跑去对他一鞠躬，说"龙大编辑，您这样发稿我们没法干"的事实，除了体味那个时代的特定情况外，在"改对"、"改好"问题上是不是也会有点启示？

如果说这两个例子太老了，那就再看两个新的。

第三例，《凭海临风》是1996年电视主持人杨澜出的书，在后记中她提到了上海文艺出版社的编辑黄惠民先生：

> 但黄先生却很执著。他看过我写的文章，认为写得不错，并说："若是追求完美与不朽，恐怕没人敢下笔写一个字了。文章贵在真实。"

透过这几句话，不难想象，作为编辑的黄先生对文稿的要求是以对(真实)而不是以好(完美)为标准的。他改稿肯定也会按此去做。

第四例，出版人洪晃女士2003年出版了《我的非正常生活》一书，其中谈到她主持时尚刊物时聘任编辑：

> 而北京也是这样，我曾经跟一个非常优秀的作家合作，

她做编辑一塌糊涂，总要把别人的稿件改成自己的作品才罢休，实在可怕之极。

可怕什么，洪女士没再说，但总不会是“改坏”吧？起码主观上不至于有此意图。这种改法，是否可称之为王先生认为的“把编辑劳动中的创造性发挥到极致的范例”呢？

五

研究问题不能飘在空中，包括对事实要有准确的认识，甚至需要把自己摆进去进行一点儿“换位思考”。不是挑王先生的理，王先生这方面确实需要注意。

比如谈改稿涉及著作权，王先生说：“现今所涉版权案，大多与著作权内容之一的经济报酬有关，或多或少地偏离了著作权的要义。”这实在令人费解，著作权包括人身权与财产权两部分，怎么就是个既有关又偏离？著作权还有个“要义”，是什么呢？

又比如说改好原稿，作者会万分感激，龙世辉改《林海雪原》赢得普遍好评等等大概也是出于一种臆想。至于用溥仪赠李文达一幅字为例就更显得苍白。开个玩笑，我们写了一本书自知不像样，想请王先生“发挥创造性”，加工成一本畅销书。署名当然是我们，版酬我们拿，出书后我们保证奉上牌匾一块，上写“先生伟大”四个金色大字。不知王先生是否同意这笔“交易”，而且愿把它当做编辑佳话宣扬？

在这些年的编辑研究中，也许是出于对编辑工作的热爱，也许是出于对编辑活动的重视，有种千方百计夸大和抬高编辑的倾向，说编辑工作神圣则神圣到无以复加，说编辑活动在人类文明发展中重要则重要到一切全靠编辑，说编辑策划则体现为编辑可以策划一切作品，说编辑要适应市场则编辑从策划到营销无所不能，诸如此类，太玄了吧！

园丁重要，但花木生长的自身基因才是决定因素；助产士重要，但也得母亲怀上胎儿才行；伯乐了不起，可驰骋沙场还得靠千里马。这前后两者并不可互相比较、论个短长的。

这些话讲远了,但站在地上聆听种种飘在空中的声音,难免会使人想入非非,但愿这只是我们思维有误而并不是声音不对。

(原载于《中国编辑》2003 年第 6 期)

追记:“改对不改好”并不是我先说出来的,我是听河北教育出版社副社长,当时任《中国编辑》执行主编的邓子平讲的,他一说我深以为然,认为太精辟了。他说这话是因为当时配备来编《中国编辑》的几位年轻编辑学历都高但改稿往往不得要领,所以他除给他们讲之外还建议我写一篇讲改稿的文章。正值不久前在编辑规律研究会上我提出了可以从小规律研究起的观点,现在需要先实验一下,于是我就与曾在《编辑之友》工作过的石凌虚商定,共同来做这个题目。文章发表后引来一些反响,有赞同者有质疑者,编辑部决定选发一篇不同意见并再由我作答。从来稿来信看,此问题后来还有有兴趣者,但考虑到《中国编辑》刚创办,宜于在多方面展开,不宜就某一问题深入论争,故再没讨论下去。此两文的观点后来我在若干次本省的期刊培训班以及给大学生讲课中都讲过,有时为使词语相称也将“改对不改好”换成“务须改对,不求改好”。

2006 年,山西省新闻出版局组织编了一本《山西出版论集》,此两文被选入。

关于编辑改稿的话题乃至相关例证可以找到很多,这里不妨附上两则。选此两则有意思之处是都与王蒙(当过文化部长的著名作家)有关。

王蒙在 2006 年出版了《王蒙自传》第一部,其中有一节就是《组织部来了个年轻人》。他在这节中说:“于是我在一九五六年四月,在我二十一岁半的时候,写下了改变了我的一生的《组织部新来的年轻人》。”下边大段描述了稿件投送《人民文学》被采用,以及他到太原与恋人相会,临别时从报刊亭买了这期刊物相赠的过程。在一片诗情画意之后又说:"我的原稿头一段是这样写的:'三月,天上落下的似雨似雪……'我以'天上落下的'做主语,省略了落下的'东西'二字,我喜欢这样的造句。发表出来改成了'天上落下了似雨似雪的东西'。我不明白,为什么改得这样不文学。"小说发表时 21 岁,自传出版时 71 岁,50 年过去了,对编辑不恰当的改稿作者不仅没忘记,似乎也没原谅。

2003 年底沈昌文的《阁楼人语》一书出版,序是王蒙写的《有无之间》。文章是就沈昌文主编《读书》的经验阐述的,是从另外角度谈编辑之道。刘杲推荐《中国编辑》在 2004 年第 2 期转载此文。为显示刊物所发与书上不同,刘杲又约王蒙专门另写了一段话。王蒙这段话开头是这样写的:"老沈编《读书》时,动辄给刊物写个后记,叫做'阁楼人语'。阁楼云云,有点自动靠边的谦虚,有点减轻责任的躲闪,也有点说几句话而已的酸溜溜的潇洒。满招损、谦受益(三字经)。谦虚使人进步,骄傲使人落后(毛泽东)。小河最喧闹(高尔斯华绥)。一切决定于时间、地点、条件(斯大林)。他这样编刊物容易编好,也容易处好各种关系,显得比较成熟,有利于一要生存,二要发展;他是良民。"原稿来到编辑部时,对"满招损、谦受益"之后的三字经,初审编辑没感到什么,邓子平再审发现有疑,一查,果然不对,不是三字经上的,王蒙误记了。于是改为(三字经?)。按说这也能过得去,文章记不确时也可加问号表示,这起码修正了原文的错误。记不清后来是邓子平还是帮助编稿的张圣洁当晚又查了书,第二天确定了该是"尚书·大禹谟"。

这一改稿过程只有我们这些亲历者知道,对于王蒙这样的著名作家来说,恐怕是未必注意或者注意到了也未必在意,因为巴金老先生就说过编辑改稿改对是应该的(大意)这样的话。至于读者,对于曾有过的这种改动那就更无从知晓了。

什么是编辑,什么是编辑改稿,通过这两个例子,大概是可以说明些问题的。

由一则“编者按”侃起

“本刊转载两篇文章,都是谈出版物中数字用法的。按说,出版物中遇上数字,何时用阿拉伯数码,何时用汉字,已经有国家标准,也就是规范,但这种规范就科学吗?值得研究。由于任何一个编辑都会遇上处理数字的问题,于是我们转发两文,旨在提供另一种思路。”——这是我写的一则编者按,原文发表于《编辑之友》2001 年第一期“各抒己见”栏目。

发表这样的“编者按”,自然表示了刊物的倾向,起码表示了我作为刊物主编的倾向。但写这段“编者按”,我还是再三推敲的。其实,对出版物上数字必须用阿拉伯数码,我是早有看法的,而这种看法也来自于实践。那份中央七部门制定的《关于出版物上数字用法试行规定》是在上世纪 80 年代后期推行的,在此之前虽然书、报、刊上也有阿拉伯数字,但自由度较大,而有了这个规定,编辑在加工文稿中就多了一项任务:改数字。记得当时我担任责任编辑的书在付印之前都还得从头再检查一遍有无使用数字方面的漏洞。如果光是如此,应该说也没什么,但后来使我一下子感到麻烦的是另一部大书稿《世界大战辞典》。这样一部稿子涉及的数字很多,除了一般表示数量之外,还有部队番号、武器装备等,于是问题出来了。举个简单的例子。试行规定中有例证 84602 部队,所以我们对外国军队与中国政府军队番号自然用阿拉伯数字,但一旦出现“115 师”、“359 旅”、“18 集团军”则肯定不顺眼,一书不可“两制”,怎么办?最后是我们商定了一个本书稿的“自行规定”,形成文字,由参与编辑的人共同遵守——实际上没有完全按那个七部门规定去做。

后来,党的代表大会报告发表了,那里有时间,也有百分比,但是无论是大报小报刊登还是出版单行本,都没有按规定去办。要知道这时数字用法已不是试行规定,而是国家标准了。是在这一文献的出版过程中,经手的编辑一时间都忘了标准了吗?肯定不是,那么有什么法规、文件说过这里可以不用(或应该不用)阿拉伯数字吗?也未听说过。有次在编辑学会召开的年会上,休息时几个人议论起编辑规范,我就提到了这个问题。在场的一位我敬重的编辑学会老同志说:“这是特例。”我反问:“数学上的定理如果有一例可以证明它立不住脚,那就可推翻这个定理,这是反证法,初中生也知道。如果一个规定有特例,那么这个规定还可以成立吗?”那位老同志说:“你不要钻牛角尖。”当时我不便再争辩。

我曾被安排在几次期刊编辑培训班上讲课,在讲编辑加工(改稿)时加进了一点“编辑加工的有限性”内容,举了一些按编辑理论和要求应该改、改了并不会影响作品价值,但是不能修改的例子,什么理由我也说不来,但告诉大家按现状只能这样做。其中有一例是鲁迅《风波》中钉碗的铜钉是十八个还是十六个的问题,虽然鲁迅后来给编辑李霁野的信中说“请改成一律”,但从《风波》历来被选入各种选本乃至《大学语文》看,并没有任何编辑去改动。其中还有一例则是党的十五大报告,其中“从一九〇〇年到二〇〇〇年”、“国内生产总值年均增长百分之十二点一”等等用汉字不用阿拉伯数字,也没有任何编辑改过。我讲的这一节,结论归纳为一句话,“对编辑以至编辑加工的作用要充分肯定,但也不必评价过高”。

关于数字在出版物上的用法标准颁行这么多年来,越来越多的人对它有看法了,我对此深有感触的是到了 2002 年底。这年,创办了《中国编辑》杂志,我应承办方河北教育出版社之邀,参加有关编辑工作,在准备发排2003年第一期（即创刊号）时，又涉及文稿加工中的数字问题。当时大家专门议论了一番，担任刊物执行主编的邓子平，被请来帮助编辑的河北社科院研究员张圣洁、编辑部主任郝建国等都和我在这一问题上有"共同语言"，于是最后决定，除年、月、百分比外，正文中一律用汉字。这一用法使《中国编辑》成了公开挑战那一标准的版本，两年来一直坚持如此。这个刊物的编委会有20多人，成员大都是在出版界颇有影响的人物，其中年长者七八十岁，年轻者四十来岁，有好几个还是韬奋奖的得主，对于《中国编辑》无论是平时的来信还是在编委会开会时的发言都提过不少意见与建议，但对于数字使用问题谁也没涉及。我想，这或许是没注意到，或许是也认可这一做法——当然，从我心里讲希望是后者。

与数字用法类似，出版界还有许多规范，而有些人尤其热衷于这些规范，特别是某些科技刊物与学报的编辑，他们把此上升为出版物与国际接轨的高度，而且称之为"编辑工程"。规范应该要，但一切规范是为了方便信息交流而制定的。如果为规范而规范，不在内容的先进性上下功夫，就可以走向国际，提升我国的科学文化水平吗？我看不见得。

就一则"编者按"侃到这里，有些扯远了，关于规范是个大话题，以后再说吧。

（原载于《出版广角》2005年第6期）

追记：这篇东西写于2005年，完成后交《出版广角》先发表了，但起因却是为一本书"凑热闹"的。事情要从2001年讲起。那年在第1期《编辑之友》上转载了两篇文章，一篇是于光远写的《勿置我于非科学境地》，原发表于南京凤凰读书俱乐部内部刊物《开卷》上，另一篇是罗新璋写的《爱护文字的谐和自然》，原发表于湖南《书屋》杂志。和两位作者以往没有交往。虽说于光远是著名学者，但好像没在编辑出版

类杂志上发表过文章。选这两篇文章纯属所谈问题之特殊,因为两文是对出版物上使用阿拉伯数码代替方块汉字提出质疑的。于文更尖锐地说这“是既不讲科学也不讲民主的一个典型”。因为贯彻这种用法的正是编辑,所以《编辑之友》转发是希望编辑从业者注意一下这类意见,当然也不排除身为主编者在这一问题上的倾向性。

两文转发后果然有些反响,收到一些支持两文意见的文章。其中来稿最长而且还推荐别人来稿的是钱卓麟,他是河北承德某高校学报的编辑。这一问题不在我们这份刊物的主要范围之内,所以没继续就此问题刊发文章。不过在通信中,钱卓麟们是将我引为同道的。

到2004年初夏,忽然接到北京寄来的一书《阿拉伯数码之灾》,是知识产权出版社作为内部资料印行的。书内附有该书主编成幼殊的一名片,还附有一句话,“承钱卓麟先生推荐,奉上一册,请指正”,落款日期为“2004.4.19”。名片上有一括号,内印“陈鲁直夫人”。这种形式的名片我是第一次见,所以印象颇深,可惜余生也晚,阅事也浅,陈鲁直这个名字似乎在什么地方见过,再具体却记不起来了。这本书收有近50篇文章,都是就阿拉伯数字进入汉字持反对态度的。书后有《写在这本书后记后的几句话》一文,于光远写。文中说:“我们偷了个懒,特请比我们小不了几岁、芳龄才七十九岁的诗人成幼殊,把这本书编成。”后来在与成幼殊的通话中,证实了这书是于老一手策划的。书中附了《编辑之友》上的那个“编者按”,不过此时我已不主持这个刊物了。

当时此书计划补充修订正式出版,成幼殊还告我已经又汇集了几篇,其中出版界有《读书》杂志沈昌文等写的一些。知此,我也应允写一篇,当时的心理大概有些能与这些名家挤在一起为荣的想法。文章写成虽先行发表了,不过书好像并没有出版,原因不知道,我也没追问(这类事我向来是疏于追问的)。不过我想,集中起来质疑国家标准的选题按惯例难免会有麻烦,这好理解。

比如最高追求与编辑意识

一位朋友，也是当年《编辑之友》的老作者打来电话，问知不知道评选新中国60年有影响力期刊的事，我说没有听说，因为被编撰《山西期刊史》的事缠住，两年多基本不问窗外事了。他告我说这次评出了160种，《编辑之友》是同类刊物中唯一入选的，“这是你们的光荣，老朋友们也为此高兴”。听到这些，我很感谢，也很感动。感谢大家对《编辑之友》的关爱，也为朋友们还记得我这样一个已离开岗位多年的普通办刊人而感动。

退休前混迹于新闻出版界的20余年中，十年都与《编辑之友》有关，就人的职业生涯讲也够长了。在我们编定《山西期刊史》的前两天，负责核对期刊档案的同志还对我说，《编辑之友》初创办时所填登记表是我的笔迹。填表早忘了，但编刊还记得，所以1994年命运又将这一刊物推到我面前时，我曾对一些朋友自嘲，编这份刊物，于我是“有前科”、“二进宫”。1995年主持《编辑之友》的改版，此后直到2002年我离开去参与《中国编辑》的创办，其间的时间和精力是消耗在这份刊物上的。成绩难说有多大，承蒙了省内外许多出版界的领导、长辈和朋友的关照，还算过得去而已。转摘率是学术期刊的一个重要指标，《编辑之友》的转摘率在那些年一直较高。有回《新华文摘》一期就转载了两篇、摘录了一篇，在这一权威文摘刊物一次上三篇的事就全国的刊物来说恐怕也不多，《编辑之友》很荣幸了。当时的发行量也还差强人意，这份刊物没什么行政力量可依靠，全凭读者自愿订阅，在出版业比较集中的北京能发行2000份，就连西藏还订了30来份，其中有两份竟然是阿里地区的。后来我和朋友说笑话，我们这本刊物孔繁森都在关注。

笑话归笑话，但真要办好并不容易。接任主编不久，李频赠送了他的新著《编辑家茅盾评传》，抽空一读，里面说“期刊面貌是编辑意识的物质外化，期刊内容与形式的最后雕塑成形者是期刊主编”，“对于期刊而言，主编二字更意味着对期刊的总体设计与传播内容负主要责任”，“主编与编辑，不是君臣，恰似君臣”。一看这，真是太难了，自己哪有这等本事，尤其这是一本给干编辑者或学编辑者看的期刊，其内容水平与编辑水平是绑在一起受评判的，不像别的门类，读者主要只关注内容。好在这份刊物已经有了一定基础，那就按毛泽东的教导，在战争中学习战争吧。有了主编的身份，就有了混进各种编辑研究学术活动和接触出版界各路精英的机会，于是面对许多编辑界的高人，不断从他们那里“偷”取他们的知识、见解，并尽快“销赃”，据为已有；然后再从中思考领悟，结合书上的道理，慢慢悟出了些这类刊物的“道道”，后来真还提出了些别人认为有创见的东西，给了人《编辑之友》就是有不一样之处的印象。

这方面的事例不少，比如有次听刘杲先生讲了“图书编辑的最高追求是推出传世之作”的观点，从期刊与图书的不同出发，就推及思考期刊编辑的最高追求又该是什么呢。图书是知识的成型，期刊是知识的形成。如果用个比喻，图书是“固体”，期刊只是“液体”。于是得出了一个想法，期刊编辑，尤其是学术理论期刊编辑的最高追求当是推出“领世之作”，即努力编出在一个领域中有引领作用，处于最前沿的研究成果。后来在一些会议上讲了这一观点，还真引发了同行们的评论和肯定。再比如，一度“意识”一词蹿红，于是编辑应该具有的意识林林总总出现了一大堆，诸如政治意识、大局意识、市场意识、读者意识、主体意识、精品意识、超前意识、守土意识、经营意识等等。这些提法对吗？肯定不错，但似乎太高大完美也太有普适性了，具体到期刊编辑就显得稍远了些,也空了些。那么对期刊编辑来讲,结合实际该具有的是什么呢?琢磨出三条,即空间意识、平台意识和形象意识。简要说,空间就是研究自己刊物在市场空间的位置、在学术领域的位置,前后左右都有些谁,和它们相比强在哪、弱在哪,从而找到自己的发展空间。平台就是明确刊物是一个平台,一个用来做某些事的平台,谁会来平台上,做什么给谁看,由此出发来考虑如何使自己的平台优于其他的平台。形象是刊物该有什么形象,这种形象既包括物质的外观形象,也包括在读者心目中精神的形象。刊物形象的塑造中编辑部的每个工作与刊物又都有些什么关系等等。这是从期刊讲。其实这三个意识也与编刊者有关。如对主编来说,就有主编个人的发展空间在何处、主编对这一平台的责任及这一个平台可以给主编的机会与收益、主编形象的建立以及与刊物形象的相辅相成等等问题。这三个意识树立了、明白了,期刊的发展会更好些,影响也会更大些。

说这些似乎还是理论,有实践吗?当然有。那些年《编辑之友》基本是这样做的。《编辑之友》不仅在编辑科学领域推出过曾引发关注的研究成果,引领某方面的探讨,还开辟出新的研究范围,例如对任火“编辑论”系列的大力度推出。此前的编辑学研究可以概括为四个方面或曰四个字,一是对学理、规律的研究,可谓之“论”;二是对编辑活动以及出版活动的研究,可谓之“史”;三是对编辑技艺、方法、规范的研究,可谓之“术”;四是对编辑素质养成、人才教育的研究,可谓之“德”。而“编辑论”系列则突破以上四方面,它以独特的视角、异样的挖掘、特色的表述形成了对编辑人格、编辑精神的探索,这可谓之“情”。“情”成为编辑研究中的新景观,尽管有人对之表示异议,但这一成果的出现是前所未有的,是客观存在的事实。这应该说有些领世的意思了吧。

再比如三个意识中的空间意识,当时全国与编辑出版沾边的报刊有十多家,其中作为正式期刊且冠有“编辑”二字者还有另外两种。想找对自己的空间就要研究它们,研究它们的主办单位特点、期刊发展历史、不同时期选稿取向、作者队伍情况、不同读者的反映、刊物的发行范围、经济状况以及主编的经历、学识、性格、人品、爱好、思维方式等等。作为兄弟刊要与其主编成为朋友,作为基本同质的期刊又要在理念上、行为上、方向上与它们有所不同,加大不同、扩大区别,从而寻求优势、占据优势,占领一些它们没有进入或进入不足的市场,在发行量上就容易高出一截。当然这同时也有主编的空间问题。作为以出版图书为主的出版社,除非所办期刊可以赚大钱,否则不太会被重视,编了期刊只能从期刊上找发展空间。空间之一是利用刊物吸聚资讯的优势,方便地进入编辑研究领域,多少在这一领域有点成果。就这样,几年内也弄了《二十年编辑学研究之回顾》《当代中国的出版研究》之类几个"大"题目,这就使得除了主编的身份外,还多了点在编辑出版研究领域的话语权。于是有的业内会议竟然安排去做"学术报告",别人也俨然把《编辑之友》主编当成编辑学专家了。其实够不够专家,自己很清楚,充其量是老虎不在场时被当成大王而已。

主编当了多年,但对什么才是主编以及如何才是合格主编并未真正参透。后来编发任火的《主编论》,其中说:"主编是一种文化人格。一份期刊,就是主编文化人格的一个缩影;一种文化氛围,就是主编文化人格的一种灵动"。"主编是一种文化象征。一个主编,就是一个文化高度;一个主编,就是一道文化风景。"这真是精辟的比喻、绝对的高度。我没想过,也没达到过,现在更没机会去尝试达到了。或许,这些话可以作为对《编辑之友》以及其他期刊主编的勉励,愿他们成为这样的主编。本来想说人们常说的"共勉"一词,但自己已没有资格说了。

(原载于《编辑之友》2010 年第 2 期)

追记:2009 年冬某日,接到康宏的电话,说《编辑之友》明年是创办 25 年,计划在刊物上"表示"一下,让我也写篇文章。这一盛情我很感激,但真觉得不知写什么好,一来我当年做的是任何刊物主编都该做

的事，二来如今刊物在康宏这位山西出版界才女的主持下比过去好了许多。但康宏过几天又催，而负责此组稿件的编辑也来催，在“无论如何也要写”的要求之下，我终于草成了这堆文字。因为《编辑之友》是一个学术性为主的刊物，所以我也想尽力加些理论元素，不要只是往事回忆，不过从结果看也未必达到了这种预期。

这篇小文发表时编辑曾征求我的意见，一是题目可否去掉“比如”二字，我说不可，如去掉，那真成论文题目了，可实际并不是，有这两字似乎更随意些；二是文中提及当年的发行，数字是否太具体了，我说这可以删去。我明白这后一条可能是因为现在发行量远不及当年，怕我的文章会引起某些不必要的比较。其实发行的下跌有主观原因也有客观环境。从主观上讲（这里的主观不是现在主持刊物者的主观而是刊物自身的主观），由于曾有过退出邮局征订之举，其影响是“后遗性”的，犹如一场大病之后要恢复到从前的状态一样相当困难。从环境上讲，各种新媒体的冲击使传统纸质期刊的发行量都面临危机，尤其是专业的学术的更甚，《编辑之友》还能坚持办下去，而且不降品位，已是很伟大了。有句话说，平常的条件下做到不平常是优秀，不平常的情况下做到平常就是卓越，办刊其实也是如此。

这篇文章见刊后排在同一栏中的还有七篇，作者有邵益文、吴道弘、朱诠、蔡鸿程、吴培华、周百义等，都是编辑界的，几乎我都熟悉，其中有几篇还特别提到了我。读他们的文章，脑海中浮现出他们的音容，想到了他们曾经的支持，虽然这些年晤面机会少了，但深留在心底的仍是祝福与感谢。

“独语”的里里外外与编辑的七七八八

一

对于《编辑独语》，对于任火，我写过这样一段话：

“2003 年，当河北理工学院学报主编任火将他的《编辑独语》献给中国编辑界时，我相信，凡是读过这本书的人，都不能不被它磅礴的气势、独特的视角、炽热的激情与奇绝的文字所震撼。在编辑研究领域，《编辑独语》不仅建构了一个新颖的话语系统，打造了一道壮丽的文化景观，而且为编辑建起了一座思想的殿堂，树起了一块精神的碑石。

“《编辑独语》不是一本一般的编辑学著作。它的特别在于不仅阐释着全新的编辑理念，而且闪射着编辑人思想的光芒。这种光芒的穿透力足以照射到整个精神领域，一句‘理工研究的起点是对自然现象的好奇，社会科学研究的起点则在于社会的不平’，就足以使人怦然心动。理论常有，而思想往往稀缺。理论的脉络总是清晰可辨的，而思想的内核却具有模糊性。《编辑独语》蕴含的思想成分远远大于理论，这应该才是其魅力所在。

“任火曾是内蒙古生产建设兵团的知青，后来读了冶金专业。编辑职业使他没有炼出金属却炼就了文字，炼就了思想。他的‘独语’告诉人们：编辑思考与追求的该是崇高的境界、刚健的人格、选择的责任、创造的快感、事业的神圣以及人文精神的弘扬。”

这是我写于 2004 年初的文章《拣录感悟：十名编辑的 2003》中的一段。文章写了十位编辑，更准确点说是十位书刊编辑。我注意到他们在那一年中的某一行为或者某一成绩，由这“某一”又可引发一点值得一谈之处。这既非全面评价，更不是表彰先进，只是纯个人化的就编辑工作借题发挥。这类由人及事表达意见的形式在编辑研究领域似乎还没人做过，于是有心做点儿尝试。

文章最终没能刊出，其中原因我无法详知，但意见来自上面是确实了的，理由好像是对文章所涉及的人和事有争议，认为文章中对这些人和事的评说不够妥当。“有争议”是当今中国的一大发明，不说好也不说坏，一个“有争议”就把该用的人不用，该办的事不办——而且还会显得既认真又负责。可是，如果都没争议了，还会引起关注还会发展吗？古猿人有些开始直立行走时肯定也属于“有争议”的，然而这些被争议的少数猿人并没有退却。如果它们害怕争议，那大概就不会有今天直立行走的人类了。

我的文章确实写了一些有争议的人和事。例如，我写《财经》杂志的主编胡舒立，在权威方面宣布“非典”得到控制时，《财经》却以翔实的调查告诉读者疫情的真实发展；我写了吴泓，他把一个从定位到定价都引起过非议的《时尚》杂志做大了，做出了十年辉煌；我写了许兵，他策划了《责任编辑》一书，以“市场化”的方式表彰本行业的佼佼者，打破了优秀只能由组织“推荐”、“评选”的模式；我写了石凌虚，他是金文明批评余秋雨那本书的责任编辑，这样一本书除去挑错的内容外，客观上对编辑作用、编辑功能以至编辑学中的某些理论形成了质疑；我写了包兰英，她推出了王蒙自述人生哲学的书，开了高级干部谈人生感悟的先例，创下了当今思想政治读物畅销的奇迹。等等，等等。这些，在有些人眼里是不合规矩的，是“有争议”的。

话回到任火。我写道：“2003 年的编辑研究，将因《编辑独语》的问世而留下光彩，留下感动。”这也是难以被某些人所接受的，尤其是在编辑学或者说在编辑研究中自认为更拥有话语权者。那种稳妥的论文与看似周密的理论也许更顺眼，而任火的文章却是“异类”。这样说决不是空穴来风，在那本有年鉴性质、作用在于记录年度编辑研究状况的每年一本的书中，就没有留给任火及《编辑独语》只言片语。而今天，当得知有这么多的人对《编辑独语》表示关注，对它的评说竟然汇成一本书时，我感到欣慰。别的那些编辑研究大著好像还没有过这种荣幸，在中国出版史上就一本书再出版一本书的事例也未有所闻。所以，不管别人持什么看法，我还是要说："2003 年的编辑研究，将因《编辑独语》的问世而留下光彩，留下感动。"

二

在《编辑独语》的后记中，任火特意写到了我，称我和他共同创造了这道文化景观。任火可以这样认为，而我却决不敢以此为是。再优秀的助产士也不能认为是与母亲共同生了孩子，再伟大的人也无人会去关注他的诞生是由谁来接生的，只此而已。如果说，任火的成果中有我的一点作用的话，我想也是正常而且微小的，主观上是凭了直觉与责任，客观上靠了位置和环境。

任火的相当一批研究成果首发于我主持《编辑之友》杂志的那段时期。于这份刊物，我曾与朋友戏称我是"有前科、二进宫"。20 世纪 80 年代中期我离开报纸调当时的山西出版总社，就是因为《编辑之友》计划创办。所以《编辑之友》初创几年中，我是参与其事的，这也使我对当代中国编辑研究的兴起有了许多直接的了解。随着山西出版界机构的变化，我到了其他部门。1994 年夏，又被调回主持《编辑之友》。当时刊物的处境很困难，我没接手之前，连个编辑部都不存在了。如果不是有一个编辑在被并入别的图书编辑室后还硬撑着，这份刊物也许不会坚持到 1994 年。我接办刊物，很重要的一步是从 1995 年起全面策划改版，提出的方针是"刻意定位，强化特色"。关于当时的具体思路与做法，后来应约在《新闻出版报》上谈过。《编辑之友》最初是以编辑理论刊物的面貌出现的。编辑学理论固然重要，但它一来与现实难以结合得好，二来也不是多数编辑从业者所关注的，更何况进入 20 世纪 90

年代以后新闻出版业的改革不断出现新问题，如何持一种较好的心态和积极的姿态去应对局势，对一般编辑来说或许更为重要。出于这种认识，我们对刊物内容进行了拓展，在保持理论研究的同时倡导编辑文化，试图通过编辑精神的沟通来提倡一种编辑的文化品格。这些措施渐渐有了成效，一批新的读者、作者靠拢过来。也就在这时，任火与这份刊物相遇。后来他把当年的感觉写进了《让生命化作一缕文化阳光》一文。

我与任火有了联系，是在他为“自题小像”栏目写稿前后。“自题小像”是一个新栏目，它面对的是中青年编辑，由作者用随意甚至调侃的语言来谈身为编辑的境遇、思想、情感，体现出色彩各异的人生旅途与心路历程。任火的这一篇题为《寻找支点》，发表在1995年第5期。从这篇两千字的短文，我深深感到了他心中流淌的激情与手下深厚的文字功底。在这篇文章的结尾，他写道：“西方一个伟大的科学家说过：‘给我一个支点，我就能撬动整个地球！’是的，支点能够产生巨大的力量，有了编辑工作这个支点，我感到灵感与力量都属于我！然而，渐渐地，我又感受到一种危机，一种恐慌——浸泡在别人的智慧之中，固然是一种乐趣，可也有被淹没的危险啊！除了甘于作嫁外，我是否还应该再做点什么？做什么呢？我有些茫然。在迷茫中，我又一次开始寻找——新的支点。”读到这，作者的追求、抱负、情怀已经跃然纸上了！我立刻拨通了他的电话。当时谈过什么，现在已记不清了。但任火电话中传出的充满激情的声音却至今犹在耳边，同时记住的是通电话时所在的那个房间。当时出版社老楼已经很挤，于是在附近小巷的一个小旅店里租了两间房子给我们办公，相邻的是一拨拨从乡镇来的生意人。有两年光景，我们就是在隔壁不断传来的男女嬉闹声、打扑克声、电视机声中看稿子、编刊物的。

尽管条件不好，但工作还是认真的，不敢说是如何要为中国的编辑事业作贡献，只是一个信念：既然由我们来做就要努力做好。后来读任火的编辑论系列,深为他对编辑事业的满腔激情以及倾力推崇而敬佩,尤其他在《主编论》中更提出“主编是一面旗帜”,“主编是一种文化象征”,“主编是一种文化人格”,“主编是时代的弄潮者”,“主编是文化的精灵”。回眸之下,我也是主编,但只能说什么也不是。我承认我和编辑部的同仁是敬业的,但所敬的大概是职业而不是事业,起码我是如此。这些话不是现在才说,有一年出版社召开各部门述职会议,我在谈了我们的工作及打算之后接着讲:“我的态度是当一天和尚撞一天钟。既然是和尚,就要把钟撞好、撞响。因为你不是方丈,建庙、塑像你管不了,也不必管。但是,如果人人都撞好自己的钟,那么,我们就可以钟声嘹亮,秩序井然,香火旺盛,寺院昌隆。”会后,一位参加会的老领导对我说:“你这是消极的态度,积极的工作。”是否如此,我无法评价,但我仍认为现在的许多事之所以没搞好,就是由于该撞钟者不去撞、不会撞,甚至乱撞,更有甚者则是想通过撞钟谋取某些不该谋的利益。许多朋友多次肯定我主持《编辑之友》时的工作,认为我在推动中国编辑学研究方面“功不可没”,等等。可说老实话,我当时实在没有那么大的气魄和那么高的目标。

正如前面提到的,出于改革刊物的初衷,我主持刊物时是很注意发掘新人,在刊物上让各种观点“兼容并包”的。任火的系列文章在这里一路绿灯连续推出,只是其中一例而已。现在想来,这倒是一个刊物主编应该坚持的态度,尤其是包容各种观点、各种文章。这一态度及做法在业内受到了欢迎。在一次编辑理论研讨会上,一位江苏的与会者就曾公开以我刊为样板批评同类刊物中有的刊物是“派刊”。我能够较自由地决定文章的取舍也得益于当时的环境。虽然工作条件很差,但是主办方的领导也不怎么管我们,刊物如何编我可以全权定夺。事实证明,这反而是好事。试想,如果上面老有人指手画脚,那主编的“旗帜”、“象征”、“人格”之类,也许就只能是说说而已了。老实讲,连出版界铁定的规则“三审制”我们也是不执行的。“三审”起码需要三个人,可有段时间编辑部里真搞编辑工作的只有两人，怎么三审？编这种刊物会逼你去关注编辑理论、去思考问题，而认识则往往是在实践中形成的。例如，正是编刊加上以往编书的实践，使我产生了对“三审制”的某些不恭敬的看法。在出版界被奉为金科玉律的“三审制”是从苏联学习的一套做法，而它的本质只是“官本位”的体现，根本不符合出版规律；再查查历史资料，更发现我们现在所说的“三审制”已经与上个世纪50年代提出的原义相去甚远。这一看法我在大连的一次编辑学术会上讲了，当即引起轰动，以至会议的主持者、中国编辑学会会长刘杲当晚就约我去谈这个问题。刘杲果然是一位开明的领导，他认真听了我的看法，虽然不可能表态赞同，但他在会议的总结中对“三审制”的提法成了“原则上实行‘三审制’”。

刘老的谈话促使我对三审制又进行了点儿研究，形成了更完整的看法，1999年冬在《编辑之友》上发表了《三审制，并非简单的话题》一文。

三

任火的文章从最初就属于“有争议”之列。有人说这不像论文也不像散文，当然，这主要指他的“编辑论”。对“编辑论”我当时不是没有自己的感觉。就在刊出《编辑境界论》的那期上，我在“主持人絮语”中写道：“细心的读者会发现，该文作者今年已连续在本刊露面了。文章如何，当然是见仁见智。作为第一读者，倒是觉得本篇中的情感似乎太多于思辨了。自然，这也是与作者的前几篇相比。”后来的发展是任火的情感倾注于他的编辑论系列，而对编辑的理性探究则完全放在了另外的文章中。看看《编辑独语》就可以清楚地感到，就是在纯粹的理论研究上，任火写的文章哪篇够不上名副其实的论文？比起那些为评职称、评奖而炮制的“泡沫论文”，任火的文章不知要强多少倍！在当今的中国编辑界，特别是科技编辑界，可以如此集两类文章于一身且达此境界者，迄今为止大概也只有任火一人。

任火的研究是引起反响的。这种反响并不仅仅表现在有人写几篇书评上。在现今中国，那种捧场式的书评多了，有谁还会真当回事儿。任火文章的反响在于它确实能够给人以思想的启迪。我不妨举个例子。大约是在1998年初，时任中国期刊协会常务副会长的张伯海应邀来山西讲学。席间，张伯海对我谈起了《编辑之友》，大意说最近有些内容很不错，中国期刊协会办着一个文摘类刊物，应该以什么为核心，他一直在思考，读了《编辑之友》上谈编辑人文精神的文章，很受启发，那份刊物的思想核心就应该定在人文精神上。他虽然没有提到作者的名字，但我清楚，这就是任火写的《论编辑的人文精神》。

随着时间的推移，任火的文章也越来越受到更多的关注，尤其是在高校学报界。2000年初春，我去东北大学参加中国高校自然科学学报研究会的一个会议，用餐时，同桌的几个人与我谈起了任火的文章。坐在我旁边的是青岛大学的李天恒，他说有人认为任火的文章好读但不好懂。我不知怎么一下子想到了一个比喻，于是就说："鸟叫得好听，人们就爱听，那么谁听得懂鸟叫什么了？没有。可是听了还是感到愉悦，因为这种鸟叫使人受到感染，调动了一种情绪。文章能表达一种情绪也是很了不起的。"会议结束后，我拜访了沈阳体育学院学报的安造计。他在某些方面与任火相似，从外表看，是那种掉在人堆里根本显不出来的一类，但写出文章来却颇具文采。在我与他们编辑部几个人闲聊中又扯到了任火，我就又把上面的意思说了一遍。在我只是闲聊，但安造计却是个有心人。我刚返回太原，他的一篇别致的文章就飞到了我的案头，这就是《任火是一只鸟儿》。我当即把它赶发在《编辑之友》2000年第3期上。或许是从这儿引发的联想，后来沈阳农业大学学报的于洪飞在就《编辑独语》写感想时仍用了鸟的比喻，题为《欣赏一只鹰的心灵与飞翔》，这已经是2003年的岁末。于洪飞是学农业的，好像还是博士，彪形大汉，豪爽好客，一副关东人的作派。在沈阳会议期间，他邀我们几人在朝鲜人开的酒吧"唠嗑"，所以印象颇深。读了他的这篇文章,我为之一惊!没想到在他那高大魁梧的身躯里竟然还饱含着一腔诗人的浪漫。我建议他把稿子投到《中国编辑》,那阵儿我正在参与这份刊物的创刊工作。稿子当然受到肯定,尤其值得一提的是《中国编辑》执行主编邓子平。记得他还讲了这样的话,任火是河北的,对河北的人才咱们更要宣传!虽说这似乎有些“地方沙文主义”,但可见其真性情。在他的关照下,《中国编辑》以突出的版面刊发了这篇文章。现在,又是邓子平对这本评论《编辑独语》的《走向编辑灵魂的圣坛》给予全力支持。对于一个“不权威”、“有争议”的年轻学者,能采取这种态度是很不容易的。

四

我和任火见过几次面。第一次是 1998 年在北戴河,我参加晋冀鲁豫出版研讨会。他碰巧也在那边开会,于是,我就约他来谈谈。虽然在这之前编发过他的多篇文章,通过信也通过电话,但一见面,我还是难以把眼前的他与想象中的任火统一起来。古人说文如其人,我想也该人如其文吧,能写出那种激情文字的该是个浪漫才子。然而他不是,更谈不上是帅哥:中等身材,一副憨厚的样子,讲话还有些许腼腆,如果说这是县炼铁厂的技术员还差不多。在我们住处的院子里,我把他介绍给其他省的同行,因为我给会议带去了刊物,他们可能刚翻过上面任火的文章,所以一说就知道。然而任火走后,山东一位女编辑对我说:“这是任火?不像。”可见如此感觉者非我一人。那天下午我与任火一块儿去了鸽子窝,就是毛泽东吟诵“大雨落幽燕,白浪滔天”的地方。我们在海边边走边聊,他讲自己的经历,讲在兵团时的艰苦、讲身居塞外的寂寞、讲北京上学时的理想、讲奔赴唐山时的无奈以及当了编辑之后的感受。他讲起有一次游泳如何发生意外,差点送命,后来有人提醒他不宜玩水,因为名字就犯忌讳。讲到这儿,我俩都笑了。谈到现在的生活,他说因为家就在学校里,所以星期天也去办公室。这话当时我没在意,但后来发现还真是如此。这些年我多次在星期天与他通过电话，一问，他准在办公室。

任火绝对是够得上勤奋的，也许这动力在于他的“寻找支点”。就《编辑独语》一书来说，大致是1996年至1999年间所写。也许有人会说，这有点太慢了吧？可是，别忘了，任火要编两份刊物——学报自然科学版和社会科学版，然后还要思考那么多问题，再写那一篇篇文字，平心而论，并不容易。当然也有人不以为然，对于当今精于炮制“著作”之道者来说，动辄弄个二三十万字好像也不是什么难事。别的领域不提，就说编辑研究，堂而皇之的书也不少，可真让人感到是那么回事的又有几本？至于那些通篇老调重谈的“论文”就更不用提了。而任火却绝不是如此。他的每一篇、每一字都是真正的“独语”，是独自之语、独特之语、独立之语。

我刚读过周国平的“心灵自传”《岁月与性情》，书中写到圈子中流传的一句名言：“别人写东西像撒尿，周国平写东西像射精。”这“脏话”是人民出版社的方鸣讲的。我跟方鸣打过交道，也编发过他的文字，以他那新锐的思维，我相信他会拥有这话的“著作权”。提到这些，是我突发联想，如把这话“盗版”到任火身上，不也照样合适吗？

有人曾对我讲，别看任火文章写得好，其实他编的学报一般。我不知道这一般指什么，是差错多、内容差还是地位低、名气小？我想该是后者。如是前者就不是“一般”而是“很差”了。如是后者，那倒是很正常的。在现行体制下，决定学报地位、名气的是刊名中“学报”前的院校名，编刊者的努力固然可以提高刊物质量，然而影响不到学报的地位。同样的人同样的表演，舞台不一样效果就不一样，这一现象同样适用于编辑界。虽然就我所知，任火编的学报在省以上的几次评比中成绩甚优，但也绝不会成为中国的第一流学报——起码在当前是如此。然而这不妨碍任火在编辑工作上的钻研与业绩。看看他写的那些“主编絮语”、“编外随笔”，就是放在一流大学的学报上也毫不逊色。读他的这些篇什，我想到了另一本书，那就是沈昌文的《阁楼人语》，这是他主持《读书》杂志十多年所写的“编后絮语”的选编。沈昌文称这是编刊时“自己写的鸡零狗碎”。拿他与任火的“鸡零狗碎”相比,可以看出虽风格不同,但显现的都是编辑的眼界、气魄、学识、人格,体现出的编辑功力是相通的。如果说有区别,我看任火笔下更多一些尖锐、深刻之句:“文者,不平之鸣也。心怀不平之事,方有为文之意,为文之人。”“功必择险,举务摧坚!在科学事业中,只有第一,没有第二。”“思无邪,则无为。”“思邪乃智者之所为。”“大丈夫立于天地之间,计天下利,求万世名,若无霸气,何堪以论?珍视自己,立志高远,睥睨万物,陵轹直前,何事不可成乎?”这些议论也许有人会觉得偏激甚至刺眼,或者说离开了具体的编辑工作,但是你却不得不承认它触动了你的心灵,引发了你的联想与深思。

五

任火写编辑,完全可以用“推崇备至”来形容。歌颂编辑的文章多了,而他达到了一个至极,甚至使得你感到了一种神圣和高不可攀。这种感觉促使我写下了那些赞叹、敬佩的文字,但从心底却又怀疑是否真就如此,是任火把一切弄得太理想化、浪漫化了呢?还是自己对编辑热爱不深、资历不足、修养不够乃至境界不高呢?我在不断地思考这一问题。

行将从编辑岗位退休的我,自认为还当得起“敬业、资深”,敬业虚一点,是否称得上该由别人评价,但资深是实的,那是春秋的更迭、日月的积累。回顾自己的编辑生涯,似乎应该从中学算起。那时我曾任校报副总编,这可是实际干事的差事,因为总编是当校团委书记的老师。当年的“编辑同仁”后来都不知去哪了,有联系的只有一位,就是后来当了新华书店全国总店总经理的邓耘。到了 20 世纪 70 年代后期,我进入新闻出版领域,期刊社、报社、出版社,一晃就是近 30 年,如果加上客串过的广播、电视,可以说涉足了除网络外的所有现代媒体,对编辑的体验不会没有,可也没达到《编辑独语》中论述的高度。平心而论,我倒认为编辑只不过是现代社会的一个职业，一个自己还勉强可以从事并以此谋生的一种行当，对于过高的推崇与过低的贬损都是不必当真的。

历史上的不论了。当今有人就讲“编辑是天底下最好的职业”，说这话者我印象中有两位——上海的雷群明和湖北的王建辉。虽说他俩都是我敬重的朋友，但对他们的这一观点我却始终持保留态度。同样态度者也不止我一个，湖南的周实就是一位——这儿提及的三人都是很有造诣的编辑。说编辑职业最好，我想大约是因为他们编辑有成就、学术有成就、做官也有成就，于是感觉良好。如果曾干过编辑而又离开干了别的最终又有大成就者——这类人多了，往大说许多领导人干过编辑，往小说不少作家、学者也干过编辑——大概会认为后面的职业才是更好的吧？

也有人认为编辑是最苦的差事，还有过“惩罚谁就让谁去编辞典”的说法，而且是外国人讲的。中国最常见的就是感叹编辑终日辛苦也是“为他人作嫁衣裳”。这种看法我认为也未必恰当。从某种意义上讲，任何一种职业何尝不是在为他人提供服务、“作嫁衣”呢？而感叹于“作嫁衣”者，隐含于其后面的倒是一种心态上的不平衡，是在与出了名有了利的作者相比，而这样比的人中的大多数又是本来就缺乏比的资本的。本来嘛，任何一行都有其可称道之处，也有其不足称道之处；任何一个人从事某一行也都有其出于本愿之处和机缘使然之处；以平常心待之或许更好。如果从目前的现实而论，编辑的社会地位以至个人待遇还是可以的，要不也不会有那么多人使劲往里挤了。是苦还是乐，是一口甘饴还是一井苦水，全在自我感受。“心中有佛佛自在”，应该是这样一个道理。我们常讲事业，讲事业心，从小受的教育就是为什么事业而奋斗。但走向社会，才渐渐明白事业只是憧憬只是希望，需要面对的倒是把这个词分开，做什么“事”和从什么“业”。从这种最低的标准看，做编辑这个事与从编辑这个业还是不错的，它可以使你不断地保持求知欲和部分满足创造欲,使你常处于一种新和进的状态。无论是你有幸进入这个行业还是不幸当了编辑，都会在人生的这段时间有所收获,于个人于社会都使你感到自己还是做了点什么,减少了一些虚度的成分。如果说这一职业还好,恐怕也仅在这一点上。

任火的编辑研究表现在用奇绝的文字大大提升了对编辑精神、编辑品格的认识,使编辑成为一种概念、一种信仰、一种美的化身。尽管这种升华与现实终究有距离,但不妨碍它成为一片星空、一曲乐章,在你奔波疲劳、身心疲惫之时送上抚慰,带来安宁,增添几分自信与责任。

我想,就这也够了,也值了。

六

《编辑独语》也许算不上准确意义上的编辑学著作,但它的出现却与编辑学研究或者说编辑理论研究的发展有很大关系。20 世纪 80 年代在中国有规模地兴起的这些研究提高了编辑的社会地位,也大大推动了编辑对自身工作的思考。虽然在实践层面上还难说有超越前辈的编辑家,然而在思考层面上却绝对是超越前贤、史无前例的。

这些年来,为推动编辑学研究,一批德高望重的前辈身体力行、不懈奋斗,其人品、学识、精神、业绩均使我常怀敬慕。随便举一位。陈仲雍,我和他谈不上熟悉,但 2000 年在一次研讨会上他发言的情景却至今难忘。那天他讲了很多也很激动,然而当他的发言在刊物上登出后,他却离世了,我成了他最后一篇编辑学论文的责任编辑。回顾 1980 年时,是他发表《科学地编辑与编辑的科学》一文,发出了改革开放时期研究编辑学的最初倡导,不禁使人感慨万分。正是这样一些人的努力,才有了编辑学研究的不断深入,1990 年时《中国大百科全书》开始列上了“编辑学”的条目。但是如果认为编辑学就建立起来了,恐怕还不能这么说。一个学科成立的标志一是成为一种社会建制,二是形成固定的课题和成熟的研究方法。以此衡量,要让编辑学真正立起来,还有很长的路要走。

20年来,编辑学的研究可称得上成果累累。编辑学者邵益文就收集了几百册相关的著述,而仅在书名中有“学”字样的也有七八十种。编辑学研究平均每年出四本“学”,满可以为之自豪了。不过,成果多了难免鱼龙混杂,也许是出于急于建“学”的好心,有些著述东拼西凑,实在让人不敢恭维。当然嘴上还是要说好,再不济也得说个“不容易”——这好像还是鲁迅先生教过的法子。最近就翻了一本也冠有“编辑学”的大著,其中把一些时下实行的管理办法(例如图书评奖)也列为专章专节,这真使人一头雾水。既谓之学,当是一些具有普遍性、持久性、规律性、稳定性的东西,如果交通规则就是交通学,是不是也太简单了点——尽管这本“学”的作者也是我敬重的一位朋友。

按照一般理解,主编什么刊物自当是这一领域内的权威,至少也该是行家,但我不是,而这不是也正是可以编这份刊物的基础,这好像也有点普遍意义。沈昌文说他主编《读书》是因为无能、无为、无我,这真是谙熟个中三昧之言,我心深服之。然而近朱者赤、近墨者黑,在这个圈子里混久了也会产生点儿看法想法,自然是够不上学问的,更何况这种看法想法往往会走向找问题挑毛病的一端。2003年的一次编辑规律研讨会上,我也提交了一篇小文,题目是《没想明白的一些问题》。有人说这是提出了质疑,我说不是,质疑是认为别人说的不对,而我没认为别人不对,只是对别人的研究自己没有理解。不过,如果编辑学的研究连我这种好歹也是圈子中人都不理解,大概不能说不是问题。

就这些年的编辑学研究,我提出要注意其“玄化”和“泛化”的倾向——后来一想,并不限于此的,如果用“化”来归纳,还可以再罗列若干化的——所谓玄化,是指有意拔高、故弄玄虚;所谓泛化,是指外延泛滥、包罗百象(说万象恐太过)。这也是有感而发。就以我编发过的文章为例,有人提出编辑学需要从人的大脑研究起,提出大脑中有一种编辑机制，一切思想都是编辑活动的结果。这是不是有点玄了？有人提出编辑企业家化的命题，还说这应该是编辑学的一个分支。这不仅把编辑混同于出版人，而且比那吵吵了十多年的编辑学者化又扩充了一步，是不是太泛了？有的命题看似不错但经不住推敲，如有人提出“编辑与读者的矛盾是编辑活动的主要矛盾”，好像也蛮有道理，但推敲一下，“医生与患者的矛盾是医疗活动的主要矛盾”，能成立吗？还有人把规范化问题提到了过分重要的地步，把一些讲规范的内容罗列到一起，也命名为某某编辑学等等。这种看似热闹的编辑学其实只会使人感到肤浅和勉强。对我的这些看法不同意者肯定有之，赞同者也不少。江苏一位研究者蔡克难在一篇批评编辑学研究现状的文章中就指名道姓地肯定了我的观点。

据我所知，蔡克难文章的发表也是不顺当的，原因是他的批评之语让有的人不高兴。这事折射出一种现象，编辑学还未真正建立起来就有厌恶批评、压制争论的苗头了，如此下去，只能是编辑学发展的悲哀。一个没有争鸣的学科是难有创新的，而没有创新的学科是没有生命力的。这个道理谁都会讲，但一遇事实就有些叶公好龙，只怕乱了阵脚、否定了大好形势，实在令人遗憾。至此，我忽然想到，为什么在一些人还热衷于营造理论体系的时候，会有人认为需要出思想了——资深编辑、长期主持过一个知名出版社工作的胡守文就曾如此疾呼。

编辑学研究需要思想、需要理论，而这一切的建树都必须有更多的新人参与。试统计一下近年来的成果，编辑研究后继乏人的苗头已经出现。从这一角度看，我们更应该欣喜《编辑独语》的问世。这里孕育着希望，昭示着前景，体现着一种精神——现代编辑的精神。这种精神对于鼓舞编辑不断精进，推出优秀的先进文化成果是必要的，对于建立中国的编辑科学也是必要的。

任火的研究引起关注，在我是意料之中又意料之外。之中者是相信它的价值，之外者是未料及如此广泛而热烈。更未料到的是有人竟能下如此的决心，以如此毅力组织相关文章汇集整理出版，他就是一生献身编辑工作至今退而不休的老编审高起元。出于对他的敬佩，我也应约写下了这些杂七杂八的文字。文虽属速朽一类，但能襄其盛举，还是极高兴的。因为我相信，高起元用一腔心血奉献给中国编辑界的将是又一簇鲜花，又一道彩虹。

鲜花会枯萎，彩虹会消失，但留在记忆中的痕迹会存在，会成为历史。

（原载于《走向编辑灵魂的圣坛》及《出版广角》2005年第12期）

追记：20世纪90年代是中国大学学报很活跃的时期，由于政策等因素（将学报另设系列，许多原先内部性质的出版物都转为正式学报），学报数量大增，学报团体的活动也多了，更出现了一批学报中敬业、热心的资深编辑，东北大学学报主编高起元就是一位。2004年，高起元有感于《编辑独语》的出版及引起的关注，计划组织一本书，对《编辑独语》进行研究。此举实属大胆，就一本书汇集“读后感”来出版另一本书的做法极为罕见，尤其是对一个年轻编辑（还谈不上著名作者）的书。所以当我得知这一设想时虽表示支持，也遵嘱提供了部分可约稿的编辑名单，但心里并没对此事有太大希望。而他竟然坚持做了，到大体有眉目时，他和任火再三与我联系，表示此书不可缺我的文章。理由很简单，《编辑独语》的形成在很大程度上得益于《编辑之友》，得益于我的力挺。盛情之下，应允了，条件是一定置于全书之最后，而且在内容上允许放开些，于是就有了这堆文字。

2005年6月，书由河北教育出版社出版了，书名为《走向编辑灵魂的圣坛》，有40万字，作者70名。中国期刊协会会长张伯海为该书写了《道义相携，心灵相应》的代序。文中说：“读了这两本书，我获得的最大昭示是：不求显赫腾达，甘做起作用于人类社会文明进步的无名园丁，进不到这种精神境界，难为真编辑；虽身处平凡岗位，却不失鸿鹄之志，不失诗心，进不到这种精神境界，也难为真编辑。”“同是编辑中人，我感谢任火的歌唱，感谢起元兄引导起来的和鸣。这样的歌声鼓舞下，我们的队伍青山不老，绿水长存。”2005年9月，北京召开了“中国社科学术期刊发展座谈会”，这本书被定为会议推荐材料。会议还安排高起元、任火做了专题发言。会后，我的这篇东西被《出版广角》杂志发表在了当年第12期上。

在我来说，写这篇东西时我已在帮助办《中国编辑》了，文虽是就任火的《编辑独语》引发的，但有意涉及了编辑出版研究领域的一些情况及我的看法，当然也反映了我所持的办刊理念以及我对编辑的一些理解。从这点说，也算留下了一点历史记录。

在此文收入原书时按该书规定的体例，文后除附个人简介外还要有点个人感悟，或者称之为格言的，琢磨了一番，我写了这样一句：

以自己的努力，借别人的作品为世界留下一丝痕迹。编辑，如此而已。

章　外

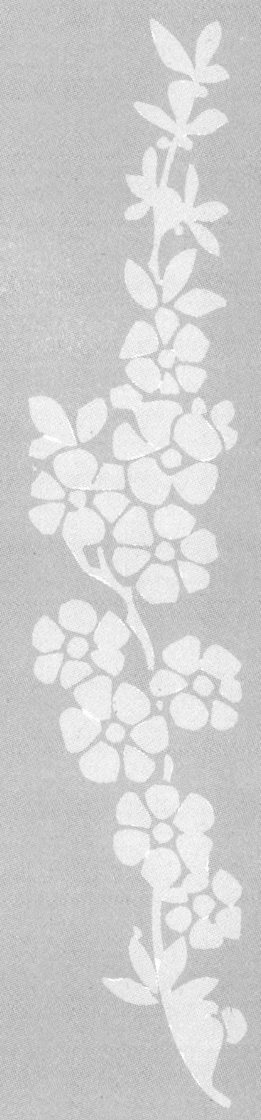

啊，我的编辑老师们(摘录)

赵　航

十一(兼后记)

1999年4月，我按要求去河南大学开全国第五届编辑出版学专业例会。《编辑之友》主编孙琇是我十多年的老朋友，他给代表们每人带去一册散着墨香的《编辑之友》第二期。会议中我翻到一页，有他们刊物和《出版发行研究》《编辑学刊》等10家刊物的联合征文启事。题目是《编辑与我》。

我当即对老孙谈，这我可有的写，办这个专业15年了，交往的编辑成百上千。他说，那好，你写我就登。就这么几秒钟的事，当时就拍了板。后来却犯了难，上边要求只限5000字，我说怕得超了。你写多少？得10000字吧。那好，你写多少，我登多少。谁知今天杀青，竟写了4万字！

15年来，由于创办这个专业的需要，我接触到无数的编辑，如果说让我用一句话或一个词概括印象的话，那就是：真诚。

孙琇就是这么一位。80年代中期他到天津来组稿，找到我。我那时才初涉于此，很是慨叹一番“红旗到底能打多久”。因为当时境遇太糟，“前无救兵，后无粮草”，北大、复旦二校正准备下马。老孙在天津反倒请我吃了饭，他转来转去批了我的想法，干下去！一定会有好结果！我知道他的苦心。

我们“同病相怜”，他苦苦支撑刊物的那一摊子比我的情况也好不了多少。都把生命最宝贵的时光给了各自艰难的事业，也因此产生了忘怀他的知遇之情，要不是孙老师的扶持，我的稿子或许仍在搭乘废纸篓直通车呢！

别人是我的作者，我是孙老师的作者。作为一名编辑，我深知编辑的甘苦。我努力学着孙老师那样热情善待每位作者，不论是名家还是新手，首先把作者当成自己的朋友。但我至今还没有收获过作者们的歉疚。可见，孙老师仍有绝招未传。我要更虔诚、虚心地向他学习，他是真正的编辑之友、作者之友。

（原载于《编辑学刊》1999 年第 3 期及《书与人》1999 年第 4 期）

追记：《编辑之友》创办以来是推动（不能说培养）了一批编辑人才成长的，此文作者李祥洲可以说是其中之一。选这篇的主要意思在于此，如果单以说我的好话而论，并不是没有其他文章好选的。

过去常有报刊培养了作者的说法，我觉得有些过分夸大出版者的作用了。别说作为传播媒介的报刊，就是以教育为业的院校，也并不能就靠它培养出什么人才，说培养只是一种“抬举”或者说目标。人才的形成是种种因素综合作用的结果，不是什么人、什么组织、什么机构可以“培养”成功的。而现实中是凡有好的就说培养出来的，坏的就不是培养出来的了。可见这里的“培养”是经不住推敲的。甚至可以说，越是杰出的人才越不是谁培养出来的，这应该是有普遍性的真理。所以我主持刊物时，对培养作者一说是从来不敢认同的。

李祥洲进入出版业时间不长，所在的还是一个算不上大社名社的中国农业科技出版社，但他以其聪颖与勤奋很快在出版研究方面崭露头角，进而更粲然可观。1999 年的《中国出版年鉴》第一栏是“出版改革二十年”，其中就收入了他《出版业的可持续发展》一篇。看看排在这一栏中的其他作者，那都是中国出版界数得上的人物，有署长于友先，有署原领导、版协主席宋木文和署原领导、编辑学会与发行协会会长刘杲，有中宣部出版局局长邬书林，中宣部出版局原局长、署顾问许力

啊,我的编辑老师们(摘录)

赵 航

十一(兼后记)

1999 年 4 月，我按要求去河南大学开全国第五届编辑出版学专业例会。《编辑之友》主编孙琇是我十多年的老朋友,他给代表们每人带去一册散着墨香的《编辑之友》第二期。会议中我翻到一页,有他们刊物和《出版发行研究》《编辑学刊》等 10 家刊物的联合征文启事。题目是《编辑与我》。

我当即对老孙谈,这我可有的写,办这个专业 15 年了,交往的编辑成百上千。他说,那好,你写我就登。就这么几秒钟的事,当时就拍了板。后来却犯了难,上边要求只限 5000 字,我说怕得超了。你写多少?得10000 字吧。那好,你写多少,我登多少。谁知今天杀青,竟写了 4 万字!

15 年来,由于创办这个专业的需要,我接触到无数的编辑,如果说让我用一句话或一个词概括印象的话,那就是:真诚。

孙琇就是这么一位。80 年代中期他到天津来组稿,找到我。我那时才初涉于此,很是慨叹一番“红旗到底能打多久”。因为当时境遇太糟,“前无救兵,后无粮草”,北大、复旦二校正准备下马。老孙在天津反倒请我吃了饭,他转来转去批了我的想法,干下去！一定会有好结果！我知道他的苦心。

我们“同病相怜”,他苦苦支撑刊物的那一摊子比我的情况也好不了多少。都把生命最宝贵的时光给了各自艰难的事业,也因此产生了更多的交流。他钟情于这项默默无闻的事业,为编辑出版学而殚精竭虑。这有他的一套理论:编辑者,其实是建筑的脚手架。古往今来,任何一座建筑都离不开脚手架,可完成的是那亭台楼阁,脚手架呢?既留不下痕迹,也不会被人记起。我说,不可能!脚手架归脚手架,编辑的那个作用是有的,费了劲把别人托起,完工之后,会有人嫌你碍事,但绝大多数人心里都明白,编辑的作用是什么。蒋子龙就感慨地说,编辑是水泥柱里的钢筋,光使劲不露面;是锤把儿,撑着锤头的。论来论去,彼此都大笑一番。

他的锐利、他的敬业我是领略过的。就是这次在去开封开会前,我的学生李欣写了篇《从选题竞争到价格竞争——论我国出版社的现状及发展》。李欣才是个20岁的女孩子,我担心她驾驭不了这个全国出版界都在关注着的大题目。看完之后,觉得难得,就决定修改后推荐给老孙。另一想,《编辑之友》是个全国性的核心刊物,不可能给一个还未出校门的女孩子倒出1.3万字的版面。于是,强令李欣把文章压缩到5000字之内。在走之前,我把原文和缩写稿都带上了。

到开封的第一件事就找老孙,那已经在晚上了。夜里我被一阵敲门声惊醒,老孙兴奋地抖着稿子喊,好稿呀好稿!老赵,你太保守了,全登,全文登!还压缩什么?需要改动的我来直接加工。我披衣起床,与他聊了半夜。

8月,文章在他刊物头条以大字登出,还特别加了编者按。这篇文章的发表,在我们专业里引起一次不小的震荡,学风陡涨,士气大振。不久,新闻出版署于友先署长到南开来,谈了几句就谈到李欣的文章,想见见她……就凭这一点,我就敬服老孙,他的学识,他的犀利,他的能量,他的魄力统统都表现出来。是脚手架,但更是钢筋,我这么想,是你们——这一批批中国出版界的编辑们,在搭建着我们、支撑着我们。

正值完稿之际,演起了《钢铁是怎样炼成的》。随着电视,我大声地用俄语背诵着40年前记下的警句，渲泄着心中的感慨：“……人的一生应该是这样度过：当他回首往事的时候，不因虚度年华而悔恨，也不因碌碌无为而羞愧……”啊，我的编辑老师们，你们默默地做到了这一点！

（原载于《编辑之友》2000年第3期）

追记：1998年起，上海的《编辑学刊》在屡换出版单位之后终于交至学林出版社（参见《上海市编辑学会20年》），雷群明兼任主编。雷是很稳重、规矩、认真、想干些事的，当时任学林出版社社长，我们可算是老相识了。他以前主编过《杂家》，现在主持《编辑学刊》，是很想使这本期刊有些发展变化的。

这年11月，在他的推动下，中国编辑学会与上海编辑学会在上海召开了全国编辑出版读书类报刊研讨会，到会的除《编辑学刊》《编辑之友》外还有《出版发行研究》（北京）、《书屋》（湖南）、《新闻出版天地》（江西）、《出版研究》（浙江）、《书与人》（江苏）、《书海》（陕西）、《甘肃书讯》《解放日报》（上海）等十多家。会下他与我就办刊交换意见。他提出通过刊物“让社会了解编辑”。我摇头了，觉得这太书生气了，这种报刊的读者群主要是业内人士，根本没有承担这种使命的可能。他主张发起“编辑与我”征文，我对此也不看好，但同意试试。最终是达成这十多家联合征文了（其实这十多家中有的还仅是内部报刊），可效果并未如预期那样，反响算不上热烈，刊出的征文中最出色的则是赵航的《啊，我的编辑老师们》。

赵航是1984年在北大、南开、复旦三所高校试办编辑学专业时就受命担纲而且坚持下来的仅存“硕果”之一。为办这一专业他历经辛苦，也就广泛接触了从党和国家出版管理部门的领导到出版社、报刊社普通编辑这样不同层次的广大群体，感触颇多，感受颇深。他的这篇文章可谓一篇难得的纪实性作品，在通叙编辑出版在高校设立专业艰难历程的同时，描述了上世纪八九十年代中国出版界一批编辑的形象和作为，留下了许多历史资料。赵航原在南开中文系任教，文字功底不凡，所以通篇极具可读性。《编辑之友》是分两期连载完的。后来我曾与老雷讲，引出赵航的这篇文章是这次征文最大也最重要的成果。

赵航在写作过程中告我说要写到《编辑之友》，我说可以，但没必要提我，他不置可否。可在全文结尾还是落到我头上。虽是记叙往事但境界拔得高了，由于他特别告知文章不可删改，我也只得原样照发了。

我的编辑朋友——孙琇

李祥洲

我和孙琇的相识，是因为文章，直率地说，是因为我投寄给《编辑之友》的一篇稿子。我是1992年夏天开始从事编辑出版工作的。头两年，还处于对出版工作的熟悉阶段，出版方面的很多东西对我来说都还很陌生，更没法提起笔来发表议论了。1994年下半年，我写了一篇关于科技编辑体制改革的稿子，投给了《编辑之友》。或者是因为文章本身稚气，或者是因为其中的一些观点过激（涉及对三审制的“批判”），文稿未见刊发，也许久未见编辑部的消息。正在失望之际，突然接到编辑部的长途电话，来电者就是孙琇主编。他先是告知了对拙稿的处理意见，并说了不少鼓励的话，后来他便约我为其新辟不久的栏目“自题小像”写一点东西，我高兴地应允了。随即我研究了前几期该栏目刊发的几篇稿子。为了增加文稿的可读性，我用漫画式的笔墨写了一篇一千字的短文，算是戏说了一把自己，之后便寄给了编辑部。没过两周，孙老师便打电话来说稿子准备下期采用，要我寄一张漫画像或照片去，漫画像是没有的，便寄了一张黑白“标准像”去。当真，不久就收到了编辑部寄来的样刊。我兴奋地在该栏目的头条发现了我的“大作”，并配有一幅漫画像。画像虽不太像我，但肯定是哪位画家照着我的照片画的，也就是我了。这便是我的处女作了。因该文不属于论文范围，高兴一阵子之后便把它给忘了。但是一个意外的机会让我再一次想起了它，而且有幸亲见了编发该稿的孙老师。

那是在事隔一年之后的1996年夏秋之交在北京举办的中国出版

忘怀他的知遇之情，要不是孙老师的扶持，我的稿子或许仍在搭乘废纸篓直通车呢！

别人是我的作者，我是孙老师的作者。作为一名编辑，我深知编辑的甘苦。我努力学着孙老师那样热情善待每位作者，不论是名家还是新手，首先把作者当成自己的朋友。但我至今还没有收获过作者们的歉疚。可见，孙老师仍有绝招未传。我要更虔诚、虚心地向他学习，他是真正的编辑之友、作者之友。

（原载于《编辑学刊》1999 年第 3 期及《书与人》1999 年第 4 期）

追记：《编辑之友》创办以来是推动（不能说培养）了一批编辑人才成长的，此文作者李祥洲可以说是其中之一。选这篇的主要意思在于此，如果单以说我的好话而论，并不是没有其他文章好选的。

过去常有报刊培养了作者的说法，我觉得有些过分夸大出版者的作用了。别说作为传播媒介的报刊，就是以教育为业的院校，也并不能就靠它培养出什么人才，说培养只是一种“抬举”或者说目标。人才的形成是种种因素综合作用的结果，不是什么人、什么组织、什么机构可以“培养”成功的。而现实中是凡有好的就说培养出来的，坏的就不是培养出来的了。可见这里的“培养”是经不住推敲的。甚至可以说，越是杰出的人才越不是谁培养出来的，这应该是有普遍性的真理。所以我主持刊物时，对培养作者一说是从来不敢认同的。

李祥洲进入出版业时间不长，所在的还是一个算不上大社名社的中国农业科技出版社，但他以其聪颖与勤奋很快在出版研究方面崭露头角，进而更粲然可观。1999 年的《中国出版年鉴》第一栏是“出版改革二十年”，其中就收入了他《出版业的可持续发展》一篇。看看排在这一栏中的其他作者，那都是中国出版界数得上的人物，有署长于友先，有署原领导、版协主席宋木文和署原领导、编辑学会与发行协会会长刘杲，有中宣部出版局局长邬书林，中宣部出版局原局长、署顾问许力以，人民出版社原总编张惠卿，新华书店总店经理邓耘，湖南新闻出版局局长陈满之等等，而同列其间的李祥洲只是一个编辑室主任，从哪方面讲都是不折不扣的小字辈。研究中国出版业的可持续发展，也就是科学发展的，他是不是第一人未曾考证，但说是最早的倡导者之一，决不为过。《编辑之友》拥有这样的作者，是值得庆幸也是值得骄傲的。

李祥洲的研究还证明了另一点，事业的成功、人才的成长与环境有很大关系。农业科技出版社是有一种研究氛围的，当时的总编辑冯志杰在坚持科研和著译方面就堪为表率。2002 年，他集研究成果出版《出版产业论》一书，这在将出版作为产业研究方面也是最早的。他也是《编辑之友》的热心支持者，与他及李祥洲等同仁相聚时热忱交流的情景令人难忘。

可以说，正是李祥洲们，撑起了当年《编辑之友》的一片天地，能为他们尽力，能帮助传播他们的成果，那当是十分感到欣慰的。